本书获中国人民大学科学研究基金（项目编号：10XNJ059）资助

田野中国

Sexuality,
Body and
Sociology of
Story-telling

性/别、
身　体
与故事社会学

黄盈盈　———　著

社会科学文献出版社
SOCIAL SCIENCES ACADEMIC PRESS (CHINA)

自 序

写完博士论文到现在，已然 12 年。其间，虽然也在持续地做研究、写文章、编论文集，也不乏奇思妙想、凌云壮志，却总是因为这件琐事、那种小借口，眼高手低，没能沉下心来开始第二本书稿的写作。最近，一则因为我的有限清高还不足以抵挡职称评定的压力与诱惑，另则，更为重要的是，觉得自己的研究遇到了一个瓶颈，不对这段时间的所学所思、所见所闻以及困惑纠结做一个梳理、沉淀与反思的话，便很难开始新的学途。因此，作为对自己前期研究的一个阶段式总结，更为了开启下一步研究工作，我才痛下决心，借着在浙江大学人文高等研究院（以下简称高研院）修行的机会，闭门码字。

2005 年以来，社会情境、研究语境与我的研究生活、心境也都在发生着变化。

首先，中国社会中的性/别[①]发生了很大的变化。除了调查数据所彰显的中国人在行为、关系、观念等层面的性之变，更为显著的一点就是新媒体的发展极大地推动了性/别议题的显性化与公共性。各类性/别故事——性侵、扫黄、色情、LGBT、同性婚姻、性教育、性治疗，乃至因为一个公众人物的死亡引发的窒息性自慰与 SM 的讨论，诸如此类——在不断地被"发现"、被创作，被再创作，被放大、被遗忘……

在消费主义与市场化的刺激下，在众多国际机构的推动下，与媒体故

[①] 有关性/别、身体、叙事、故事等基本概念的解释与使用说明，统一放在导论部分。

事相伴随的，还有越来越多的性研究与运动所生产的身体与性/别叙事。"不能说的秘密"，在近年日益加码的扫黄与反色情的规制之下，在"不许说"的窥视之下，正在被大声地喊出来：说出你的性！媒体的、科学的、医疗的、亲密关系中的，福柯式的性话语爆炸正在中国发生。

对于这些话语的梳理，对于十余年性/别对话生态的变化与延续、联系与张力的分析，对于热议所透射的叙事结构的剖析是适时而必要的。我越来越觉得，在不断涌现的热议与新事件的背后，在一定时间范畴内，常常透露着万变不离其宗的知识范式与（顽固）立场。

其次，身体研究的语境在发生变化。身体，如果说十年之前在中国的社会科学界依然是"缺席在场"，身体社会学也因此被认为是研究"前沿"的话，则现在已经有人认为身体"过时"了。先不论中国学界是否真的发生过"身体转向"，还是已经"过时"，至少身体的社会学与人类学经验研究在不断增加。医学的身体、残障的身体，性感的身体、性别的身体，更为具体的诸如母职体验、性别气质、器官移植、乳腺癌、身体打扮、整形美容、变性等议题开始出现，其中不乏有趣且重要的研究成果。

对于"性/别与身体"的现实社会背景与研究语境的变迁与进展进行细致梳理与批判且积极的分析，非常重要。

就我自己而言，在这段时间，除了延续硕士阶段的研究，持续关注"小姐"与"红灯区"相关的议题之外，也回应自己在博士研究中提出的"下一步计划"：继续在性/别与身体社会学的框架下开展具体的日常生活经验研究，在构建身体社会学的中国语境之路上继续探索。

以"身体与性/别的社会学经验研究"项目为基础，以学生们的毕业论文为推动力，2007年以来，我们分别以月经、乳腺癌、色情、性别气质、艾滋病病毒感染者的身体与亲密关系、妇科、变性、健身、婚姻家庭中的性/别、老年人的身体与性、自慰、生育叙事以及校园空间与大学生情爱实践为主题，从主体理解与日常实践两个角度出发探讨生活中的身体，尤其是女性以及多元性别的身体。学生们各自的作业已经顺利提交了，我的研究却迟迟没能结项，积攒下一串串的问题。

如何将这一个个小的研究点串起来进行更为整体性的思考？如何把具体的性/别态身体放置在社会变迁乃至全球化的背景下进行分析，展现身体的多样、多变、复杂、暧昧？在社会变迁与生活日常中，如何倾听研究情境中的性/别故事？如何批判地审视各类性/别与身体叙事的创作与展演的社会过程？如何走出个案，选择合适的片段将其串成一个有趣且重要的社会学故事？

回应这些问题是本书的主要目的，也是写作初衷。

除了研究方面的这些进展，这十年来，我也投入了相当多的精力积极策划与组织过多次国内与国际会议，大到上百人的群"魔"聚首，小到十来人的主题探讨；严肃如学术论文，轻松似小品表演；触及性/别与身体的角角落落，与圈子里形形色色的性/别主体有过交集，也与中国台湾、香港、澳门以及海外的其他学者有过不少交流与讨论。当然，也包括与正在兴起的草根组织（如果不称之为运动的话）的互动与互助。我的思考与生活受益于这些实践。这些实践，也让我看到了另类的性/别与身体政治的可能性，以及"创造更好的社会世界"的可能性（Plummer, 1995）。

此外，非常重要的，研究与会议的性政治总是与审查机制或明或暗的关怀、宾馆经理的机智与担忧、会场工作人员的服务与干涉、财务处集中体现了极权与新自由主义混搭风的报销治理术都脱不了干系。不管愉快或不快，都是不可抹杀的研究境遇。它们都参与构建了中国式的性/别与身体叙事。会议的性政治，也是我希望书写的内容之一。

这十余年间，有很多机构与个人要感谢。

中国人民大学的青年明德项目以六年的时间为"身体与性/别的社会学经验研究"提供资助（中国人民大学科学研究基金，项目编号：10XNJ059）。虽然报账艰辛，但至少使我和我的学生们可以安心地、有计划地开展调查研究，而不用忙于申请各类项目。

书中有关女性 HIV 感染者的研究受到北卡罗来纳大学的 CFAR 项目的支持，特别感谢 Gail Henderson、Suzanne Maman、Kathryn E. Muessig 和孟林、少鹏及小利姐的帮助。

加拿大移民的研究受到加拿大卫生研究院的资助（CIHR，2011~2016），尤其感谢加拿大 McMaster 大学的周艳秋副教授和华东师范大学的魏伟副教授，及项目组其他成员的支持与协作。

若干章节的部分内容，比如乳腺癌一章的主体部分已经发表于《社会》2013年第5期；有关女性HIV感染者的研究方法的部分内容发表于《探索与争鸣》2017年第1期；有关跨国视野下的性/别与身体思考，主体内容发表在《开放时代》2017年第2期。对编辑及评审老师们的厚爱致以谢意，尤其感激几位编审老师在涉及性议题这一敏感的学术灰色地带能够给我以空间与鼓励！本书所涉及的这些内容，不同程度地有所改写与增删。

特别感谢高研院2016年秋季的驻访项目以及2017年秋季的访问。在高研院的访学直接催生了这本书。毫不夸张地说，高研院有着国内高校系统很棒的行政团队，年轻、高效、有活力，提供了令人艳羡的写作环境。驻访师友们的博学风趣，带来了轻松的跨学科气氛，使我在知识上受益之余也久违地狂笑不已。这段时间的访学，让我暂时抛开杂事，专注于书稿。不管是写作进度，还是从玉泉到之江校区的一路风景都远远超出了我的期待。杭州的这段生活，在躲霾的同时，也多少唤起了一位在北方长驻了二十多年的温州人心底的乡绪。

我在京城的女博士读书小组，以及陆续到来的小可爱们，除了给予我一如既往的鼓励与支持，也让我备感生活与八卦的乐趣。师门的各位兄弟姐妹，也会经常发个红包、聚个餐，斗斗嘴、鼓鼓气。人大社会学系的老师们，对于我这个本系元老级的学生（1995年入校，从学生到老师，已经22年！），对于自甘边缘的我们"那一小撮人"有着太多的包容与支持。这些，或许就是我留恋北京的重要拉力。希望好景常在。

尤其感谢潘绥铭、何春蕤、甯应斌、严月莲四位良师益友长期以来的启发与鞭策，一生受益！还有性研究圈子里的亲朋好友们，"太太木木群"的微友们，"性/别两岸群"的同道们，你们的"没底线"时刻挑拨着我的神经，让我在前进路上不敢懈怠。

福特基金会北京办事处，尤其是李文晶女士与苏茜女士对于整个中国性研究的支持，对于我们自20世纪90年代以来举办、参加的国内外学术会议的支持，为包括我在内的许多性研究者提供了难能可贵的交流平台。

最后，感谢直接参与了研究的学生与朋友们，不管是作为访谈者、被访者，还是协助者，没有你们的参与和激情，这本书不可能存在。你们的真名或别名（所有被访者的名字均为代名）将会出现在本书的不同章节，

自　序

你们是故事的主角。

　　我在这里不一一列举要感谢的名字，但丝毫不减少我内心的感激，只是感觉名单越长，笔下的压力越大。一路有你们，且行且珍惜。

　　书稿不尽如人意之处，文责自负。

黄盈盈

2017年秋冬，于浙大之江校区四号楼310室

目录 CONTENTS

导　论　性/别、身体与故事社会学 …………………………… 001
　　一　"性"与"性/别"的概念创造及扬弃 ………………… 001
　　二　日常生活中的情欲身体 ………………………………… 014
　　三　讲述性故事 ……………………………………………… 021
　　四　本书的性/别与身体故事 ………………………………… 024

第一章　经血与性感 …………………………………………… 031
　　一　月经叙事 ………………………………………………… 033
　　二　性感身体 ………………………………………………… 051

第二章　带着HIV生活 ………………………………………… 070
　　一　"挖故事"的尴尬 ………………………………………… 073
　　二　带着HIV生活：木木与李纷的择偶故事 ……………… 079
　　三　日常生活的制约 ………………………………………… 092

第三章　从"疾病"到"残缺"的乳腺癌叙事 ……………… 098
　　一　打开话茬，收集故事 …………………………………… 101
　　二　可见"CA"细胞：烙上了"乳腺癌"标记的身体 …… 103
　　三　掉发与假发："残缺"的身体形象的浮现与应对 ……… 107
　　四　切乳与义乳：女性身体形象的破损与重塑 …………… 109

001

五　乳房缺失的女性身体：亲密关系的挑战与经营 …………… 114
　　六　嵌入社会的"残缺"身体：自我及社会身份的
　　　　危机与管理 …………………………………………………… 117
　　七　两套叙事的交叉及"残缺"框架的意义 ………………… 119

第四章　跨越国界的身体与性/别 ………………………… 124
　　一　跨国视野下的性/别思考 …………………………………… 126
　　二　寻找移民，挑选故事 ……………………………………… 131
　　三　身体与性/别的中西方叙述 ………………………………… 135
　　四　迈向更为日常的"跨国性"：移民故事的扩展思考 …… 152

第五章　一位让访谈者抓狂的变性人 …………………… 162
　　一　"老师，我想换主题"：初学者碰到了强势的被访者 …… 168
　　二　听文姐讲故事 ……………………………………………… 174
　　三　个案的扩展及"自主"的条件 …………………………… 189

第六章　无处安放的情欲身体 …………………………… 195

第七章　会议的性政治 …………………………………… 201
　　一　2007年之前的性话语：讨论的起点与补充 ……………… 203
　　二　对话生态的复杂化 ………………………………………… 207
　　三　学术、政治、经济三方夹击下的性/别研究与运动 …… 217
　　四　2007～2017年中国性研究国际研讨会：一个案例 ……… 220
　　五　新生态下的困境与思考 …………………………………… 225

结　语　身体如何记忆，性/别如何叙事？
　　　　　——方法学的讨论 ……………………………………… 229
　　一　"不可说"与"记忆的微光" …………………………… 231
　　二　"我要讲"与叙事套路 …………………………………… 239
　　三　再论"真"与"假"：迈向更为积极的身体与性/别叙事 …… 249

附录一　呈现与感受：转向日常生活中的女性身体 …………… 253
　一　注意"身体"：问题的理论背景 ……………… 253
　二　研究对象与方法 ……………………………… 255
　三　身材、健康和气色：女性身体的三种自我镜像 …………… 258
　四　生命历程、亲密关系、流行话语：身体构建的情境因素 …… 273
　五　身体的主体构建与日常生活的特点：概括与讨论 ………… 274

附录二　中国性研究国际研讨会（2007~2017年） ……………… 278

参考文献 …………………………………………………………… 313

导 论

性/别、身体与故事社会学

导论旨在梳理我对基本概念、范式与立场的思考与选择过程,力图在开篇勾勒一个局部的中文研究语境,明示影响了我的研究与写作的那些价值相涉。

我将首先从"性/别"与"身体"入手,阐明在什么意义上使用它们,为什么使用它们,如何延展或补充式地使用它们;然后,以肯尼·普拉莫(Kenneth Plummer)的故事社会学为基础,在一种批判的人文与社科视角下,努力在中国的变迁社会情境中搭建一个性/别与身体叙事的故事社会学分析框架。

一 "性"与"性/别"的概念创造及扬弃

在性研究领域里,我认为在概念使用上出现了两种混用、一种固化(去语境化)、一个困境的局面。两种混用是指:因不知其意,或不了解词语背后的理念之争、范式差异而混用;因缺乏对日常生活的学术敏感而想当然地使用。一种固化是指,本质性地判定某个词语(包括意涵与褒贬),而不顾及在什么情况下用、什么人在用、如何使用的语境与情境。外加一个困境:如何翻译相关的英文概念,或者更进一步的,如何创造(包括扬弃)中国的本土概念(甯应斌,2016),避免"情境无关"及"历史无关"(赵刚,2016)。

（一）"性学"的滥用

性研究领域目前使用最多的是"性学"一词。使用者包括媒体、性学爱好者、运动界的人士（包括支持者，也包括反对与质疑者），还包括相当多的教育及研究者（以医学及性教育领域为最，包括部分社会科学领域的研究者）。我不喜欢用"性学"，除非是引述或者指称对应的学术流派及思想。

性学，至少在我的理解里面，偏向的是兴起于 19 世纪末 20 世纪初、现在依然占主导地位的科学主义与医学化范式下的性科学，对应于（欧美为中心的）西方社会中的 sexology，或者说它是 sexology 的中文翻译；而我们所强调的是社会与人文领域的性，对应于英语世界里的 sexuality，是在批判科学主义与医学化的范式背景下出现的强调社会与历史建构视角的性概念。西方学术界从 sexology 到 sexuality 研究范式的转变，经历了半个世纪有余，中国性社会学者对于性医学范式的挑战与质疑，也至少持续了三十余年。辨析"性学"概念，也是为了记录这段历史。

Sexuality 概念的发展受益于三股重要的推动力量：20 世纪 20 年代以来，人类学对于不同社会中多样性文化的民族志研究；60～70 年代美国的女权主义与同性恋运动，尤其是对于性与性别关系、性身份与性认同的讨论；以及 80～90 年代被称为艾滋病时代（AIDS era）的跨文化与跨学科研究。从 sexology 到 sexuality 的范式转换，及其背后的理念之争，在相当多的文章中已被论述过（比如 Parker and Gagnon，1995；Vance，1991；Aggleton and Parker，1999；潘绥铭、黄盈盈，2007）。在中文语境中，五四运动前后性学的有关讨论、80 年代的译介无不受到 sexology 范式的影响；sexuality 的有意引进，则是最近十余年的事情。

出于我的研究理念（在实际研究与行动中，也是这么去推动的），我及师门的人更倾向于称自己是性社会学研究者，或者性（sexuality）研究者，而不是性学家。除非有人在明晰其范式转换的脉络之下，刻意且能够赋予"性学"以 sexuality 相关的意涵。

遗憾的是，中国的"性学"使用者与传播者，支持者与反对者，却基本不了解，或没兴趣了解这个重要的发展脉络。更遗憾的是，他们在不了解的基础上，却经常胡子眉毛一把抓，在一些性/别热点事件的争论中急于站队。在这种混淆之下，一些人，天真地把所有研究性的学者，不管理念如何，都认为是同宗同源而加以拥抱（实为错爱）；另一些人，或天真或故意地用性学去涵盖不同流派的性研究者，不同的是，随之而来的不是拥抱而是批判，简单地构建出性学与女权的二元对立式理解（最初是用"性权"对立于女权，后把性权改为"性学"）。情感迥异，但私以为所犯的逻辑错误是一致的：不熟悉发展脉络与内部差异所带来的概念混淆与"一刀切"。

另一种滥用的情况是出于对"日用而不知"的概念缺乏思考与深究，或者缺乏对日常生活的敏感，从而不会想着去抠概念，人云亦云。性、身体、性感这类概念，很容易因为其在生活中太常见了、太琐碎了而（被）缺席于学术界（黄盈盈，2008）。近年来，越来越多的学者开始撰文溯源性地、批判式地重新审视概念的被使用。较早的可追溯到民国时期在传统与现代西学的碰撞之间"性""同性恋"等词语的引进、讨论与发展（桑梓兰，2015）。更近一点，学者们开始关注 MSM（男男性行为者）这个随着艾滋病的到来流行起来的缩写英文，如何从一个为了简便（用一个尽量简短的词语包括尽量多的人）与反歧视（强调行为的风险，而不是人的高危）的目的而创造的健康行为学的权宜性概念被置换到与性认同（男同性恋）的混用，并分析这种泛用所带来的问题（Parker et al., 2016；Boellstorff, 2011）。令我印象深刻的是，2016 年在南非的一次小型性政治的会议上，一位当年参与创造了 MSM 这个词的英国教授说道，"当现在一个男同很自豪地宣称自己是 MSM，丝毫不觉得有任何迟疑与问题的时候，我惊呆了"。一个词语，从产生于特定的背景并权宜性、历史性地被使用，过渡到被固化、"想当然化"地加以应用，这个社会语义学的变化过程是值得批判性地加以审视的。

词语的固化理解，还表现在"去语境化"所带来的问题。我清楚地记得，在 2013 年的人大性研究研讨班上，何春蕤老师在讲到台湾日趋绵密的性别治理之时，举过这么一个例子：校园性平法（性别平等法律）反对一切形式的性歧视，如果你不小心说了一些歧视性的语言，比如死 gay，就会受到法律的处罚；也就是说，平时两个人打情骂俏似地、调情似地、开玩笑地说一句"你这个死 gay"（请自行配上某种亲昵、玩闹、嗲嗲的语调），那你就麻烦了，就可能被法律所制裁（确有实例）。在反歧视的名义之下，当一个词语被如此去语境化地加以刚性的理解，且更为重要的是，动用法律去治理之时，就会走向一种与生活相背离的荒谬。

另一个例子涉及"性工作"这个词语。在社会媒体上频繁出现的一个说法是："性工作"这个词是有问题的，理由是小姐们自己在日常生活中并不使用这个词，而且反而因为"性"在工作面前的点缀增加了污名（丁瑜，2016）。或者如我在2017年哈尔滨性研究会议上所听到的，一位研究MB（Money Boy，男性性工作者）的学者认为"性工作"并不能涵涉这个行业的丰富性与多样性，因此建议用性交易来替换。简而言之，现有的对于"性工作"这个称谓的批驳是试图从"主体"（小姐或MB）的角度出发拒绝"学者"赋予的标签（性工作）。在媒体报道中，自然也有好事者趁机解读说：合法化、非罪化并不是中国的小姐们最好的选择。

相比于反妓与废娼的论调，这样一种基于"主体"的"日常生活"的理由似乎很难批驳，这些词语也是我自己经常挂在嘴上的。可是，对"性工作"称谓的这种批驳在我看来显然是有问题的。

首先，目前研究者对于"性工作"这个称谓的批判过于简化与去语境化，在说及小姐、MB们的（部分）日常的同时，忽略了更大的社会现实。

与其说"性工作"这个词本身是有问题的，不如说你要看怎么去用它。就我而言，在倡导（非罪化，或者更确切地说，把处罚条例去掉，至少是去除运动式扫黄）的层面、社会去污名的层面，我倾向于使用"性工作"。这个时候对话的语境是大众与法律政策制定者；而在试图展现与描述小姐的日常生活的时候，我更多地使用"小姐"（群体的层次），或者更具体一点，直接使用其花名（阿丽、阿凤、杨姐等个体的表述）。因为在不同的语境与情境中，用什么词是有讲述者的意图和意义的。我认为就当下大扫黄与社会歧视这个更大的现实背景之下，在中文语境中使用"性工作"有其重要的积极意义。而目前对于这个称谓的批判，只是考虑到"小姐们生活中不用这个词"这个研究中的发现（这个研究发现所暗含的"真实"本身，后面再论及），没有考虑小姐人群所处的更大的、更严峻的社会现实背景。

其次，现有的批驳对于"主体"的理解过于狭隘，甚至有错误论述。

"性工作"这个词，首先也是小姐自己喊出来的，并非某些脱离现实的研究者的创造。"性工作"是小姐兼运动家 Carol Leigh 在 1978 年提出来的。据我所知，国内外、境内外的小姐（如我比较熟悉的中国香港、台湾、澳门和澳大利亚等地），在知道了这个词的意义以及所倡导的去污名与非罪化与其日常生活的勾连时，也不乏在很多场合自称为性工作者的，为的是壮大自己的力量。因此，以访谈到的几个小姐生活中不喜欢用"性工作"来批判这个概念，是单薄且立不住脚的。更何况，"主体"有很多复杂的面向，"主体的需求与声音"也绝不是你问她答那么简单，需要更加多维与立体的研究方法加以探讨。个体意义上的"主体"如此，群体意义上的"主体"更是如此。

性工作，显然是个外来词，但是是否在某个历史时间点被接受，除了情境与语境的比较，还涉及我们如何跟（其他）小姐们解释这个词。2008年，在一次有关性工作的政策与法律圆桌会议上，一位女子监狱的警官，在对在押人员调查问卷的基础上，得出了"95%的小姐自己不愿意被合法化"的结论，以此来反对"非罪化"的声音。这个结论的荒谬，不仅在于研究的权势问题（警察对在押犯在监狱里进行调查，拜托！这种情况下，我惊讶的是那 5% 是怎么回事?!），还在于如何解释"合法化"这个概念（更别提大多数反对"性工作"的人连合法化与非罪化的区别都不知道）。这个例子不一定贴切，但异曲同工。

我不清楚反驳"性工作"这个词的研究者们在研究中是如何跟小姐们谈及"性工作"的，也不清楚"性工作"为什么就会掩盖掉人群的差异性与多样化。就我自己的研究而言，不管是用小姐，还是用性工作者，都会强调人群的分层、复杂性与差异性，强调这份工作对于主体的意义及生活的逻辑。"工作"是指出谋生手段的合理性与正当性，并不与多样、复杂、丰富与日常性相抵触。

此外，"小姐"这个称谓是否如一些研究者所言一定就比"性工作者"更具有自主的力量，也要看具体情况。

圈里一位著名的人妖朋友 Leo，既不喜欢用"性工作者"，也不喜欢用"小姐"，而是有意识地自称是"卖淫的"，还是个自豪的"卖淫的人妖"，以此反转式地来使用污名的词语。这在对抗污名的意义上更接地气，且倍儿有力量。

僵化地来使用、理解概念的例子数不胜数。有的人嘴里说的是"性工作者",实际上却不认同其为一项工作,只是说顺口了而已;有的人说"卖淫",是一种强烈的歧视,有的人却"反词正用"叫出了力道(如Leo);有的人,没有说出甚至不一定懂"酷儿"这个词,言行举止却非常酷儿,有的宣称自己是酷儿,却对自己很多方面的正统化毫不自知……所以,我个人以为,固化地来判断某个词是否正确、是否好(不管是借由谁的嘴说出),不如去深究概念的产生及其发展脉络,对其使用做出历史化、情景化与语境化的动态解读。而且,从运动的意义上讲,与其说某个词就一定更加有效、更有力度,不如去考察且创造能使其发力的具体时空情境及形式。我前面也提到,在目前频繁扫黄、小姐的谋生之道备受歧视与压制这种大现实背景之下,"性工作"的正面力量是不能被忽视的,且需要不断地被论述、被丰富。

总之,"性工作"不一定是一个绝对完美的称谓,但是目前的批驳不管在学理探讨上,还是在立场上都没有说服我为什么现阶段要舍弃这个概念。就如,我们不会因为生活中喜欢称自己的职业为老师,而去批驳"教育工作者"这个称谓。相反,什么时候如果当"以知识/教育换取收入"也成了不被承认、反被打压的谋生之道时,我恰恰要站出来为"教育工作者"正名。又或者说,这种对"性工作"称谓的批驳也只是学者们吸睛的一个噱头。可是,这个貌似去政治化的噱头会如何被政治性地加以使用,就需要格外小心了!这种风险,是批驳"性工作"或"性工作者"的研究者及媒体工作者们,不管是有意还是无意,忽略不论的。这,也恰恰是我批驳这类批驳的重要理由之一。

(二) Sexuality 的翻译与"性"的概念框架

质疑了 sexology 理念之下的性学概念,接踵而来的首先是 sexuality 的翻译问题。Sexuality,翻译成什么?我们是否有合适的中文词语来表达与我们的理念与理解契合的意思?

女性主义者梳理过 gender 的中国之旅,分析了自 20 世纪 80 年代末 90 年代初以来,在将其翻译为"社会性别"的过程中,有过怎样的争论及其缘由(闵冬潮,2003)。对于 sexuality 的翻译及讨论,则基本是在 2005 年前后，在区别于 sex 的意图上展开，尤以潘绥铭、彭晓辉、阮芳赋及甯应斌等学者为主要推动者（潘绥铭、黄盈盈，2005）。这个词，常见的翻译有性态、性征、性经验、性存在（潘绥铭早期翻译）、全性（潘绥铭的提法）、社会性（甯应斌的翻译）等。也有人，比如我，认为可以直接用性或加引号的"性"，以方便组词与推广。只是在使用时逐步纳入对应的内容以区别于生理与行为意义上狭义的 sex 概念，也区别于社会性别（gender）的概念。即，通过意义内涵的改变来达到概念的改变，旧词新用。

Sexuality 所对应的"性"的意义内涵，在我的知识图示构建及倡导里，至少包括以下四个层次。我在其他文章中对此有所涉及（黄盈盈，2014a），现扩充如下。

第一，它涵盖生物学、行为学意义上的性（sex），但绝不仅于此，还包括性认同、性关系、性观念、性语言、性仪式、性欲望、性幻想等内容。即便是性行为，也不仅指阴茎插入阴道的与生殖相关的异性间性行为，还包括各类被主流规范所排斥、处于性等级（卢宾，1984/2007）低端的性行为，比如口交、肛交、施虐、受虐等。

之所以强调这点，是因为在试图脱离性的生物学、生理学狭义理解的过程中，在批判性的科学主义范式中，曾几何时，性研究者们走到了另一个极端：过度强调性的认同与意义等文化建构，而不屑于谈论具体的性行为及物质的身体基础，用一种鄙视的态度将后者贬低为"物化"（Parker，2009），尤其是在性别的框架下论及女性身体的时候，这种对"物化"的贬低更甚。我在"身体"部分还将回到身体的"物质性"脉络。

第二，"性"是一个独立但非孤立的概念。它不等于社会性别，也不等于生殖，但与性别、身体、生殖、婚姻、情感等有着极为亲密的关系。

这层含义涉及概念的独立性与相关性问题。简单以性与社会性别的关系为例，在女性主义的脉络里面，这两个概念曾经是一个系统的：性－社会性别制度。在这个体系里，性与社会性别是混用的。卢宾在其里程碑式的《关于性的思考：性政治学激进理论的笔记》（1984/2007）一文中曾经梳理过自己对于性与社会性别关系的认识转变：从混用式的理解到认为性应该是独立于社会性别的，是因为有些性方面的歧视并不是性别歧视所能涵盖的。在查阅英文文献的时候，我经常看到 sexuality 的标题下面，谈论的实则为 gender 的内容。在最近几年审阅"中国性研究国际研讨会"的来稿时,也发现越来越多没有"性"的性研究、中间没有斜线的"性别"研究。对于性与社会性别这两个概念的界限与关系,另一位著名的性研究者与女权主义者 Carole Vance 也是非常敏感(Vance,1991)。我记得有一回请教 Carole 有关性研究的英文文献时,提到一些跟性别气质相关的文献,Carole 的反应是:这些是社会性别的内容,你可以用,但是要清楚其关系。

性与身体的关系亦然。在不把身体做无限扩大式的理解(现在有的身体论述就是这样,虚无缥缈,完全没有边界,或者要动用无限的想象)的前提下,"性"与"身体"也不能被想当然地混用。在一个形而下的层次上看,性不必然牵涉身体,身体也有性之外的很多面向。我更倾向于从独立的两个概念出发来处理两者,但是会分析其关系(黄盈盈,2008),尤其是对性的物质身体的一面,以及对于身体的性的一面加以强调,因为这两者非常容易被污名化、遗弃与遗忘。换言之,性的身体以及具有了身体面向的性是我所关注的"身体"与"性"相关联的面向。

对于这些概念,有研究者可能觉得没有必要较真,这些概念的关系确实也做不到泾渭分明(比如巴特勒对于性与性别的论述),而且概念也有其时空流变。但是我个人认为,从研究的角度来看,辨析概念背后的理念与范式、讨论概念的边界(哪怕是模糊的)、在使用过程中变义都是有重要意义的。生活可以模糊不清,研究也是面向复杂多变的生活世界,但是研究所借以理解现象并展开学术对话的概念,有进行辨析、界分与梳理脉络的必要。概念的独立性,也不能与相关性混淆,否则很容易挂羊头卖狗肉,或者自己都不知道是羊头还是狗肉,一团糨糊,牛头不对马嘴,没法对话。更为重要的是,在混用的情况下,那些处于性等级下位的"下三烂"词语与概念,会更加地隐而不见,如同用性别涵盖性,用亲密关系涵盖性关系等。

第三,"性"不能简化为"唯性主义",如同性别分析不能流于"唯性别主义",它与年龄、阶层、流动、习俗、宗教、国家权力(政治法律)、经济、社会运动与发展等因素之间存在复杂且多变的相互构建关系。

这一层的意涵是强调性的交叉或者交互性因素,如同社会性别所强调的"交互性"理论。可惜的是,谈谈理论认识容易,在实践的过程中,无论是性还是社会性别的研究，经常还是会如何春蕤教授所指出的那样，容易走向"唯"的单一性（何春蕤，2013；黄盈盈，2013），而不顾及其与其他社会、文化、政治因素之间的复杂交互关系（除了阶层比较多地被关注到）。

但是，这里略微有点悖论，或者难以表述的是：性的概念中就包含了这些交叉性因素，还是性与这些因素之间有交互性关系。后者仿佛存在一种纯净单一的性概念，前者又如何说得清楚？也有学者更倾向于用"性的经济政治学"类似的表述来处理这种关系。不管怎样，知识概念，相对于现实生活而言，总是相形见绌，局限重重。这种局限性也体现在日常语言的表述与叙述层面，在对概念、语言越发敏感的同时，也面临无法开口的窘境。

第四，"性"与权利、权力紧密相随；不仅包括性的危险，更指向性的快乐。从理念上，要倡导一种更为积极与正面的性（positive sexuality）。

如果说前面三层含义的学术味道更浓的话，那么第四层含义的论争性更强。权利，触及诸多复杂层面，但是在我的理解里，首先挑战的就是"多数－少数"，并在数据基础上发展为"正常－变态"的压制性霸权。权利，意味着即便只有一个人具有某种性癖好，也不因是"一个"而被压制、被歧视。因此，当那些为性权利奔走相告的社会运动家，也试图用数字来说服政策制定者、说服大众的时候，让人忧心与遗憾。同性恋占有多少比例不应该成为倡导的依据！因为，总是还有一些更为少数的人群。如果以人数多寡来衡量权利有无，我们在为某部分人争取权益的时候，又置这些更为少数的人于何地？这种以数字为倡导依据的做法，正是陷入了主流的性压制逻辑：从少数，到变态，到清除的社会净化逻辑。对此，福柯早就警告过！

有人可能会从策略的角度不同意上述说法。这些人认为政策制定者就希望有数据的论证，只有告诉他们这个人群人数不少，才有希望引起政策改变。从现实的角度看，确实如此，可是，我还是会说，这是个权力游戏，特权阶层的人数从来不多；底层的人数也从来不少；数字的政治性，从来都是因人而异的。而且，那是政策制定者需要考虑、改变观念的事情，不是运动实践者首先去妥协的；不能永远要求非政策制定者做出自觉的让步！

性的危险与快乐之争，则直接导致了20世纪80年代美国女权主义内部的性战。或者说，在这场被称为"性之战"的论争之后，学者及运动家在强调性的负面与正面这两种价值立场与视角之间的争议被明晰化（negative sexuality – positive sexuality）。围绕着色情品、女同性恋SM、性工作等议题，女权主义者们纷纷站队，这个过程与细节在Carole的书里有过具体的梳理（Vance，1984）。

我之所以将性的危险与快乐之维纳入"性"的概念框架，是因为这个争论一直从过去延续到现在，从美国延伸到中国。在当今中国社会，在媒体的刺激之下，围绕性侵、卖淫、强奸等议题所呈现出来的观点对峙，与美国20世纪80年代的性之战，何其相似！以麦金农、道金为首的推动法律对于性的（全面）管制，及这种美国法理女性主义的世界性输出（Ding，2015），并没有引起足够的警惕。在近年反对性骚扰、性暴力等事件时所透射的呼吁法制来管制"性危险"的声音，一浪高过一浪。台湾林奕含事件（很快震荡到了大陆）、南京公交车上的小女孩"被性侵"事件只会越演越烈。在要求"惩罚性侵者"（尤其涉及儿童）的愤怒与正义的强大情感驱动之下，生活的"真实"会变得越来越不重要，或者说，生活的复杂只会让位于法律的"一刀切"。"友谊的小船说翻就翻"，社会、亲朋好友圈至此多了一道撕裂的伤口。而性故事的社会生产以及某种强大的叙事结构（比如受害者逻辑、男强女弱、男色女纯、无性儿童）在这里所起的作用，也往往被"自然化"与"本质化"掉。这，是我所担忧的。

对于台湾社会的忌性文化以及性别治理所带来的严重后果，何春蕤老师曾多次犀利地批判过（何春蕤，2011a；2013；2017b）。可是在大陆，这种批判还远远没有形成力量，且因为原本法律就缺位而被认为"为时过早""不合国情"。在梳理中国文献以及中国的性话语的时候，我也深感这种"否性"话语的盛行，尤其是与之相关的"受害者"话语与性的艾滋病化如何影响了研究的导向（黄盈盈，2008），如何有意无意地影响着人们的性故事以及对于性故事的讲述。在研究与对话的过程中，我越发觉得，对于性研究来说，视角与立场很重要，也逐步从一个自诩"分析派"的研究者过渡到对于某些性/别理念的坚持。

Sexuality 的概念，为了表达其复杂与多样性，也经常以 sexualities 的复数形式出现。但是这种复数形式，在翻译成"性"的过程中，就只能以解释或者加注解的方式加以体现了。不管翻译成什么，使用什么词语，其甚至可能早已偏离了英文中 sexuality 的讨论而植入了我们自己的新理解，以上四个层面的"性"意涵是目前我所认同、加以实践并试图推广的。

（三）"性/别"的创造与借用

与 sexuality 相近，台湾"中央大学"性/别研究室的何春蕤、甯应斌、丁乃非等学者在 1995 年创造了"性/别"的中文概念，后来发展成为斜理论（也是为了表述方便）。这条斜线首先宣告了与主流性别的界分，更为明确地画出了性别本身的多元流动及其间的暧昧复杂，指出了性与性别的不同及复杂关联；"别"则道出了性的多元异质和内部差异以及其中的压迫与宰制的关系，也表达了性与其他社会差异（阶级、年龄等）的复杂关联（何春蕤，2013）。

性/别，对应的英文词是 gender/sexuality。在其发展的脉络里，与台湾主流女性主义有着千丝万缕的联系，包括对话与对抗。性/别在发展积极的"性"力量的同时，也不愿意放弃与女性主义的关联，将"性别"拱手相让（何春蕤，2011b）。换句话说，性/别正面地宣誓着与台湾主流性别运动的正面抗争。

这与大陆的性研究发展脉络是有差异的。至少，大陆比较有影响力的性研究，先不管其流派如何（比如是否偏实证主义，调查方法的定量或是定性取向等），首先是在社会学背景下出现的，比如上海大学的刘达临教授、中国人民大学的潘绥铭教授与中国社会科学院的李银河教授，而不是从女性主义内部分裂出来的。

从这个脉络上讲（加上其发展历程中涉及的运动、政治法律背景、国际形势也与大陆有别），性/别概念，似乎也不是大陆最合适的选择。然而，在认识到这种差异的情况下，在大陆的新女权主义越来越直接地介入性领域的当下及就近的将来，性/别概念的借用是有其时代意义的。这也是最近几年，中国人民大学性社会学研究所（以下简称人大性社会学研究所）积极邀请台湾的老师们来大陆开展交流、讲课的重要原因。台湾的性/别经验，借鉴与警惕意义远远大于区别与差异。我一贯注重"本土"

的具体情境，但是以一句"那是台湾"来拒绝学习，则是自欺欺人、盲目自大。

在此，我斗胆权宜性地对性/别的概念框架，按照我的研究旨趣，做出延展式的理解与意义诠释，以更好地对话于大陆现有的主导性话语。

首先，"性/别"显然超出了仅仅把性局限在异性恋关系、局限在阴茎插入阴道的行为、局限在男主动女被动的性角色想象、局限在性病/艾滋病或者生殖道感染的疾病范畴之内。它与"权利"有着重要的联系，但是权利话语不是它的全部，或者更确切地说，要更为复杂地看待权利（远远不只是一个口号或者某种理想状态、胜利的假象）。它拓宽了对于情欲的想象，传达了更为积极与正面的声音。它为各类性及性别少数人群，比如性工作者、跨性别、虐恋等人群的生存权利与主体能动性创造了空间；关注到被社会做滥性化标定的豪爽女人们，也不忽略被社会做无性化标定的感染者人群、残障人群、儿童、老人等人群的情欲自主权与情欲实践。

在我看来，性/别的认知框架，遵循的正是历史社会建构论的视角，尤其是何春蕤老师，非常强调历史脉络。性/别挑战的是那些被想当然地污名化的性及性别现象，揭示其被建构的过程以及其间的权力关系。这种试图揭开性的污名化标签及其过程的知识框架，能够更好地正视人们的日常生活逻辑，敢于直面性及性别的多元存在及其变化，透视日常生活的复杂政治。同时，也对被不断简化与口号化的权利、多元以及身份政治的问题，保持了一贯的警惕与批判性态度，且不断挑战法律与制度框架下的僵化且娇贵的性/别与情感治理（何春蕤，2011a；2013；2017b）。

近年来，这样的认识被不断地引介到大陆，在挑战主流的性别认识与质疑简化的性与性别运动以及身份政治方面，日益显露其重要性。性/别理论因为其犀利与批判性而充满魅力，却也因为其犀利与批判性，不仅触及主流的规范，也质疑性/别少数的利益，因而在推动的过程中阻力重重。此外，吊诡且让人悲哀的一点是，随着越来越多的人开始使用"性/别"（且往往得意地自以为先锋、前沿），这个词也在不断被滥用——"性/别"词语的表象之下根本没有触及这个概念所宣称的内涵，即那条斜线实际上是不被看见的。

（四）概念的选择与扬弃

关于词语，到目前为止，我是在作为 sexualities 的"性"（旧词新用）与性/别之间来回使用，在某些场合也会使用性社会学、性研究。但是如前文所提及的，考虑到这个概念所产生的台湾语境（尤其与女性主义的关系），与大陆性研究的不同脉络，我在使用时会更加强调"性/别"与 sexualities 接近的一面。"性/别"的选择，除了认同其意涵，还在于中文语言的使用习惯，我略带偏执地感觉这两个字组词使用比单个字要更加顺口，在与其他词语（比如身体）并列时，也显得更加平稳。

但是，不无遗憾的是，性学的 sexology 脉络也好，sexuality 的借用也罢，以上所有的有关概念与词语的讨论，也依然是发生在现代主义的背景之下，脱离不开自五四运动（甚至更早）以来所引进的西学思潮。大概也是因为这个原因，性/别概念的始创者之一甯应斌教授，在 2016 年中国人民大学演讲的最后一张 ppt 上，写的是"扬弃性/别"。甯老师当时并没有对此进行详细的解释，但对我的那根"本土"与质疑西方中心的神经的触动还是挺大的。2017 年在哈尔滨举办的第六届中国性研究国际研讨会上，甯应斌则更为明确地提出了扬弃同性恋（homosexuality）的观点，并且建设性地实践从传统文化中挖掘本土概念的可能（甯应斌，2016；2017）。

五四运动以来现代词语的发展，包括性、同性恋，是丰富了我们的想象，还是束缚了我们的理解；扬弃了"性/别"，我们还剩什么；或者更确切地说，我们有什么；我们将如何表达、交流；色，情、男风、男色、美色、缘、性福等更具传统意味的词语，可以扬什么，应该弃哪些，在扬弃与发展的基础上，是否有可能在欧美中心之外开拓另一种叙述的空间；如何使这种"可能"落地结果；又或者，我们可以如何在更为接地气的生活层面寻找并发展相关的可以与已有概念相抗衡与对话的概念；这些问题显然已经超出了性/别的思考，是当下我们社会科学研究者多多少少都需要面对的问题。就我而言，如何在一个更大的社会科学语境中，进行更为接地气的以及与历史有关的性的思考，是一个重要的议题，也是一个巨大的挑战。艰难，但是值得。

尽管局限重重，以上对于性研究基本概念的梳理与检视是必要的，不仅涉及我个人的思考过程，也是对近十年来大陆性研究生态与学术发展脉络的一个基本把握，更是为了创造扎根于历史与现实、更有力量且具理论解释力的本土概念。

二 日常生活中的情欲身体

我在博士论文里梳理过社会学与人类学领域身体研究的基本脉络（黄盈盈，2008），受教于冯珠娣老师在北卡罗来纳大学开设的"身体与主体"这门课（后修订出版 Beyond Body Proper 一书，Lock and Farquhar，2007），循着冯老师的思路比较系统地阅读过相关文章。虽然我对自己的理论功底从来没有满意过，但是在当时，也算是比较早地在中文语境里介绍身体的社会科学脉络，并在相关理论观照之下开展经验研究的社会学研究者了。我对"身体"的定义与理解，也在对以往理论视角的选择与自己的经验研究基础上逐步形成（包括借鉴、转变、整合）。本书也是沿循着我所青睐的"身体"观来搭建身体的经验研究框架。

在序中我已有提及，继女性性感的研究之后，十年来，我主要与学生一起分别以月经（刘熙，2011）、乳腺癌（鲍雨，2012）、色情（王丽君，2013）、性别气质（方敏，2014）、艾滋病病毒感染者的身体与性（宋琳，2014）、妇科（陈肖，2015）、坐月子（夏冰，2015）、变性（陈信波，2015）、自慰（祝璞璞，2016）、健身（宫赫，2016）、婚姻家庭中的性/别（赵骞，2016）、老年人的身体与性（周柯含，2016）、大学生的情爱实践与校园空间（潘荣桂，2017），以及有关生育的身体叙事（于秋怡，2017）为主题，侧重从主体理解与日常实践两个角度探讨生活中的身体，尤其是女性以及多元性别的身体。主题的选择，通常是综合了我与学生们的各自兴趣，但是身体的框架与所要探讨的研究问题有一定的延续性。可以说，这一系列的小型经验身体研究，直接受益于三个方面的身体与性/别领域的社会学与人类学知识。这三个方面的理论视角也是我的"身体"选择与问题意识的理论来源。

（一）日常生活中的逾越身体

"逾越的身体"取自洛克与冯珠娣所强调的日常生活中活生生的、逾越各类二元对立的身体观（lived body）（详见 Lock and Farquhar，2007）。

很多学者都认识到，在很长一段时期内，由于哲学传统中的身心二元论影响和社会学本身的反生物决定论取向，身体在社会学研究中长期处于"缺席在场"的状态，即"宣称要分析却放逐边缘，力图要避开却总也避不开"（李康，2001：35）。直至"三个伟大的传统将身体拖出了意识哲学的深渊"，一是梅洛-庞蒂的身体现象学，二是涂尔干、莫斯、布迪厄这一人类学传统的社会实践性身体，三是尼采、福柯的历史、政治身体观（汪民安、陈永国，2003）。

重返"身体"的社会科学把身体从笛卡尔式的"身心"二元对立中解脱出来，或者从注重身体体验的角度（个体的身体），或者从注重身体的社会意义与象征意义的角度（社会的身体），或者从权力的角度（政治的身体）肯定了"身体"的地位。但是，早期社会科学研究对于身体的肯定或者是把身体作为一个道具来对待，借以展现思维的、文化的、象征的内容；或者作为对象，用以承载痛苦、疾病和统治，而超越了身-心、精神-肉体、生理-文化、个人-社会等诸多二元对立的、多元的"活生生的身体"（lived body）在20世纪下半叶以前（仍然）是被忽略的（Lock and Farquhar，2007）。

21世纪以来，在中国学界，除了文化研究领域赶时髦式地宣称过"身体转向"，李康（2001）、汪民安及陈永国（2003）、郑震（2013）、文军（2008）等较早地开始系统介绍西方的身体理论，包括其在社会学中的体现。

整体来看，在"身体"的媒体话语充斥人们生活的同时，在社科界，具体的"经验身体"有所增加，但是尚未撑起一个研究语境。即便有学者从社会学角度探讨身体，也是偏向社会关系与结构性因素，或泛泛地谈论身体话语、身体消费、身体资本、身体规训等，却总是有一种不接地气的漂浮感，"老是不能回到身体的物质性"（克里斯，2011）。

社会学与人类学领域的较为具体的身体研究大多数指向患病的身体，论及医学与社会、文化之关系，也有个别加入了性别视角及更为复杂的日常生活与身体体验、叙事的视角，或对理论概念有一定的拓展与创新。比如，我（2008）在访谈70后城市白领女性的身体观及身体实践的基础上，提炼出了三种日常生活中的女性身体：呈现式身体（强调身材）、感受式身体（强调健康）以及精神体现式的身体（强调气质）。林晓珊（2013）在汽车相关研究中提出的反思性身体技术；基于对女性乳腺癌患者的身体研究，我与鲍雨（2013）试图跳出医学社会学所关注的"疾病"与"疾痛"框架，过渡到相对于正常与否的社会规范的"残缺"框架及对于性别态身体的强调。虽然现有研究尚未达到理论的创新，但是至少在中国的语境与情境中，展现了具体的、活生生的某一类身体。

我们不妨快速地浏览一下近十年来新涌现的至少在关注点上更为具象的"身体"：器官移植的身体体验，涉及医学与生活、文化等关系（余成普，2011，2014a，2014b；余成普、袁栩、李鹏，2014；欧阳洁，2012）；加上性别视角的怀孕、产检、生育、母乳喂养等与母职相关的女性身体（林晓珊，2011；范燕燕、林晓珊，2014；陶艳兰，2012；郭展意，2013）；女性乳腺癌身体（黄盈盈、鲍雨，2013；鲍雨、黄盈盈，2014）；整形、美容、时尚、穿着、减肥等相关的呈现式身体（文华，2010；方静文，2014；刘阳，2009）；多重社会空间中的残障身体（鲍雨，2015）；女性的月子病叙事（夏冰，2015）；汽车驾驶中的身体技术（林晓珊，2013）；等等。

虽然以上各个研究沿循的身体脉络不尽相同，逾越二元的程度也各异，或者也并不一定是自觉地在选择洛克与冯珠娣所论及的身体脉络，但相比于抽象的或是基于纯文学文本的身体叙述，与我的研究旨趣更为接近——试图在身体社会学的框架下，在日常生活中努力去寻找一种"活生生"的逾越的身体观，重现肉身性身体（corporeal）与具身体现（embodiment）在社会科学中的在场。

我在此屡屡提及的"日常生活"，主要是在方法论以及作为我们所处的经验世界的意义上被使用，区别于抽象的、泛化的身体观。它是"常态的"（杨善华，2007），且充斥着不可见的、絮叨的、纠结的、战术的（tactic）、权宜的、情境的、反身的等诸多特点（李猛，1997；海默尔，2008；德塞托，2009；周平、蔡宏政，2008）。

与大多数文献不同的是，相比于疾病的、被规训的身体叙事，我越来越倾向于去挖掘与强调日常生活中身体的自主性及其积极的一面，即便认识到在如医学化、性别不平等、性等级等结构因素的制约之下，这种"积极"是有限度的；我试图把身体从医学空间拉回到生活之中，把关注点从疾病的身体转移到情欲身体。这个思路的转变，与第二个理论脉络与相关思考有关。

(二) 身体的自主与情欲

这个视角，主要取自在女性主义理论脉络下，在 pleasure（强调性的快乐与情欲自主）与 danger（强调性的风险与暴力）的争议中强调女性身体情欲的那一派（Vance，1984；何春蕤，1994）。

这部分论述在"性"的概念章节有过介绍。只是，有关 danger 与 pleasure 的争议，不仅仅是在性的范畴至关重要，在身体研究领域，也直接影响着研究者会从哪个方面入手去讨论身体：疾病的、痛苦的身体，还是快乐的、情欲的身体；是关注身体的自主与能动，还是身体的结构性压迫与被控制。

这里不可避免地触及"结构－自主"孰轻孰重的问题——一个经久不衰的争议。这个争议在近年来中国性与性别的相关事件中不断涌现。我希望对此可以稍加扩展地进行分析。

大多数在媒体上发声的女权主义者，强调性工作、性侵等议题上的性别不平等这种结构性压迫，并以改变这种结构性压迫为导向，否定，至少是质疑结构性压迫之下个体的能动与自主。

2016 年的 8 月，中国人民大学的系列讲座中，何春蕤老师以"打破死结——从女权与性权到结构与个体"为标题，对此做出了回应，分析了仅仅看到结构性压迫因素带来的问题，及其消极意义（何春蕤，2016）。

从我自己的经验与思考来讲，在一个理解与诠释的层面，侧重结构性因素还是自主性因素，关注怎样的结构、怎样的自主，首先不应该是一个先验的立场选择，需要扎根于经验世界去把握。比如，我在研究小姐人群的时候，总结过一个"结构－自主"互动的概念框架，进而概括出从我的研究中涌现的比较重要的三个层面的因素：个体的、关系与组织的、结构的，以及其间的各类复杂关联与博弈（Huang et al.，2015；黄盈盈，2015）。在我所关注的结构性因素里，绝对不仅仅有性别不平等，贫困、性歧视、非法与扫黄、艾滋病防治等都是重要的结构性因素。随着越来越多的学术对话与"政策倡导"层面的思考，相比于对于结构性压迫因素的关注，我却逐步倾向于选择强调女性自主、身体自主、性自主的一面，强调面对各类结构性制约之时，个体与关系及组织层面的女性主体如何策略性地积极生活的方面。这里有几重原因推动了我的改变。

第一，社会学的研究传统，往往是强调结构因素，忽略个体因素；强调结构性制约，忽视个体的自主性。我越来越感觉到，研究，除了需要展现田野中的"现实"，也是一种对话；考虑情境之外，显然也是要考虑语境的。我曾经自诩为"分析派"，即展现各类我认为重要的因素，当然包括结构的、关系的、个体的；可是，在写作、开会、日常谈话等不同形式的对话中，却经常发现，结构性压力的那一面在不断地被强调，小姐中的悲惨故事更容易，也愿意被倾听，而另外的因素，尤其是个体自主的、快乐的那一面，却不见了。当我说，我到过的 23 个红灯区中，只发现两个地方有被拐卖现象，其他地方的小姐都是通过招工或者介绍等形式过来，而被人们听见的却总是那两个"被拐卖"的点；在叙述小姐生活中的酸甜苦辣时，各种遭遇和暴力总是能引起关注，而那些笑声与策略却经常被忽略。我依然清楚地记得，在多次会议上，一个小姐都没有见过的学者，可以如此理直气壮地论述小姐的"被迫"与"悲惨"，完全无视我们的经验研究，甚至悖论式地无视小姐们这些"女性的声音"；我更加清晰地记得，在 2010 年的一次讨论会上，有一位 40 多岁在香港卖淫的妇女，吞吞吐吐地说，自己其实还挺享受做生意（做小姐）的。更加意味深长的是，说完之后，她长长地舒了一口气：今天终于可以这么说了。这声舒气，对我触动很大。

也就是说，在某些社会规范与认识范式之下，"有些声音"被过滤掉、被忽视掉了，或者根本没有发出来的机会。因此，何为真相？何为现实？

对话于这样的"选择性"语境，我虽然依然认为结构因素很重要，但是会更加倾向于挖掘及展现经常被忽略的个体自主的声音，因为这种声音在日常生活中是很重要的；这种与结构因素进行博弈、对抗的声音是非常有力量的。可是，它们却不见了。在本书中，我也将致力于细致分析在各类性/别故事的社会生产中，哪些声音被强调以及被再生产，哪些声音被忽略或被抹去。这不仅关乎对现实的把握，也关乎对历史的认识。

第二，在"应对"层面，强调哪类因素——是致力于国家政策与法律的结构性改变（尤其是制定法律以求保护），还是偏向个体与草根层面的互助与能动性的培养——不仅关乎对于国家与个人的关系等问题的认识，也关乎日常生活中的策略与战术问题，还关乎现实可行性的考虑。国家政策与法律对于性/别领域的介入与治理可能带来的管制风险，及其以预防为导向的净化社会的风险在20世纪80年代美国的色情论战及其后果（反色情淫秽法律的通过及其带来的对性/别少数人群的管制）中已经彰显（Vance，1984），在就近的中国台湾更是温热可见（赖丽芳，2016）；可是，却经常在"那是美国""那是中国台湾"的借口之下，被轻易地、不加反思地甚至略带轻蔑地略过。

以我自己的研究经验来看，目前非罪化的政策倡导是不现实的。同时，在更为草根的层面，如何开展一些加强小姐们在日常工作中的身体自主性，包括如何互相帮助，联手对抗污名（不一定是很宏大的目标，包括所生活的社区层面的污名、邻里之间关系的改善）、暴力、疾病风险的能力等，则不仅仅是可行的，而且有很大的空间可以实践、应该实践（Huang et al., 2015）。这些更为基层的努力，绝对不比在法律政策这类结构性层面的倡导要逊色，恰恰相反，我认为它们更有战略性、更加有效，也更有力量！因为，即便是法律改变了，社会及草根层面没有改变，法律也是一纸空文（案例可参考王芳萍，2016）。在若干现场，我也确实看到了这些在个体与社群层次努力的效果。只是，身体力行去推动草根层面的身体自主的行动，经常默默无闻、吃力不讨好，且容易被斥为"不够革命"。

对于仅仅关注到性别不平等这层结构，对于"结构"（尤其是法律保护）的不接地气、口号式的呼唤如果得不到更为细致的审视与反思，对于最基层的身体自主的努力如果得不到正视与积极实践，这将是性/别运动界的悲哀与遗憾。

因此，我希望自己在研究中，在不缺失各类交织的结构性视角的情况下，可以在身体自主的层面——不仅在学术话语上，还在运动实践上——有所努力。我对于情欲的身体、对于情欲自主的关注，也正是基于这样的思考与选择。

在以上的理论脉络中，身体是经验性的，是物质性的。身体、情欲、性等概念不再飘忽不定，不再被想当然化。物质性的具体身体有了生存及生产的空间，而且这种身体不再是被动地受规训、被消费的，更是积极的、情欲的。这种"身体"在我看来更有力量。

接踵而来的问题与挑战是，在研究方法的层面，情欲身体的研究，何以可能，在多大程度上、在什么意义上可能。

（三）经验身体与质性研究

在阅读性研究与身体研究的文献时，我深感社会学与人类学经验研究的匮乏。尤其是20世纪80年代以来，在"文化研究"的转向以及"写文化"的反思浪潮下，具体的借助访谈、田野调查等所谓"传统"的质性研究方法展开的社会学与人类学研究非常缺乏。

尽管如我前面所提及的，近年来的经验研究有所增加，但是尚未形成气候与对话的语境。在情欲身体的领域，则更是如此。首先，生活实践与行动要远远领先于学术研究；其次，各类人文艺术，绘画的、小说的、影视的，以及哲学的探讨显然又占据着学术优势。情欲的身体是不是可以被、适合被社会学所研究，可用主体的语言去表述，可被他者倾听与观察，本身也构成了一个需要探讨的问题，也是我在身体研究中试图回答的一个研究问题。

到目前为止，我基本是围绕着理解与日常实践两个层面，以访谈为主，辅助以观察、小组讨论等来收集资料，并在主体建构以及为什么如此建构的层面思考某类具体历史社会情境中的"身体"。虽然收获了不少信息，但是也更为强烈地意识到单一访谈所带来的局限；议题敏感与伦理的考虑造成的"田野"缺场，也对传统的田野调查做法提出了挑战。我曾以"女性艾滋病病毒感染者（下文简称女性感染者）的身体与性"研究为例具体地探讨研究过程中的方法学思考，并反身性地思考相关的伦理问题（黄盈盈，2016）。"谈性"过程中研究者与被研究者所面临的失语性挑战（不知道该怎么说），使我不得不思考：社会规范与日常生活的制约如何限制了"谈"的空间与动力。在此过程中，要如何审视研究者自己的身体在场与情欲。

在方法取向上，我清楚自己的兴趣与选择，只是迄今为止，研究的深度与创新依然不够，更多的还是抛出问题，分析纠结与困境。如何讲述性的故事、如何倾听性的故事、如何创造更为积极的身体叙事，不仅仅是研究者与被研究者作为个体所面临的问题，也是涉及更为宏大的社会生产情境的问题。本书要探讨的，也试图努力去实践的，恰恰是如何讲好身体与性/别的故事；是在中国情境中如何讲、如何听的方法学问题。在本书的结论部分，我将集中回应这个问题。

三 讲述性故事

肯尼·普拉莫在 1995 年的《讲述性故事：权力、变迁与社会世界》，搭建了一个故事社会学的框架。这本书出现在"（欧美）世界开始充斥各类性故事"的社会历史时刻。普拉莫重点讨论了三类常见的性故事：强奸的故事、出柜的故事、康复的故事（recovery story）。检视这些新出现的叙述的性质和它们产生的特定社会历史条件。他致力于发展一种批判的人文主义方法与理论，以促进更好的社会世界（social worlds）的生成。与这种旨趣相伴随的是当时学界正在兴起的叙事、生命故事、符号互动论及后现代的转向。

普拉莫重在阐明文化研究的"叙述转向"在社会学界是如何成为可能的，并且认为故事社会学对那些在文化研究领域内形成的故事提出了不同的问题。在文本的魅力——有关叙述结构、类型和隐喻——之外，增加了有关故事所扮演的社会的和政治的角色，有关它们被建构和被消费的社会过程，以及有关故事可能促进的政治变化。

> 在这本书中我思考如下这些问题：这些性故事是什么，为什么人们在讲述它们，这些故事将走向何方。我关注个人的性叙述，人们如何讲述他们最私密的生活，这些讲述在当代生活中扮演的角色，以及在世纪末它们会何去何从。尽管自始至终本书的关注点是世纪末个人性故事讲述的具体事例，本研究的最终目标更为宏大：帮助建立一个更具普遍性的、正式的故事社会学。
>
> ……
>
> 这些故事不是简单的"语言"、"文本"或"话语"。我想从目前人们着迷的文本分析中解脱出来，这种分析将厚重的实际的人类生活缩减成文本。社会现实可能隐喻地接近文本，但它并不实际是文本。更多的，它不是文学理论作品，而是社会学的作品，这些我将谈论的性故事，必须被视为在社会情境中被社会性地生产出来的，由具身化（embodied）地经历着日常生活中的思考和感受的人们所生产的。我

会经常强调这些故事是如何在流动的权力中产生的——通过开放和封闭选择、约束和控制。一些故事是在强烈的愤怒中被大声叫喊出来的，一些被笼罩在苦涩的充满泪水的沉默中，还有一些是平静地对着正在录音的研究者讲出来的。如果他们是"文本"，那么它们是呼吸着的、热情的来自社会生活方方面面的人们具身化的文本。我将要证明，个人的性故事随处可见，它们会对我们的生活、社区、文化、政治产生影响。这本书将探索这些影响的某些方面。（Plummer，1995：16）

普拉莫以我们在现代社会中耳熟能详的各类性故事——发生在身边的、媒体上的、校园里的、研究领域的——为切入点，分析人们为什么要讲、对谁讲、怎么讲、为什么这么讲，以及故事讲述背后的社会因素有哪些，而不是故事文本告诉我们一个怎样的"事实"或"真相"。同时，这个文本不是超现实的，它是关于生活、行动、情境与更为宏大的社会的，是实践活动、日常行为以及"有争议的真相"（contested truth）（Plummer，1995：24）。

图 1 更为清晰地展现了普拉莫故事社会学的分析框架，以及他试图展开分析的各个要素。

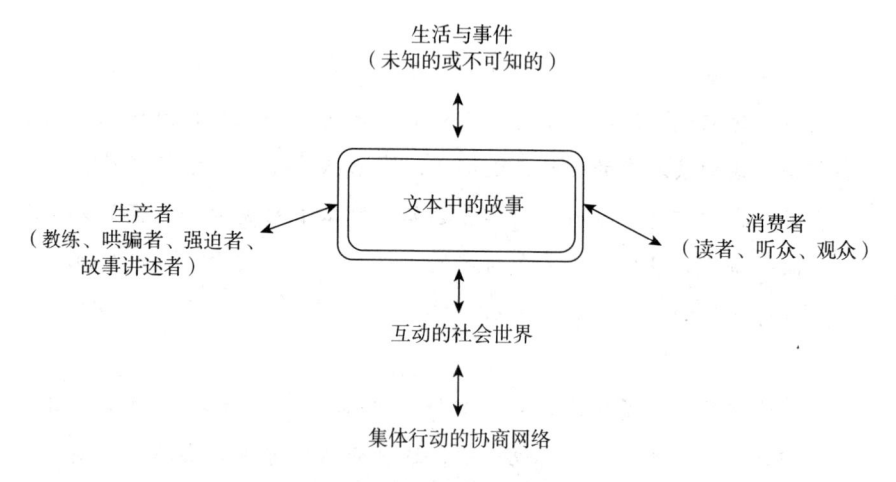

图 1　故事讲述作为集体行动

资料来源：Plummer, 1995: 23~25。

围绕着这个框架，普拉莫提出了四组重要的研究问题。

（1）性故事的性质以及讲述策略：故事的结构、故事的意义、故事的讲述卷入/产生了怎样的情感（骄傲或是耻辱）。

（2）性故事生产与消费的社会过程与结构：什么因素使得人们愿意成为一个讲者或者听众；什么因素建构了自己独特的故事；以及什么因素可能会使人们保持沉默；读者又会对故事进行怎样的解读；如何在其中找到共鸣；故事又对读者的生活带来怎样的影响。

（3）性故事所扮演的社会角色与效应：性故事的讲述对于人们的生活与社会秩序的维护或者挑战发挥着怎样的作用。

（4）故事讲述所涉及的社会变迁、历史与文化因素：某类故事在不同的历史阶段有着怎样的差异性与变化过程；为什么某类故事在某个历史时刻会出现，在今后是否会消失，在怎样的社会情境中会出现，不同文化中是否存在差异；此外，充满权力的政治过程也是个体隐私故事背后所涉及的更为宏大的社会思考。

普拉莫从个人隐私故事入手、从亲密关系入手，讨论的是一个更为宏大的社会学故事。除了众多社会角色与行动者的在场，历史的视角也拉出了一条纵轴线，让我们看到同一类故事讲述随着时间变化与时代变迁而发生的变化。强奸、出柜与康复治疗这三类现代社会中的典型故事也为故事社会学框架的构建提供了丰富的素材。

尽管普拉莫笔下的性故事发生在20多年前以美国与英国为主的历史社会背景之下，也正如作者自己提醒的，要看到这种时空的局限性，要具有一种全球的视野。但是，故事社会学的分析框架、对于性故事的分析策略及其生产情境的批判式检视对于解读当今中国变迁社会背景之下的性/别文化仍然具有重要的借鉴意义。尽管具体的案例及其生产的具体社会过程有异，类似的性故事（性侵、强奸、出柜、出轨、康复等）在当今的中国社会也已经或者正在上演，且经由新媒体及不同的社会与政治力量的介入，正在不断地被放大与再生产。"讲出你的性！"在扫黄的政治背景与忌（谈）性的文化氛围之下，福柯笔下的性话语爆炸正在中国发生。

性故事，是否等同于性的真相；如何阅读这些性故事？如何分析其生产与消费机制；如何透视性故事及其讲述背后的社会政治文化背景；如何在各类中国式性故事的讲述中，窥探全球化的性/别运动及其政治动力；带着对差异的警惕、对本土的观照，同时带着联系的、世界性的视角，我希望在21世纪中国的性/别、社会、政治背景之下，创作一本中国人日常生活中、中国大陆变迁社会背景之下的"讲述性故事"的书。

四 本书的性/别与身体故事

本书就是在以上的性/别、身体与故事社会学的脉络与视角之下展开叙事的。

不同于普拉莫的讲述思路的是，我的切入点更窄：聚焦于研究类故事讲述。故事素材主要来源于2003~2016年我与学生们开展的"性/别与身体社会学经验研究"系列。

本书中会触及的"身体记忆"，不是在科学意义上区别于大脑记忆的身体机能上的记忆，而是朴素地指向与身体有关的记忆，尤其是与性/别身体（具有性/别面向的身体以及身体面向的性/别）有关的记忆。即，在一定的社会历史条件之下，在一定的个体生活情境中，我们所记起的那些具身性实践与感受，尤其是与性/别身体有关的实践与感受。这些记忆，在社会学研究场域，通过研究者与被研究者的共谋而被讲述与记录，形成或完整或片段式的，甚至是零碎的、自相矛盾的材料，然后在研究者与出版机制的合力之下进一步被编写与再生产。不同于艺术以及其他领域，这些身体记忆与性/别故事，是通过访谈、观察等研究方法被记录与叙述的。叙述、叙事、故事等词语，在本书中也不必然是有条例地逐步推进的，但是会强调记录、讲述与表达的社会过程。①

---

① 叙事与叙述在本书中会交替出现，不做细致区分。虽然有关叙事的讨论非常多，而且在叙事学领域有着自己的理论发展脉络，本书并不与"叙事学"直接做对话，本书中的使用主要是朴素地指向研究中的材料，以及材料被呈现的方式。叙事、故事等，在本书中也不必然是有条理的事件，而是在研究中被讲述、表达、记录、解读、书写、发表的材料，它们可能是成套的，也可能是零散的，甚至自相矛盾的。此外，叙事对于"过程"的偏重也是本书所认同的。中文领域有关叙述社会学的讨论，可见卢晖临（2004）。卢文主要借鉴的是历史的视角，侧重时间、事件等要素对于社会学的重要性。卢文对于一些重要文献，比如Andrew Abbott的论文也有所借鉴与讨论，所提倡的叙述社会学，与普拉莫的"故事社会学"，有交叉关系，但在侧重点及所用案例/材料方面有所不同。鉴于普拉莫在性研究领域的成果与相关对话，加之他所提出的故事社会学分析框架的完整性，本书主要借鉴普拉莫的相关论述。

在研究语境中，通过访谈或者田野中聊天收集到的这类故事，也是我自己最为熟悉的故事。这类故事，不是小说类故事，也区别于媒体上广为报道的故事及在日常生活中八卦闲聊听来的故事。除了故事类型的限定，我的讨论，除非特别说明，主要把时空聚焦在最近十余年的中国大陆。限定是为了更为具象，而不是为了切割；是为了定一个焦点，以此为中心去辐射更为宽广的时间点上的连续性，及全球化背景下空间上的延伸，而不是做井底之蛙。但是限定的局限也是显然的，即缺乏一种历史变迁的视野。

相比于其他语境中的故事，尤其是经媒体创造铺天盖地主动呈现于大众眼前的那类故事，或者相比于讲者非常有倾诉欲望而主动呈现其隐私的那类故事，研究类故事与研究者的设定以及"挖掘"有比较紧密的关联。如果我们不问，这类故事可能就听不到了。换言之，绝大部分的故事，是一种隐藏的故事、在场却缺席的故事。我和我的学生们直接参与了其生产。具体故事主题的选择，显然又与研究文献的缺乏有关。这与普拉莫的"流行与典型"类故事的选择策略很不相同，这致使分析策略也会有所不同。强奸、出柜与康复类故事的广为流传使得普拉莫的分析更具有社会性，而在"流行"的过程中，其与个体"真实"生活的距离也越来越远，越来越多的社会与政治因素参与了创作与再创作的过程；我所分析的研究类故事，大部分是第一次被讲述，甚至是第一次被创造，因此分析策略更多地偏向此类故事为什么在生活中在场，却在"讲述"层面尤其是社会的话语层面缺席，以及什么样的语境可以促发其生产。

因为涉及研究类故事，我对于"倾听"与"讲述"同样关注。在本书中，我关心的问题不是我是否在研究中听到了"真相"，对听到的故事到底是"信"还是"不信"，或信哪些、不信哪些，而是：在一种研究语境中，被访者以及访谈者们讲述了怎样的性/别故事；为什么要对我们讲，或者不愿意讲；怎么讲；什么因素影响了这种讲述（或是不讲）；讲述发生在怎样的历史与社会时刻；什么样的力量在推动或者阻碍着某种讲述；私密故事的讲什么与不讲什么，连接着怎样的社会生产；对这种社会生产的剖析，对于理解当下中国社会中的性/别政治，以及更为宏大的社会、文化又有什么意义。这其中，即有被访者如何讲，也有研究者如何听，更有研究者与被访者以及更为宽泛的社会角色如何共同创作的问题。

换言之,如果说在以往的研究中,我侧重对表述内容的分析,那么,这次的关注点更多地移到讲述过程。我关注的不是文学文本或者偏静态的已经生产出来的既定文本,而是在研究类社会情境中被社会性地生产出来的,由具身化(embodied)地经历着日常生活中的思考和感受的人们所生产的(Plummer,1995),也是我们研究者自己参与生产的文本。文本,除了表相化的呈现之外,还有其隐而不显的内涵;我的目的便是探测这样的内涵,也就是产生文本的社会情境(王明珂,2016:148)。本书所关注的这些文本,发生在最近十余年的中国大陆社会,发生在我们自己的研究生活之中。不管是其所发生的情境还是创作的语境,它们都是社会学的文本。

不过,就如普拉莫在书中其实更多的是提出了框架以及若干值得研究的问题,并没有很具象地对框架内的所有因素一一加以分析(如一些批评者所指出的,该书在不断地重复各种"提问"),我在本书中也没有能力做到就"故事社会学"的框架,对故事生产从文本到社会过程的诸要素进行完整的分析。我所能做的是在各章有侧重地分析故事生产的某个环节,更加聚焦在我作为一个研究者所能参与的研究过程(包括研究设计、资料收集、分析、写作及发表)这一环节的讨论。

具体来讲,我将综合我们在访谈过程中接触到的各类材料,选择相关片段,关注六类性/别与身体的故事讲述。这六类故事,相比于普拉莫所分析的具有社会显著性的强奸故事、出柜故事、康复故事,或者因为其过于日常而根本没有进入人们的视野,或者因为过于污名化而被故意忽略。

没有选择普拉莫笔下的强奸、出柜与康复类故事,还有以下的考虑:由于女权主义的发展,尤其是"受害者"话语的盛行、LGBT运动的全球化趋势,以及现代社会的医学化趋势,中国社会目前显现出来的强奸故事、出柜故事和康复故事与西方欧美社会相比,恐怕相似性大于差异性。可以说,普拉莫的分析,在时下的中国社会可借鉴性依然很强。

也因此,本书暂且去关注另外一些性故事,它们与我自己感兴趣的日常生活中的性/别与身体的脉络与理论立场相关,且大部分偏向女性故事,它们同样（甚至更加）具有可分析性与批判性，它们在讲述与话语的层面，隐蔽性更强。

第一类，日常生活中的女性身体。偏重最为常态的、普通的日常生活中的身体感受与呈现。我将侧重两类具有张力的身体：经血相关的生育身体，涉及痛经与绝经的故事；女性的性感身体，涉及女性的性感打扮、观看色情、绝经后的性探索等故事。我将选择不同年龄段的女性，进行比较式分析，在张力之余，展现两类身体的混杂与暧昧。

第二类，女性HIV感染者的身体与亲密关系。突如其来的疾病打破了生活与身体的日常；当医学的发展使得艾滋病越来越被作为一种慢性病来对待的时候，携带艾滋病病毒的女性们如何重构她们的日常；不仅仅活着，而且要生活得更好；当我们把视线从医学空间移至生活空间的时候，会带出怎样的艾滋叙事。本部分要把被社会所遗忘以及质疑的HIV感染者的身体、情感与性重新带回到社会与研究的视界之内，同时反思性地展示与女性HIV感染者谈"性"的方法与伦理思考。

第三类，从疾病到残缺的乳腺癌叙事。女性乳腺癌患者的身体不仅因为得病而从日常生活中"脱颖而出"，也因为被视为女性特征之一的"乳房"被切除，因为身体及社会规范层面的"残缺"而显性在场。这也是最容易引起女性自己以及社会关切的身体类型。我也将选择相关片段去展现、分析此类故事的讲述及生产，借由患病主体对恢复正常的生理身体、身体形象、亲密关系及社会生活的积极策略的分析，把关注点从医学空间过渡到生活与社会空间。

第四类，跨越国界的身体与性/别叙述。本部分主要基于对在加拿大工作与生活的中国大陆移民的访谈，在跨国的视野之下，探讨在两个社会与地理空间中来回流动的人们（更为切身地感受到"西方"的中国人），如何想象身体与性/别；如何在跨国的比较中，透视中国人对于"西方"的想象，以及反过来对于"中国"的认识。

第五类故事从一位变性人的口述入手，分析逾越了社会规范的性别与身体故事如何被生产。人们如何讲述不符合二元性别规定的身体；当性别通过手术加以改变的时候，在医学、生活、媒体、学术的多重冲击之下，个体会带出怎样的性/别与身体叙述。在一个歧视的社会氛围之下，变性主体又将采用何种叙述与生活策略来抵制现有的主流媒体故事，加强自己的气势与力量。

第六类故事更加具有挑战。我原本希望以一个相当激进的豪放女的案例去捕捉在社会上，尤其是研究界无处安放的女性情欲身体，展现极端却又不鲜见的身体与性/别故事与在什么样的社会空间中有可能被叙述、被倾听。遗憾的是，因为议题的敏感，这类"豪放"的情欲身体只能剔骨去肉，敬请读者发挥社会学的想象力，以窥探"不见"的故事背后更大的社会现实。尽管这类故事简略到只剩皮囊，但还是真心希望我们依然能有空间保留这一类身体的在场，以保存本书身体叙事结构的完整性。

这六类故事的选择与编排，大体沿循着这样的思路：从常态到非常态，从过于日常以至于被遗忘的身体到因为疾病、身体残缺而凸显的身体，再到更具有挑战性甚至不被容忍的性/别与情欲身体。这些身体，当然都不是截然分离的，有不同也有交叉，甚至都不是在一个维度上的不同位置的点，而是散落在不同坐标轴线上的点，只是大体上有一定的延伸方向，在不同程度上挑战着某种身体界限与社会规范。对"规范"与"界限"的关注，尤其对"逾越规范/边界"的生存策略与生活空间的关注，恰恰也是贯穿于我的性与身体社会学研究的一条主轴线。

在本书的框架中，身体类型与所属人群也是交叉的，只是交叉程度不同。比如，经血身体，是几乎所有到了一定生长期的女性都会经历的，除了变性人，其他几类女性也都具有经血身体；性感身体，则不同程度地被大部分女性所感受到；感染HIV与患乳腺癌、有移民的经历仅仅局限于小部分女性；变性以及实践性解放的豪放女则在目前的叙事结构与可见的社会空间里少之又少。

尽管整本书有一个大体的编排思路与框架，但各章具体的叙述方式与分析策略会有不同，我希望可以跳出固定的框架，根据某类身体的特点（包括具体的研究语境以及我的体会与偏好）侧重展现故事社会学中的某个环节，所涉及的个案的详略程度也会有差异。本书有的章节是以身体类型为标题（比如经血、性感），有的偏重以人群特点为界分（比如HIV感染者、乳腺癌患者、移民），有的既涉及人群又凸显身体类型（比如豪放女的情欲身体）。所有这些身体故事，都在不同程度上挑战着身体界限与社会规范，也因不同的社会因素的锤炼、不同社会角色的参与互动而被不断地形塑、重塑。在 21 世纪之初，它们共同透射出一个更为宏大的讲故事的社会空间；这种参与形塑性/别与身体叙述的社会空间又从不同层面挑战着研究领域故事的倾听与写作。

之所以选择以上六类身体，更为重要的考虑是，她们都发生在我（和学生们）所经历的研究生活之中，相遇于不断的交谈、阅读、解读以及想象之中。从这个意义上讲，虽不一定是我作为一位女性的生活日常，但却可以说是我作为一位女性研究者的研究日常。相比于其他故事，于我而言，"切身"性更强。如果说，普拉莫的故事是以其在现代社会中"典型且经常被听到"而见长，那么本书的故事则大多以"日常且不太容易被听见"而同样富有意义。且在我看来，更具有挑战性。因为日常生活中的故事往往差异性非常大，且更加琐碎、弥散，在话语分析的层面，显然不如"典型性"的故事那样被塑造地相对成型、权力彰显、动听动情。在一堆琐碎的日常故事里，在 100 多万字的访谈材料里，在我与学生们的无数次讨论中，在我们与百余位被访者的互动经验中，我将如何选择片段、如何动用记忆、如何拼凑每个章节的故事，又如何为这本书搭建一个故事社会学的框架，恰恰是我感兴趣且将付诸实践的问题。

结语之前，我还将增加一个重要的故事讲述场景：以我们 2007～2017 年所举办的中国性研究国际研讨会为例，探讨会议的政治以及对于学术知识生产的意义。我将集中探讨这些问题：会议是在怎样的性/别对话生态之下展开的；会议，记载及促生了怎样的性/别历史；会议，体现了怎样的性政治，如何使得更为多元的性/别与身体得以展演，使得不被听到的故事得以发声，从而也成为可能创造更具有挑战规范的力量，更具有创造性的积极的性/别与身体叙事的故事生产空间；在性/别情境与语境都日益复杂的今天，会议又将面临怎样的挑战与困境。

在最后的结语部分，我也将尝试着再次串起这六类故事以及会议的性政治，回应整本书的写作所涉及的方法学问题，思考在当下变迁的中国社会中，在研究场域里，"身体如何记忆，性/别如何叙事"。这也可以说是本书所关心的核心问题。

作为一名性社会学研究者，我希望自己能够借助此书的写作，除了在方法学上修订、搭建中国式的"故事社会学"分析框架以促进更好的研究，也能在实践层面促进更为宽容、更为多元、更为积极、更具有"酷儿性"的性/别与身体的社会空间，从而"迈向更为激进的性政治"（卢宾，1984/2007），以"促进更好的（复数的）社会世界的生成"（Plummer，1995）。

第一章

经血与性感

在谈及"身体"的时候,大部分年轻女性会论及高矮胖瘦等身材类议题,年龄稍长的更愿意谈论健康。我把前者称为呈现式身体,把后者称为感受式身体,还有一类更加综合或者跨越了两者的以气色、气质为关键词的"精神体现式身体"(黄盈盈,2008;2012)。

加上了限定词的"女性"身体,在表述中首先作为一种性别身体而存在,指向区别于男性的那些身体部位:乳房、阴道、子宫等。这些部位不仅仅因为在结构上"长得"跟男性不一样,还因为这些部位带给女性与男性不同的身体感受,带来女性才会经历的、与这些特定部位有关的身体体验与实践:月经、怀孕、分娩、哺乳以及包括痛经在内的各种妇科病。这种在讲述中最为常见的女性身体不仅与生育有关,也与健康有关,还与男女的生理性别差异以及社会性别权力有关。这其中,不管是未婚、已婚,年老、年轻,最为显著的是月经相关的叙事,我暂且称之为"经血身体"类故事。

经血身体,在女性的日常生活实践与私人言说中,在场且显著,却往往缺席于社会场域,因为"脏""隐私/害羞"等相关的文化建构而不被看见,更多地偏向内在感受。相比而言,另一类身体,性感的身体,同样在场于生活之中,却往往因为其与"性"的关联而缺席于个体的叙述,可是又以商业的形式常见于报端(当然,经常是以另一种面貌被呈现)。性感身体,更多地偏向呈现。这两种身体,在现代社会,都缺乏积极正面的叙述,也都缺席于介乎私与公之间的研究场域。

两种身体,在个体的叙述中,经常以一种具有对抗性质的形式而存在。或者说，对于大部分中国女性来说，对后一种身体叙述的挖掘，具有对抗前一种女性身体的意涵。在表象上，两种身体，一种偏向内在感受，一种偏向外在呈现，隐藏于背后的是身体的生殖及生育功能与身体作为性快乐的物质基础这两种认识逻辑与话语之间的分歧。两种身体观显然又存在着古老与现代、主流与边缘的分野。经血所凸显的生殖身体在历史上占有更长、更为主要的位置，性感身体则是最近 20 年以来的构建。即便历史文本对于体态甚至是情色身体也有所关注（Zito，1994），但这种关注跟现代社会对于性感身体的关注是不同的。现代社会的性感身体凸显出身材的凹凸与裸露，其在早期（现在依然常见）媒体上的呈现经常遭遇主流女性主义的批判，被斥之为男权的消费文化对女性身体的物化。到了现在，随着女权主义内部的不同声音，尤其是强调女性身体与性自主的声音的出现，开始以一种更为积极的姿态呈现。可以说，在当下的中国情境与语境之下，两种身体放在一起，形成了某种张力，甚至对抗。

不过，本书对于经血身体与性感身体的并置处理，更多的还是考虑到研究的内容与侧重点，而不是以其所体现的内在身体观为线索的。换言之，这种表述偏向主题式而非概念提炼式。研究对于差异的追求以及生活本身的复杂性，使得我们发现，经血叙述中，既有生殖与健康身体，也会出现性感的身体；在性感叙述中，也依然可以搜寻到生育身体的痕迹，或者说对抗性感的成分。从这个意义上讲，本书对于曾经以生殖为内核的"经血身体"和以色情为导向的"性感身体"的提炼与张力性并置，虽然这在一定程度上凸显了其与"生殖身体"与"色情身体"的类型学建构之间的关系，但更主要的，是希望依据生活的逻辑，挑战、打破"经血＝生殖""性感＝色情"的固化理解。

生殖与色情，作为理想类型的纯粹性，长见于在更为广阔的历史文化时空中做出比较分析；经血与性感的混杂性，则更与日常生活的琐碎、复杂甚至矛盾相联系。研究中主题式与概念式类型的存在都是必要的，即便知道类型的陷阱与局限，但是脱离它们，我们也无法表述与写作。以何种类型为主线来展开分析，取决于研究材料以及研究目的与立场。在本章中，主题式类型在标题中的并列处理，除了叙述的方便，主要是揭示这两种貌似清晰的身体类型，其内部的复杂性与流动性。也是基于这样的意图，我会检视经血身体的非生殖化理解，性感身体的非性化诠释。此外，从我的学术立场来说，尤其希望凸显在制度规范的制约之下更为积极的身体策略，以及因为"性"的歧视而在学术脉络里不被听见、不被看见的色情身体。

在这种思路之下，本章将选择若干片段，比较式地分析经血与性感这两类日常的女性身体故事如何在研究的语境中被创造、呈现，及其相应的社会生产机制如何被展现。从我、参与访谈的学生以及作为被访者的不同年龄段女性直接参与创作的谈话开始，尝试着实践研究类故事的社会学分析。

一 月经叙事

（一）由"痛经"开始的月经叙事

哎，昨天不是第一天吗？又很冷，然后又出去做家教什么的。那个时候，我在地铁上突然就觉得挺累的。然后就（想到）我为什么要把自己搞成这个样子……所以我就老被同学说我不爱惜自己这样的话。昨天刚好我又跟我妈打电话，我妈就跟我说，她说她好几次都想跟我说这方面（的事），就是说经期的时候你要怎么保护自己什么的，就比如说你洗澡啊什么的，每天都要清洗啊什么的，然后一定要勤换衣服和内裤什么的……唉，就不知道以后会发生什么……因为我今天发现我就稍微走动一下，就那什么的……我痛得……上午就一直是胃疼，就是扯到胃疼了，我从来不会胃疼的。我昨天上午上课上了一半，我就实在是胃疼得受不了，我就想，天啊，我怎么会这样呢？我早上是不是吃食物中毒啦？

……

感觉应该是这样的。我觉得这种事确实跟保护自己有关系。你年轻的时候，也许，因为年轻的时候抵抗力比较强，然后你可能不会觉得有什么不好。但是你现在如果不好好保护自己，如果对自己不好，到你30岁之后，到时候你结婚生子，你才会知道年轻的时候保护自己的身体有多重要……

……没多想，反正我觉得，这两天脑袋里牢骚多着呢，就是女的，做女人就是挺辛苦的。而且因为我知道妇科病这样的（病）挺难受的。我有时听我妈说，就是下部会觉得特别痒，就是特别难受，我就无法想象那种感觉。我说就是因为每个女人都要生孩子的嘛，以后生孩子会特痛苦。你说你身上掉一块肉下来，会不会很疼？然后，唉……反正就是不敢多想。以后还是得找一个好的老公，就是要特别特别疼你。因为，唉，确实很辛苦。

　　真的要找一个很好的肩膀给你靠一下，因为你爸妈不可能照顾你一辈子。确实，我真的觉得这个很重要。我就是最近一段时间，就是上了研究生之后，我觉得我确实是比以前长大了很多，成熟了好多，包括我处理事情啊，态度啊，也淡定了很多。然后我会把婚姻，把找男朋友，把结婚看作一个上纲上线的问题，看作一个很严肃的问题，我觉得它对我来说非常重要。也不是说特别迫不及待，但我觉得还是一个很紧急的事情。现在我就已经20多岁了，因为我现在毕竟还没遇到，就是自己确实是（还没遇到），又懂我又特别好的人，然后青春又只有这几年，就在这几年当中确定了，然后就……我们班同学当中结婚的，这些都有了，有些都拿结婚证了。然后那个时候就想，我不知道要等到何年何月了。唉，反正就是……平时我疼啊或者什么的，我也不会跟别人说什么。我就是一个人忍着……我还是很羡慕 ZH 啊，像她会有 ZY（ZH 的男朋友）在旁边守着她。然后也不是说你痛经的时候怎么样，而是说你这个问题牵涉到女性这方面，有相对生理上的弱势吧，然后，它毕竟牵涉到以后生孩子，你不可能要男的来帮你生孩子，所以这一点肯定就是决定了你以后的人生路，就是要付出很大一部分来给家庭的，否则的话，你就要去做一个事业（型）女性。我有同学就跟我说："唉，他说我很女强人，他说什么女强人很少获得幸福，这就让我很不爽。"（访谈于2010，方怡[1]，23岁，硕士，城市）[2]

---

[1] 本书中出现的所有被访者均已按照学术规范做了匿名处理。
[2] 引言部分，有极个别过于重复或者有碍阅读的语句进行了删减，实际上的表述比所呈现的更为杂乱。

第一章·经血与性感

痛经是"月经"叙述中的常见内容。方怡的故事不是痛经中最厉害的,但是她对于月经的叙述是从痛经开始的。我暂且就以方怡的叙述片段作为故事的开始。

方怡的讲述发生在 2010 年某餐厅的一个角落,远处零零散散地坐着其他用餐者。这里的另一位讲述者与倾听者是我当时的硕士生刘熙,这是她为完成硕士论文接触的第一个访谈。作为我们当时正在开展的"身体社会学的经验研究"的内容之一,访谈之初,我们就研究的整体思路有过多次讨论,并沿循着探究"日常生活中活生生的身体"这个脉络出发设计了访谈提纲,侧重探讨女性对于月经的理解与生活实践。也可以说,这个谈话的大体方向是我们所设定的。就月经的主题而言,被访者的寻找并不是那么困难,既不是被访者已经攒好了一肚子的故事积极找上门来主动倾诉,也并非刘熙费很大力气、靠人脉关系去动员,她们都是在校学生,两人年龄也相仿。在这个研究场域里,最为直接的叙述产生于方怡和刘熙之间。

叙述是以刘熙的自由发散型提问开始的:"首先就是我突然跟你说到月经这个话题,你会想到什么?你能想到什么就说什么?"(这也是我们这一系列研究常见的访谈策略,试图以最小的干预、尽量开放式的语境挑起话题)。也由此首先引发了方怡的痛经叙述,恰巧前一天方怡刚来例假,正在经历痛经。之后的对话中,主要的叙述内容由方怡推进,刘熙作为访谈者基本上是以追问细节或者验证之前方怡的说法为主,只是在过程中,会继续以"除了刚才……还有什么……"的方式推进叙述。在个别地方,话题转折会比较强一点,对方怡没有主动提及的内容会加以提示,比如在聊及对于月经的评价、初潮情况、月经与性之间的关系等。这种情况下,双方参与故事创作的色彩会更加浓重一点。

从故事叙述本身来看,方怡的月经故事,从痛经经历开始之后,断断续续包含着这样的一些关键词:痛经、带动胃疼、自我保护与个人卫生的重要、来月经了不能做什么、被看见了会觉得不讲卫生、害羞、青春易逝、年老之后对健康的影响、妇科病、作为女人的不易、女性的生理弱势、找一个好老公的重要性、女性的家庭与事业。

访谈中的故事叙事与媒体中呈现的故事的最大不同之一,就在于它的缺乏完整性,以及逻辑上的来回反复与杂乱、矛盾。把方怡的叙述碎片进行排列组合，综合起来看，突出了"痛"这一身体感受。也因为"痛"，月经在个体的叙述中首先表现为一种切身的健康议题，而不是通常文化所设定的生殖能力的表现。换言之，月经的健康意义，在现代社会中，因为更为日常的切身存在，代替了曾经主导的生殖意义。或者说，月经作为生殖能力的象征，在女性的生活中往往被更为日常的身体感受（以及平日里处理带血的衣物、被单的麻烦）所超越。只是，"痛经"的话语乃至身体感受，具体又是从何时开始的呢？在不同时空与人群中，又是如何演变的呢？故事深处，处处是陷阱与契机，也时时暴露自己的研究短板；从个体的身体叙述出发，也呼唤更为广阔的历史与跨文化比较研究。

从"痛"的叙述开始，方怡至少在三个层次拼凑出自己的经血身体叙述。

第一个层次是健康，健康是首要的。健康，不仅仅联系到现在"痛"，且带动身体其他部位的痛（胃疼），还有对于未来的担忧，这种担忧以"当你老了之后……"的典型句式来表述：当你老了之后，各种病，包括妇科病都会找上门（不少人认为痛经也是妇科病之一种）。这也是很多长辈们对年轻女孩子的告诫。所以，不管现在怎样，经期都有不少健康方面的注意事项——不能干什么，这被认为是一个女人自我保护、对自己负责的重要内容。

第二个层次是个人卫生。个人卫生则不仅仅是自我所感受到的健康议题，也受到外来眼光的凝视。这也是方怡虽然认为经血与其他血液一样，但是因为其与隐私部位连接，如果弄脏了衣服和被单，会因为怕别人说"这个女孩不讲卫生"而产生羞耻感，经血"脏"的建构也在一种略微矛盾——试图证明自己觉得经血不脏，可是又觉得外人会认为脏——的叙述中被呈现。这种矛盾体的叙述，在70后、80后成长于社会转型时期的女生中尤其常见（黄盈盈，2008）。

第三个层次是经历经期的女性，以及后续的一系列健康顾虑，在性别的框架下，也与弱势、女人不易的话语相连接。方怡，一方面，觉得自己是个女强人型的，至少不是传统女性的那种气质；另一方面，对找一个好老公可以依赖、女性与家庭的连接方面，有着很强的认同。

方怡的故事要素，在访谈中还是比较常见的，只是组合方式和具体的表述有所差异。方怡是在校学生，其痛经以及对此的阐释，除了与切身的身体感受有关，还直接地与朋友的参照作用与母亲的叮嘱及母亲自己的经历有关系。或者说，这些重要她者是方怡故事叙述的建构因素之一。

这三个层次的故事要素，在更为广阔的现代社会中，在跨文化之中也并不鲜见。费侠莉（Charlotte Furth）在基于对中国台湾女性的分析中，曾追溯中医中有关经血与女性身体素质以及一系列身体禁忌之间的关系，佛教对于经期妇女不能进庙门的规制，以及这些文化意涵如何被儒家文化用于社会秩序的维护，强调生殖的意义；自 20 世纪 70 年代起，经由教育和公共卫生部门大力推广的以生物医学为导向的月经教育，则"启蒙"了中国台湾女性以西方科学的视角去理解月经（Furth and Ch'en, 1992）。世界卫生组织的一项跨文化研究则显示，月经与健康之间的关系、月经的"脏"的建构、月经与女性弱势地位的关系并不仅仅存在于中医、儒家、佛教相关的建构之中，也存在于其他文化之中（World Health Organization Task Force on Psychological Research in Family Planning, Special Programme of Research, Development and Research Training in Human Reproduction, 1981）。

相比于这些文献而言，儒家文化对于生殖意义的强调在方怡的个人故事中，并不凸显，取而代之的是健康的观念，而且在日常生活的层面更多地与中医文化及性别文化相连，经由母亲辈的言传身教以及公共教育与媒体的推广逐步地切身化。

有关月经的故事，也有基于不同的经历、体验与认识，讲述版本差异比较大，从而与方怡的叙述形成比较对抗式的女性身体话语的。比如另一位 80 后女孩方玖，经期间没有任何不适，也不避讳很多女性所谨慎遵守的一些规范（包括经期性行为）。

> 我可以去跑步，可以打球，可以吃辣的，可以吃凉的，如吃雪糕，可以洗澡……都不忌讳……（但房事呢？）那个，其实也不是很忌讳。我这样做过，然后，我觉得没太大影响，没影响。

相应的，她对于月经的认识也比较正面，认为"这是一件女人应该值得幸福和骄傲"的事情，因为：

> 它是代表你的青春活力,你知道吗?就是你是年轻的,你是年轻的身体,你才会子宫(膜)脱落,你才会有经血。那你老了呢?那你绝经了呢?它就不会来了呀!(访谈于2011年,方玖,20多岁)

方玖的骄傲感,结合后续的表述,更为朴素地来自与没有月经的女性的比较,是一种与"绝经"的想象相联系而产生的情感,更多地与"绝经"以及相应的衰老恐惧相伴随,而非直接来自"自主身体"的女权话语的影响。

访谈中,也有女性将生殖能力当作女人的一种生命力。这一观点尤其在人类学有关异文化月经意义的民族志论述中比较常见。例如Gottlieb在调查beng这个部落的时候,就一反人类学著作中对月经意义进行负面解读的常态,指出女性因月经获得的生殖能力是一种生命力的体现,这是月经的积极意义(Gottlieb,1982)。

与这些更加接近生活与身体体验的主体"积极"叙述相比较,在媒体以及一些论述类学术话语中,有关月经"脏的建构及相应的禁忌 VS. 正面的、骄傲的建构及无所顾忌",则更容易被解释为身体的羞耻感与身体的自主性这两套话语的争夺战。英文的人类学文献,大部分集中在月经是否具有污染性这一点上(Gottlieb,1982)。前期的学者更多偏向于将异文化中月经的含义和性别权力联系在一起,强调其负面意义;后期的学者开始对这一思路进行批判,并且通过对某些部落的考察发现,月经在原始文化中也有一定的积极意义,例如作为生殖和生命力的象征或者体现出性别之间的合作平等(刘熙,2011)。对后一种身体自主性的挖掘,显然也与现代社会中女性主义的兴起有关联。

(二)因"绝经"而彰显的月经意义

如果说,初潮,作为生殖能力的开始在月经故事的叙述中并不显著,那么绝经作为生殖能力的结束则在叙述中占据了更重要的位置,凸显了月经与女性身体的意义。这种凸显,很大程度上与女性对于青春消逝、身体衰弱、生命衰老的恐惧与哀叹有关。在这个意义上,月经身体是与青春身体相联系的。"绝经",成了衰老的标志。

对此，刘熙（2011）在硕士论文里，有一段这样的引述与分析。

由于绝经所带来的衰老意涵，月经也被当成了青春活力和年轻身体的标志（如F09）。绝经的痛苦根本在于其所象征的衰老及暮年的力不从心（F05）。而80后女性的母亲们也正好大多经历过或者正经历着绝经期，对母亲绝经经验的观察也越发加强了她们认为月经是年轻象征的观念。

"……其实比如说一个女的啊，你40岁绝经了，那是很痛苦的一件事情……你想啊，这就是说你老了，那你老了的话，你什么事情都做不好……"（F05）

"她就是在绝经前后差别挺大的。就……迅速地衰老，我就觉得好像以前就一直认为我妈妈那个身体啊，各方面都特别好。虽然有点病，但还是觉得挺好的，但是……自从她绝经以后，我就觉得她衰老得特别快。所以我觉得这是一件有它，每个月能正常来是一件很高兴的事情。那它最好就永远不要绝经，那就代表我永远年轻，对不对？我是这么想的。不科学（笑）。"（F09）

如果说刘熙的写作涉足的还是80后年轻女性从母亲身上看到的"绝经"体验，因为对于衰老的恐惧而更加在乎月经的存在，那么，在另一项我们所开展的研究中，生于20世纪五六十年代的女性则是从自己的更年期经历来叙述月经对于女性的意义，以及绝经意味着什么。有意思的是，或许是因为随着年龄、阅历增加而带来的身体观的改变，或许是因为无奈之下的生活策略，比起年轻时期对于绝经的恐惧式想象，实际经历了绝经期的年长女性反而能更加自然、积极地看待"绝经"与"更年期"。

问：那有的人会把绝经这件事看作女人衰老的标志，您怎么看呢？
答：我绝经得比较晚，我可能都到55岁了。
问：那算很晚的了。

答：嗯，很晚的了，55岁可能还过了，那时候我就觉得……像更年期，我就觉得很正常，我也没觉得什么不舒服，什么耍脾气，完全没有，就觉得很自然地过去了。所以我觉得绝经就是很自然的事，这女的嘛，肯定都得到这步，所以就得顺其自然。你要是觉得，哎呀，我怎么这个了，我怎么那个了，自己给自己添麻烦、找苦恼，所以就觉得人就是这样，你真是到这个年龄了，你觉得有时候是不是到更年期了，我觉得，你就得有意识地去克服这些问题，自己给自己找点事做，就过去了。

问：您是跑装修，那时候特别忙，所以……

答：对，那时候特别忙，而且我这人做事也是挺认真的，从来不坑人，你说这装修完了没有说是再回来找我的，说"老许，你这不行，得给我返修"，没有。我宁愿自己少赚钱，我得把这材料、工人给弄到位，得弄好，所以你装修的质量实际上就是在这装修的过程中，这过程很重要，得把握质量。

问：那您觉得绝经以后，身体上有没有什么变化？

答：哎呀，说实在的，哪些方面的变化啊？

问：就是您感受到的，身体各方面的变化都可以（聊）。

答：我呢，倒是挺高兴的，每个月不来了，好。因为我每个月的来的时候，可能来得比较多，垫一层又一层，有时候把床单弄脏了，还都得赶快洗，都得换上。出去不方便，也得塞得厚厚的，也不知道什么时候才能有厕所换。所以我觉得很麻烦，我就觉得挺高兴，没有了。

问：那您原先会痛经吗？

答：我在兵团的时候有过。

问：那平时不会，是吧？

答：不会，就有那么两次。

问：有种说法是没了之后就会老得比较快，您有这种感受吗？

答：绝经以后，离开单位以后我都很少检查妇科了，有一次我女儿说，"妈，都这么多年，你去检查一次吧"。后来我去了，还就是前几年，可能是65岁吧，或者66（岁）了。检查完以后，两个医生啊，在人民医院，这两个医生互相看一眼，然后说，"哎哟，她这个年龄怎么还会这样"，给我吓一跳，我说有什么不好，我说怎么了，他们说"挺好挺好，这个年龄还有这么多那个……"就伸到里头检查的时候，我就觉得有异物碰到我里边了，就出了好多水，所以他们俩就觉得挺惊奇的，这个年龄了还能这样。可能我觉得这个医生要是这么说吧，我觉得这俩医生实际有一个年龄挺大的了，都40多岁了，应该是很有经验的了，我觉得像我这样的应该不那么少（人），我觉得应该是挺多人的吧。

问：您没有和朋友聊过这个吗？知道她们什么情况吗？

答：我听过有人说没有这个……就是我们兵团的人呢，她们就说，就是早就不在一块了，就是分房分床，就是好长好长时间，谁也没有这个想法。

问：那您的朋友当时绝经也好，更年期也好，她们有没有什么反应？

答：有啊，有好多人都说控制不了自己的情绪，就是说发火就发火，发完以后才想到，自己这个无名火，而且还是自己的错误，有人就是这样。其实女同志这一段，要是没有一个好的人在你身边，儿女啊，或者是你的爱人啊，他们要是不能理解你这个，也是挺痛苦的，我觉得。我听她们讲，有的就跟病了一场似的。

问：这么严重？

答：有的特别严重，所以我就觉得自己要尽早做好思想的预防，可能会好一些，女同志也是，你不能任它。我就觉得这更年期就是女同志应该有的，就是怎么怎么样，我就觉得不能这么想。

问：您说要做好预防，那您当时是有这个心理准备吗？

答：因为月经它也不是一下子就没了，它到最后，我到55岁那时候，就觉得一个月有时候来一点，有时候过了两个月又来一点，它是逐渐逐渐地，这时候你就肯定想到。我就觉得没什么，这怕什么呢，这就是很自然的事，你肯定要过，都要过。你就是好好地过，你与其乱闹、乱折腾，不如好好地过呀，有的人甚至在那个阶段还得了神经病，得精神病的都有。（2015，许阿姨，68岁）

以上的对话发生在20多岁的女学生与68岁的许阿姨之间。场景是：2015年某个下午，在人大1958咖啡厅的小包间，比较安静，周边没有其他客人。许阿姨大部分时间都是谈得兴致勃勃的，只是在最后15分钟有一位男士入座隔壁餐桌，明显影响了谈论的语调和兴致。

许阿姨是我们在办会议活动时（老年知性论坛），其中一位参加者介绍的。事前有通过电话，大概了解了要访的内容。因为年龄的悬殊，学生采取的策略是以请教式的方式来推进聊天。只是，与之前刘熙对于80后年轻女性的月经研究相比，这次的研究是以老年女性的身体与性为主，因此愿意接受访谈的女性，不敢说一定比大部分女性要更能积极自主地看待身体与性，至少在认识上对于性的议题不太避讳，对于身体与性的态度至少不是很负面的。

参与访谈的学生是周柯含，她选择参与的身体研究系列是关于老年女性的身体与性。这也是她为完成硕士研究的第一个访谈。她对于许阿姨的个人经历及第一印象是这样记录的：

> 初中毕业，再婚，分居近一年，一儿一女，女儿和女婿（丁克）之前和阿姨及其老伴一起住，一年前阿姨搬出来一个人住。开垦"北大荒"时去东北待了15年，开运输车，回北京后在汽车工厂的设计科工作，50岁内退之后自己干过10年左右的装修（开车）。身体很健朗，烫卷的短发，灰色夹杂着金色，很精神。上身穿深红色的衬衣，下身穿黑白格子的裤子，一双花布鞋，紫色的手提包。总体来说，精神、开朗是许阿姨给我的第一印象，穿着在老年人中虽然不能说很时尚，但是算比较讲究的。

许阿姨的绝经体验不能说是最典型的，从她对于周围其他人的叙述来看（包括朋友，也包括医生的反应），她也是比较特别的。但是，这个个例的叙述中，有不少有关"绝经"的故事要素及社会文本值得分析。

"顺其自然"是许阿姨绝经叙述中的核心。绝经与女人衰老之间的关系是学生根据常见的认识首先提出来的。在许阿姨的叙述中，所谓自然，指的是没有身体与心理上的异常反应（阴道分泌液的减少、出汗、失眠、燥热、控制不了自己的情绪、发火，严重的甚至有得神经病的）。这种对身体"顺其自然"的认识，与她自己的体质（"文化大革命"之前，家境好，母亲很注意他们几个孩子的身体情况，自己现在也开始锻炼身体，看中医去湿寒，但是还是觉得自己不是很注意身体）及年轻时的生活经历（很累，干过很多活）有关，也与其年轻时觉得月经麻烦有关，更与她觉得既然女人都要过这一关，与其与身体相抵抗，不如积极地去顺应这种策略式认识有关。心理上有准备，思想上做好预防，让自己忙起来，这样一来，许阿姨很顺利地度过了更年期。在许阿姨的叙述中，绝经与身体老化的关系也不是那么紧密。相比于另外一些女性被访者，她对于身体老化的恐惧也没有那么强。

"顺其自然"同时对抗了我们通常所认为、已经被现代文化所建构的绝经作为女性身体的生理转折点、身体会出现明显异常反应的流行版本。在这个流行版本中，"更年期"是自然的，更年期的反常反应也是正常现象，是人们所理解和体谅的，但也是污名化的（如骂人不可理喻时，甩出一句：更年期妇女）。这个流行版本在许阿姨的叙述中也是在场的，只是出现在聊起其他人的经历与反应之时。

"绝经"与更年期，在西方现代医学的建构之下所流行的叙述版本，与许阿姨的身体故事是不一样的。在这个个体的叙述情境中，我也不觉得许阿姨是直接受到了女性主义话语的洗礼，其更多的是来自生活经历与生活策略。当然，这种生活经历同时多多少少是与媒体及现代生活方式相联系的。

许阿姨对于身体的认识不是那么"自然"，而是经历过转折。在叙事后面，她提及自己其实是后来才开始注意身体的，而且逐步形成了这样一种认识：觉得人的身体有自己修复的能力，"特别是老年，只要你精心地去注意，去修理，它能够恢复到年轻时的那样"。在她的叙述里，这种认识恰恰是在使用微信这种现代技术之后，朋友能经常聊天时才得以形成的，后来经过自己的体验（比如游泳之后觉得心脏好了，调补身体后感冒少了）加以验证与强化。因此，其"自然而然"其实并不自然，也是在生活中的一种建构，这种建构既烙上了政治、经济、文化因素的印迹，也是经过个体进行策略性加工的结果，正如周柯含（2016）在硕士论文中的表述：

  我们把身体功能随年龄增长而衰退的过程称为"老化"，这虽是一种不可逆转的自然现象，但却因各种社会因素的介入而成为展现权力运作过程的舞台。正如福柯带给我们的启示，由"非自然"的因素所建构出的"自然"，是需要被剖析、揭露和反思的。尤其在面对"老化"这样一个不置可否的生命现象时，人们更容易投身于一套"顺其自然"的身体管理模式，并勾勒出一个老年人的理想形象，但事实上，人们如何面对老化的过程、如何选择老化的策略，都不是一个自然而然的结果。更确切地说，"顺其自然"本身就是一个被建构出来的概念，我在文中的分析已经展现了一些老年女性是如何在政治、经济、文化等力量的交融中打造出一套"顺其自然"且"理所应当"的身体实践方式。需要指出的是，福柯对主体能动性的关注并不多，但我在老年女性的身上却明显看到了主体与权力的对抗。即使是用另一套被建构出来的话语来挑战关于"老"的规范（比如以女性的身份来消解老的负面意义），也是经过个体加工后的结果。因此，我认为在剖析老化身体"自然"常态背后的建构力量时，也不能忽视个体能动性所发挥的作用。

  许阿姨的叙述与前面方怡的叙述比较，除了一个重点在绝经，一个在痛经，还很强烈地体现出因为年龄与人生阅历的不同所带来的表述差异。尚在经历校园生活的方怡，显然没有像许阿姨这样，因为15年的"北大荒"生活、婚育及家庭生活而在叙述中夹带很丰富、复杂的身体记忆。

  许阿姨的"绝经"故事，在其他的老年女性访谈者中也有出现，虽然细节不尽相同。已有研究也有发现，与年轻女性相比，经历了绝经的女性对待绝经的态度要更加积极乐观，她们并没有把绝经看成一种痛苦的体验（Neugarten, et al., 1963; Cate and Corbin, 1992），只是，在现代医学或男权文化的建构下，女性的绝经故事更多地以消极想象而出现，曾经的经血魔力与生殖崇拜，被精子崇拜所替代；经血的身体更多地以月经与生理弱势、绝经与身体衰老的消极建构而呈现，并影响着社会的主流认识。吴小英通过对更年期话语的解读，指出更年期与其说是一种纯粹的女性生理现象，不如说它是社会文化的性别化建构的产物（吴小英，2013）。再比如，洛克在有关日本女性绝经的研究中，对于流行于欧美的绝经话语进行过批判式的分析，在批判绝经作为女性生理的普遍一致性反应的同时，开启了绝经的主体感受、地方生物学与跨文化研究的另一类叙述版本（Lock, 1994；Lock and Kaufert, 2001）。Cohen（1998）对于印度文化中"老龄"的解构式人类学经典研究更是挑战了我们惯有的对年龄的认识。只是，来自生活，来自非西方医学话语、非生殖中心论的更为积极的与身体自然观的绝经故事，依然有待挖掘与流传。

在绝经的故事中，还有一个面向是经常被大众所忽略的，或者更准确地说，是被否定式地进行文化建构的，那就是：绝经不仅仅意味着生殖能力的结束，也意味着"性"的结束。但是这一点，在许阿姨的个人叙述中被极大地挑战了。这种挑战，也是经历过转折变化的。

问：一般情况下，可能很多人都觉得年轻的身体是性生活的前提，一方面是觉得老了之后体力跟不上，还有一方面可能觉得年轻的身体才有性的吸引力，才性感。您怎么看这个想法？

答：就提到这儿了啊（笑）。我觉得不是，我觉得这个性啊，跟年龄没关系……我也看了一些书什么的，您看男同志到临死的时候，最后一口气他还勃起呢，女同志其实也一样。女同志就是你真正遇到好的人，或者你所喜欢的，这感觉就不一样，不是说见谁都会有这种感觉，我觉得不是……哎呀，其实我跟我们那口子早就没有了，他那时候身体不好，身体不好他也没这要求……40来岁吧，40多，他就没有这种气力啊什么的，后来他这样，我就不会使劲地要求他怎么怎么样，后来有一段我在我儿子那儿看我孙女，从她两岁一直看到六岁，待了四年。我回去以后呢也觉得挺别扭。他那脾气也不会跟你说一点贴心的话，从来没有……我就老教育我女儿，你作为一个女同志，一定要清楚自己在社会和家庭的位置，我说这个家庭啊还是男性为主，你再有能耐，给这个家庭创造出多少东西来，多少财富来，这男的还是觉得他就是一家之主，户口簿上都是男的是户主，我就老跟我女儿讲……

（40多岁以后）我就一直把自己封闭起来了，我就是再也不想这些事了。女同志要不想这些事啊，她就是不想，她就没有这个感觉了，可是你真是遇到一个男的，觉得这个男的处处关心你，你还就是想，就有这感觉、这要求……

后来我呢是看书，也是日本的一些书，日本呢比较开放，然后呢有朋友给介绍，就说你买点那个玩具，就是成人的玩具。我就买了点成人的玩具。我觉得跟年轻的时候都一样，我放了这么多年了，十多年了，然后我就觉得照样，我就还能有这兴趣，有这想法。不都说是有G点吗，而且我也没看过别人这样，反正我这人在这方面可能有点特殊。就是因为我想起来我小的时候，女同学要是碰到男同志的一些什么事情，人家都是无所谓，就我特别爱害羞，特别爱脸红，可能就比较敏感。那医生不就说嘛，我怎么还能这样啊，我就觉得我里头那个还很多，而且也能一直有（高潮）……

问：您什么时候开始用那些玩具的？

答：不到一年吧。

问：您朋友当时怎么给您介绍这个事的呢？

答：就说你身体那么好，应该你这方面能行，我说我从来就封闭自己了，再不考虑了。她说那哪行啊，她说（性）对你精神啊，各方面都有好处，皮肤啊什么的，说激素嘛。我也是看了一些书，后来才买的，才知道还是得有性，还是可以。我觉得女同志老了以后，这些方面还是和国外不一样，好多问题好像一说就老不正经了（笑），就觉得不正经。实际上我倒觉得不是这个问题，我觉得这个东西跟思想是紧密结合的，我觉得不是说见谁都那什么，那不可能的，他激发不了你这个兴趣。

问：那您用玩具，主要是您朋友说的那种对身体好，还是说重新有了对性的兴趣？

答：都有。

问：那是怎么重新又有了对性的兴趣和欲望？

答：怎么重新有这个啊……不说吧（笑）。

第一章・经血与性感

问：好好好，那您用这个现在的频率是？

答：一个礼拜有两次。

问：现在吗？

答：我觉得这个东西好像是很多人不理解，实际上我觉得这个确实没什么，因为不是乱来。我觉得人和人之间，还得是两颗心，你必须得有这个基础，没有这个基础我觉得还是不会……

问：那请教一下，您的玩具是有一种还是？

答：我觉得这玩具最起码有两种，我觉得有一种是外围的，短一点，有一种就是比较逼真的，长一点。实际上原来呀，我真是觉得我不可能了，因为我就从来没想过了，我也不想。而且我们这个朋友圈里边，有的人也表示我，我也不……就觉得不可能，我也没想过自己能够这样，跟年轻时候一样。

……

问：您当初朋友推荐的时候您就能接受，还是说先思考了一段时间？

答：对，也是不愿意，而且那时候我还跟我老伴住一个房间，就两张床，我说这怎么弄啊，这没法弄。所以我就觉得夫妻两个如果说不到一起，感情也不是那么深，我觉得在一块生活实际上倒不是一件好事，好多地方都挺别扭的……

问：那您是在您和老伴分开以后，才开始用玩具的吗？

答：对。

问：那您当时是不是经历过一番思想挣扎，后来是怎么想通的呀？

答：后来我就想这医生说我，都这年龄怎么还能这样好，那我就看看。

问：那是在网上买的吗？还是在？

答：我就在店里面买的（笑），是不好意思，头一回进去，从来没进去过。

问：那当时是直接说我要什么样的，还是让人家给您介绍？

答：介绍，都不懂。我就想介绍给我那同志，这么个小玩意这怎

047

么用啊，那么细，我就是不懂的。实际上不懂，因为我爱人也是一个傻瓜不是吗，他更不懂，怎么样能够让这个女同志兴致能起来，不明白。我说幸亏我到老了明白了，要不然（笑）这一辈子白活了，真是这样。我就感受的是什么呀，不遇到这朋友就瞎了，我自己身体的构造我都不知道，就是这个器官到底什么样我都不知道，因为你想想我自己，我脸上都不照镜子，后来我一照，我知道了。我还写了一个那什么，就我看到了以后，我就觉得像一个山谷似的，开可以开得那么透彻，闭合也闭合得那么严紧……年轻人更活跃一些。而且像我们那时候的教育，我不是说嘛，连自己什么构造都不知道，就好像是一个雷区似的，都很少摄入这方面的（知识），所以思想才不活跃啊，就像我跟你说的我爱人，你打死他他也不敢这么去做啊（笑），他就没有这方面的意识。所以像你说的敢不敢跟家里人讲，那还是有顾虑啊……

性的话题，是学生先挑起来的，性感的老年身体，也是我们在研究之初所设计的试图寻找的内容。许阿姨对于讲述老年女性的性故事是有一些心理准备的，因此除了中间几个细节不太愿意提及，大部分情况下谈话比较顺利，只是在对话过程中，学生的提问、提示、推动会比较多一些。

把碎片化的信息进行整合的话，这个故事梗概大概是这样的。

许阿姨对于自己的丈夫不是太满意，在40多岁的时候就不再过性生活。生活经历也形塑了她对于男女关系、男女地位的认识，尤其是对于男女不平等的关注。许阿姨对于性的欲望，经历过一个从"不想"到"想"的阶段，其间一位女性朋友的启发则是关键性的，医生认为她的身体很好（即便绝经了，水还是很多）更加激发了她对自己身体的探索——性工具的使用，一周两次，经常可以达到高潮。当然，还有书本的功能。所以，在许阿姨现在的认识里，年龄不是一个问题，关键在于认识。她也因此感慨自己那一代人性知识、身体知识的缺乏带来的遗憾。

许阿姨，还有其他好几位被访者对于老年之性的个体叙述在很大程度上挑战了主流文化对于年龄、性别、身体与性之间关系的消极建构（老年女性几乎等于无性人，绝经带来身体老化，也带来女性的无性化）。她们以自己的身体感受与生活经验来对已有文化的负面认识进行反向的建构（周柯含，2016）。

虽然细节有差，但是性/别文化、社会规范、人际关系等对于"绝经"故事的构建作用，也是不少研究文献试图挑战的。研究者们试图挑战绝经后无性的认识及其生物学基础，从而改写女性的绝经故事以及老年女性的性故事。比如，有研究通过对3302名女性的追踪调查发现，绝经并不会直接对性交频率、身体愉悦和伴侣关系的满意度产生影响，而是通过与其他因素的结合（比如禁欲的心理、伴侣关系、男女之性的不同文化建构）才发挥作用。女性自己在谈论绝经给其生活带来了哪些变化时，也更多地强调社会层面和文化层面的问题，非生理方面的困扰（Winterich and Umberson，1999）。

在另一个方向上，性对于延缓身体的衰老的积极作用也在个体的叙述中被不断地挖掘。尤其是一位唐阿姨的叙述，更加正面地构建了性之于老年身体的积极作用。

> 我一直能让自己保持性的这种比较旺盛的状态，愉悦，它就激活了我身体上的许多别的……神经啊，经络啊，细胞啊。我觉得我每次来快感，那种经络震撼到全身，我觉得这真的是中医上说的那种一通百通的那种感觉，让我体验到了，何乐而不为呢，对吧？而且这样对身体就很好，我就感觉到了，那种高潮，那种快感，真的是向周围的那种发射的那种感觉——太爽了，不是一般人能随便达到的，我所接触的人很少有我这种体验，她们说像笑话一样的。（2016，唐阿姨，58岁）

老年身体与性的积极构建，并不似表述中那么自然而然，与文化（或者说某种反文化）与个体感受的选择性交互作用是分不开的，即，主体在生活中如何选择性地挖掘与建构对自己有利的性脚本（Gagnon and Simon，1973），以便更为积极地对抗衰老、提高老年生活的质量。周柯含认为，性之于身体的作用在于其揭示健康程度和延缓衰老过程的功能。虽然这两种功能都属于生理的范畴，但其显现和利用并不是受医学知识所控，而是更多地依赖于社会中的流行话语和个人的身体感受。这意味着，性的某些积极意义在身体老化的过程中被"人为地"挖掘和建构，性是否真的具备上述功能并不重要，因为老年女性对这些功能的想象足以影响其行为选择。与此同时，她们在性实践中的身体感受会反过来巩固其之前的预期，性之于身体的正功能就在这样的过程中被形塑和凸显（周柯含，2016）。我的感觉是，对于相当一部分女性来说，反而到了老年才有更大的可能摆脱原有家庭与性别文化的束缚，开始更为自主地打造性感的身体、寻找积极的生活。

在前面许阿姨的叙述中，还有一些内容被隐藏在"还是别说了吧"的那个角落。讲述中不愿被提及的部分，显然也是故事社会学中很重要的分析内容：什么内容被忽略？为什么不愿意讲述？

根据上下文，在我的认识与推测里面，不愿被讲述的内容很可能涉及婚外性，或者不一定有实际性关系，而是有心仪、暗恋的对象。这部分内容或者因为涉及他者，或者因为对于"婚外恋"的道德评判要远远强于个体使用性玩具，而没有出现在故事中。许阿姨在讲述中，多次提及对于"乱"的理解以及不认同，婚外、多性伴属于许阿姨所理解的"乱"的范畴之内。

还有一个缺场内容是有关具体的性感受的描述。这些内容的缺席，在许阿姨这里，一则是因为环境的影响（隔壁桌来了一个男的，影响了谈话的兴致），二则也跟话题的性质有关，即这种体验本身并不容易被讲述，相比于不愿意说，更大的可能性是"不知道怎么说"（黄盈盈，2017）。

此外，更为重要的是，如果跳出研究的语境，老年女性的故事，不管是绝经故事，还是性的故事，在现有的性别文化，以及年龄与性关系的想象与规训中都是缺席的。只是在最近几年，因为性病的传播，才使得老年男性（尤其是老年嫖客）的性经由公共卫生部门的呼吁，加上媒体对于性议题的吸引眼球式助力，在老龄化社会到来的社会背景之下逐步进入更多人的视野。遗憾的是，这些关注虽然不乏"关心老人"的情怀，但基本以担忧与负面评判为主。

二 性感身体

在上述许阿姨、唐阿姨等人的绝经与老年身体叙述中，除了健康的身体以及生殖的身体，我也看到了性感的身体。在经血与性感这两种身体之间存在着一片被以往叙述所忽略的交叉地带。月经期间的性禁忌，从"脏"到"不卫生"、"老了容易落病"，到绝经之后的无性文化建构，在我们所搭建的研究语境中，都多多少少受到了个体基于生活经验的挑战，从而也开启了另一版本的身体叙事。在这个版本中，月经与性感，不是决然对立的。稍微拉长时间的轴线，我将以80后、70后、50后的女性为主，从不同的主题切入，以快镜头的方式串起不同年龄段的中国女性有关性感身体的叙述片段。

（一）80后女生聊黄片

有关色情的讨论，曾经引发20世纪80代美国女权主义内部的性战（Vance，1984）。在众多性议题中，所引起的社会关注与国家规制恐怕也是最多的。但是与强势的反色情话语以及法律的规制相抵制的是人们的生活实践。根据我们的研究所进行的全国随机抽样调查，仅仅在2009年春天到2010年夏天之间，3/4多的男青年和一半左右的女青年都已经看过描绘性生活详细内容的图像资料，这还不包括文字资料。调查还显示：受教育程度越高，"看黄"的越多；职业地位越高，"看黄"的越多；收入越高，"看黄"的越多（潘绥铭、黄盈盈，2011）。即便是在14～17岁的青少年人群中，上一年看黄的比例也接近20%（黄盈盈、潘绥铭，2012）。如果把时间段放长到"一生中"，则比例更高。

除了数字，我们也开展了一个小型的定性研究，来探讨生活中女性对于色情的理解与日常实践，以对话于"我们往往认为"的那些常见认识与叙事结构。因此，我的研究生王丽君是带着这样的问题与对话目的来进行研究设计的。

一方面，我们往往认为，女性在性方面是比较被动和矜持的，不会像男性那样在性方面精力充沛、积极主动地去获取色情材料；另一方面，一些女性主义学者认为，色情本身就是对女性的贬低和物化，所以说女性更应该去坚决抵制这些色情材料。作为性社会学研究方向的学生，笔者对这个话题也是很感兴趣的，即为什么女性会冒着争议，去观看这些色情材料，她们对色情是怎样理解又是怎样实践的。

——王丽君，2013

王丽君的访谈碰到了比之前几位学生更大的挑战。挑战不仅来自找被访者的难度（我们的策略都是找比较"普通"的女性，对比于主动来访型的积极分子），还在于研究者自身的色情体验的缺乏。这个题目是我提议的，试图从健康的身体走向情欲的女性身体。学生觉得可行也希望能够挑战这个议题，但是也不无担忧：我都没怎么看过，怎么跟人家聊呢。为了"研究"，她还真补了一些课，并逐步开始"交流"，而非单纯地询问。因此，在整个访谈中，学生的理解与看法，以及实践与感受也时有表露。

值得指出的是，笔者作为一位女性，和女性被访者谈论色情这个话题，所以这个访谈过程本身就可以看作一个色情的实践过程，也正因为如此，这个访谈过程也并不是那么自然而然的一件事。在最初的试调查中，被访者是笔者的舍友，访谈进行起来就比较困难，特别是在关于自身经历的话题方面，获得的信息量都很小。笔者认为这是因为我们二人的生活圈子有太多交集，所以笔者将被访者确定为那些与自己不熟悉且没有共同圈子的女性。在访谈过程中，为了使被访者更能"放得开"，笔者通过对话题顺序的调整，对被访者进行"脱敏"，即将态度和看法放在经历和体验之前；此外，在访谈中，笔者还会采取"自曝"的方法来鼓励女性谈论自己的经历和体验。

——王丽君，2013

有趣的是，因为我们侧重在女性对色情的理解以及日常实践，会谈到很多看法与感受；当"色情"成了一个被理性分析与文化检视的对象时，比起色情品本身来说，多少显得有些无聊，以至于在论文答辩的时候，一位男老师的评价是：这么有趣的事情，写得这么无聊。就如一位非学界读者在看了我的《身体、性、性感：对中国城市年轻女性的日常生活研究》后，不无遗憾地说：太学术了。甚至有"深深感到失望"的。另一位朋友对"性感"研究的期待则是：你是要探寻女性身体的性敏感地带吗。最终也不免失望。理性与感性似乎在学术地探讨色情这个问题上更为明显地出现了割裂。虽然学术的叙事与平常的故事是不同的类型，但是，我也因此检视与反思自己的学术叙述方式，思考如何可以把社会学的作品写得更加有趣又有深度，当然，还要能够发表，只是到现在为止也没有成功。这是后话。

"色情"访谈涉及10位不同职业的80后、90后年轻女性。与前文类似，每一位的故事都可以单独分析，我暂且把王丽君自己列在硕士论文后面的一个个案片段拿来做例子。

片段一

问：你最早接触色情是在什么时候？可能你现在觉得它不是色情，但那个时候觉得是。

答：初二，是那个电视上，我小时候那个地方是一个县，一个县城，然后那个县城的电视就是特别没谱，然后会经常放它录的那种港台的片子。

问：是随便播的？

答：对，三级片什么的，随便播。

问：三级片也随便播？

答：对，你掐到一个时间，那是有线电视，有线电视的某一个台，你掐到那个时间你就去看，然后它就很多三级片。

问：我现在也不太清楚，三级片是所谓的情色片吗？

答：三级片就是露三点，它是正常的情节，就是露三点。

问：那会有那种很露骨的镜头吗？

答：不会，不是实质性的。我建议你去看一下那个欧美的分级、香港的分级，香港的评级跟美国的是不一样的，然后美国的评级把暴力也放在这里头，它完全是根据人的年龄来算的，18岁以下禁看的一般是这种实质性的，或者是极端的那种暴力，然后那个三级片是香港的评级，它是说，有的情节就是说，比如说黑社会老大，找了个女的，两个人就在讨论事情，突然那个女的说我要洗澡，然后就开始脱，然后去洗了，洗完之后什么没穿就出来了，就是这样的，电视上是有这样的画面的，这是三级片。

问：那时候是感觉，没有什么动作，就光女的脱了衣服就是色情了，是吗？

答：是有一个特别不好的动作，是说那个男的，他也是那种香港街头的混混，然后在酒店里面招酒店小姐，那个女的就是靠这个赚钱的嘛，穿的就是一个只能遮上这里的一个裙子，就是有具体的动作，就是往这里（胸部）塞钱，往这里（下面）塞钱，就是这么一个特别具体的电影。

然后那是我初二的时候看的，然后从那时候开始那个本能反应就被挖掘出来了，然后我就找一些小说，就是有一些国外的小说，像什么……

问：莫泊桑等的吗？

答：对，《羊脂球》啊，《复活》啊什么就是那种。就是那里面有具体的描写，然后我就开始看这个。那就持续了一段时间，能有一两个月，没有那么长，就10天、20天这样，后来注意力就被转移了，就把这事给忘了。然后再后来再接触是上大学的时候，大二的时候，大家都在看那个小说，然后后来我发现：哎，好看！就开始看，也看了不少，后来就在网上下一些小说，接着就是，那个有一个特别不好的，就是有的小说，就是那种正规出版的小说，它顶多就是说高富帅硬上弓这样的事，但是网上下的那些东西，就是乱七八糟什么样的状况都有，比如说怎么在公车上做色狼，然后还有什么乱伦的，什么跟自己的小姨啊，要不然就是嫂子啊这样的，还有一种就是同事，然后就是说科员的老婆跟领导，然后这个人会得到一些利益上的，反正就是一些不太正常的价值观……（2012，王思，26岁）

这个对话发生在2012年1月初，地点是在被访者王思的家里。王思是85后女孩，基督徒，本来在北京市一个事业单位工作，近日因事辞职。是王丽君经一位同学介绍认识的,接受访谈的条件是要和她参加一次家庭礼拜。在王丽君的印象中,这是一位爱读书、爱思考、看起来很洒脱的女性,在访谈开始之际以及整个过程中,都会主动化解访谈者的拘束,聊天中也比较放得开。

王丽君与王思的对话中,或明或暗地埋着几条线索。

其一,王思的实践与评价。从初二开始,接触县城有线电视台的港台片,其中不乏色情片段,被王思称为"三级片"。后来接触国外小说,到大学阶段,则更多地开始接触小说,包括网络小说。这些观看的内容,在我读起来非常具有时代感:20 世纪 90 年代甚为流行的港台片阶段,海外名著阶段,网络小说阶段。如果说第一个阶段是因为无意中触及,那么第二个重要阶段则更有选择性。在这两个阶段,王思都会记得一些被她评价为"不好的"或者"特别不好的"情节,但是整体上也会有这样的表述:"然后从那时候开始那个本能反应就被挖掘出来了,然后我就找一些小说","后来我发现:哎,好看"。

在这个片段的最后,王思有提到网络上那些乱七八糟的内容,包括一些"不太正常的价值观",可是在整个个案的其他片段,她也会有如何更策略地转化其不好影响,为己所用的表述:

> 它那个帖子是写叫你如何在公车上占别人便宜,然后看了之后我就知道,然后在车上我就经常看谁是这样的,对,就是会考虑一下怎么来保护自己。(2012,王思,26 岁)

在影响与评价方面,王思是矛盾的,一方面会觉得好看,且能激发自己的情欲,另一方面又会对一些负面影响进行评价。这些负面评价一方面与"都是以男性为主导"的性别平等有关联,另一方面也与观看的情境有关。尤其是在涉及他人,比如社会影响以及对家庭带来的影响的时候,其情感会与自己一个人看、与寝室女生一起看的时候有所不同。私人空间,也是王思认为比较好的可以观看色情内容的场域。

其二,宗教与色情的关系。在这个片段中,王思的宗教背景是隐藏的。但是纵观整个访谈,宗教的影响,宗教与色情之间关系的分析是王思叙述中的一个重点。这个片段中王思的一些价值观体现，与此是紧密相关的。

片段二

答：然后它本来就是，只是说圣经里面，是说你要在正常的关系之中，妻子要满足丈夫、丈夫要满足妻子。我是基于这个想法。然后我觉得就是说，这是人的一个，就是一个本性，它是这样的，但是为什么有这样的设计？我觉得有人会以一种"有色眼睛"来看并说这个是好，或者说这个不好，还有一个状况是这个年龄段的女生没有结婚，所以在我们的文化之下，这一段的女生没有接触过真正的男性，没有跟男性有正常的交往，但是她自己又有需求，然后没有办法满足需求的时候，它只能通过别的途径来满足。

问：原来宗教里面对性是这样的啊，我们都以为禁欲的，这样的话，我觉得也不至于像以前那样，大家都不愿意去谈性，就像我刚开始做试访谈的时候，和自己的熟人嘛，就觉得很放不开。

答：很羞愧是吗？

问：对，感觉我们接触到的这些文化规范，没有鼓励女性去谈性的。

答：其实在我们教会里面也问了一些人，然后她呢也就觉得这个话题，不太好意思回答，尤其是没结婚的姊妹，就是教会里面的这些没结婚的姊妹，很多是连弟兄碰都没碰过的一种状况，所以你让她去谈这个性？所以说她也没有接受过一些这方面的辅导，我们在结婚之前有那个婚恋辅导，然后我们的牧师以及给我证婚的那个牧师要和我们做辅导，其实他俩没比我大多少，一个 1983 年一个 1985 年的，然后我和我丈夫我们四个人。前面就是都谈了几个要点，就说基督徒不能离婚，然后什么样的状况可以离婚，然后最后一点，就是那个牧师其实他也是一个很羞愧的，然后你想想一个班里学习最好的，一路考上清华、北大，就是那种男生啊，就说：我们要讨论一个在婚姻里面最本质的问题，就是性，然后剩下三个人都是这样（不好意思地低着头）。然后他就说，他说性本来就是上帝的一种祝福，然后要满足，要满足对方，不能以这个来要挟，因为即便是在婚姻关系当中，人确实是会想别的事情，比如说你在婚姻当中，会，会……会做性梦，或者有别的性幻想，可能对象不是你的妻子，是别的女人，妻子可能也会有，那个对象可能不是自己的丈夫，这个不是性这件事是糟糕的，而是另外的一种力量的糟糕，导致了大家认为这件事情是不好的。（2012，王思，26岁）

上述这个片段比较集中地表达出王思如何用宗教的眼光看色情，也可以解释她在整个叙述中体现出来的价值观：不是性这件事是不好的，而是另外一种力量，这种力量跟婚姻内外有关，与如何使用"性"有关。

其三，访谈者与被访者谈论色情时的情感与知识储备。王丽君在笔记中就有写到，刚开始聊天的时候比较拘束与生疏，反而是王思提议以一个小游戏开始熟络起来。在访谈过程中，王丽君也时不时会表露出比较吞吞吐吐或者害羞的地方，反而是王思比较坦然。王丽君的请教（包括 A 片与三级片的区别，以及基督教如何看待性问题），还真不是出于交谈策略，是真心不知道。因此在访谈中，王思会教导她到哪里可以查看这类信息。在第二个片段中，王丽君有提到自己刚开始访谈，尤其是跟熟人试访谈的时候，非常放不开。在交谈的其他片段，作为访谈者，王丽君也会透露出自己的一些价值观，更多时候是依然处于矛盾状态的价值观：一方面，在理智上，尤其是作为性社会学的学生，自觉地认为性是积极的，正面的；另一方面，多少忧心于色情对于青少年带来的不良影响，比如她自己在对话中就会流露："我觉得可能像咱们这个年龄，一般都有自己的判断力了，但是那些年纪尚轻的，可能会太容易受这个东西的诱导了……"

跳出王丽君、王思以及幕后的我所直接参与创造的访谈文本。这个色情故事作为一个社会学文本，创造情境又是如何的呢？谁是创造的推动者，谁又是阻碍者？与其他的色情文本又有何不同？会产生怎样的社会效应？

在回应这样的问题时，"结构－具体情境－个体"之间的复杂关系总是不可避免。生于 20 世纪 80 年代后期，成长于 90 年代的年轻女性，多少受到主流文化中对于把色情与男性画等号、色情的破坏力量的建构的影响。可是又在实践中以及某些更为自觉的认识场域敢于正视色情的存在，及其对自己情欲身体的唤起作用。这种对待性的矛盾与复杂情感，与我们这一代（70后，被我称为承上启下的一代人）的差异并不是很大，只是在实践层面比我们更加敢于承认，更能大胆地加以表述。这种矛盾性，在另外一个学生对于90后女生的"自慰"研究中也依然可见。只是矛盾的内容与程度可能有异（但不是简单直线式的越年轻、越开放）。要是加上量化的概念，在数据的显示上，女性的性感身体确实随着时代的推移，在最近的十余年里有更加开放的趋势（潘绥铭、黄盈盈，2013），但是从质性上看，至少从70后到90后，在女性个体的生活中，多多少少都可以看到某种矛盾性，反色情的性文化以及禁锢女性之性的性/别文化所烙下的痕迹并没有随着时间而消逝。

在王思的个案中，宗教的力量，结合着王思自己的生活经历，一方面推动了性的自然化叙事，另一方面加固了婚姻对于性的禁锢，使得色情的身体被限制在某种空间之中。

生活中的个体实践对于女性主义反色情派的抗争意义无疑是存在的。尽管如王思一样，不少年轻女性也会强调色情文化的男性主导色彩，但是也不会因此而认定"色情"本身有问题，甚至不避讳谈论自己的色情实践。当然，尽管这些被访者不是主动积极地来讲色情故事的，愿意接受访谈，一定程度上也表示其对待色情（至少是谈论色情）的"开放度"。我并不能因此判断说80后女性都乐于谈论色情，而是说，在我们所创造的研究语境中，在小情境以及有关女性身体自主、性革命话语的推动之下，这类更为积极的色情论述开始浮出水面。从质性的意义上讲，这类故事生产的社会影响及意义在于挑战了反色情的话语体系，动摇了法制对于色情进行规制的（缺乏）社会学基础，以及忌性的性别文化。

（二）矛盾的70后，游移的"性感"表达

"性感"这个词开始流行于20世纪80~90年代，并在最近几年风靡各种媒体。不过，尽管现在的媒体到处在言说"性感"，从人的性感到车的性感等，但是性感真如媒体所言说的在中国"爆发"了吗？"性感"这个词尚未引起多少严肃的讨论，也没有形成一个社

定义比较强的共识。这就给我们留有想象与发挥的余地。这种余地有利于我们探讨女性作为主体对于性与身体关系的灵活的理解。

——黄盈盈，2008

以上是我在博士期间，以"性感"为切入点探讨女性身体的一个初衷，也是我自己开始做的第一个与身体有关的研究。这个小节的叙述不妨稍稍拿自己开刀，回顾及反思我作为一个70后的女性研究者如何编织女性的身体故事。

我对于"性"的关注，与其说是为低俗的兴趣或者伟大的志向所驱动，不如说是因为报考研究生时投到了潘绥铭老师的门下，从此一条道走到黑，越走越来劲。这个入行的故事太平常了，我的性/别经历也太平常了，直接戳破了"女性性研究者"的神秘光环。以至于期待听到点励志故事或猎奇八卦的人都会大失所望。看着那一双双闪烁着贼光的眼睛顿然黯淡，我经常忍不住哈哈大笑。对于女性的关注则多少与我自己的性别感受有关，加之女性在研究领域的缺席语境。

选择"身体"，始于一次饭桌上的交谈，当时有一位国外学者提到了一句身体研究，让我感觉眼前一亮。于是乎开始查找文献，寻找理论与现实意义上的合理性，也开始有意识地在生活中做观察，收集一些材料，做试访谈。博士第二年在北卡罗来纳大学，则有幸参加了冯珠娣老师开设的"身体与主体"课程（之后冯老师便被调到了芝加哥大学），比较系统地阅读了一些有关身体的人类学文献。虽然似懂非懂，但是这个课程以及冯老师所强调的逾越各类二元对立的"活生生的身体"对我后来的研究思路影响很大。在这样的背景之下，我的博士论文最终落在女性的身体、性与性感之上。70后与城市女性的限定，也与自己的日常（年龄与生活经历）有关。

在2002年开始身体的经验研究，这在当时的大陆社会学界还比较前沿，但是遗憾要多于成就感。最大的遗憾还是在分析的时候太偏重于对材料的切割比较，研究的设定比较多，"个案"性与开放度不够强，在社会语义学层面的探讨多于结合生活情境的整体性分析。也如答辩组一位老师所指出的：感觉绕来绕去，走不到更大的空间中去。虽然论文在一定程度上展现了身体的各种复杂性、流动性及其生产情境，但是依然感觉整体而言，故事性不够强，当然，也欠缺趣味性。也难怪有读者表示失望。相比于另外一些人在"理论意义"的层次上对此类（小）研究提出的质疑，我自己更加在意生活逻辑的被切割。我编织的身体社会学故事，最终还是不够"性感"；我在书中所强调的日常生活，似乎也还不够"生活"，尤其是缺乏纵伸的时空感。这些遗憾也一直鞭策着我不断反思自己的研究与写作思路，期待能够跳出八股，在故事性与兴趣性方面有所突破。

对于70后城市女性的性感研究，在比较分析了38位女性对于身体、性感的多维度表达之后，我在后来出版的书中的结论之一是：流动的"性感"、矛盾的"性"、对立的"性别"。在这个性感的研究叙事里，蕴含了不同版本的身体故事，矛盾的存在也与社会新旧观念的冲突及日趋多元相联系。

> 表态上的认同与实践中的规避构成了70后女性的一个矛盾。
>
> 从一种"表态"的角度讲，大部分女性觉得性是"很正常的事"，而且很有必要说；但是，从字里行间流露出来的意思，从性感身体实践的角度看，大多女性倾向于有意无意地以一种否定的态度来说性，例如认为"性不见得是那么高雅的事情"、"那种事"。"我能够理解别人那么做（性的身体的表达），但是我自己不会这么去做（或者我不适合这么做）"成了一种典型的日常生活中的"性"话语。
>
> 性别差异在"性"上的抹杀与对立化构成了70后女性的另一个矛盾。
>
> 在女性身体的泛化理解与自我镜像里面，不管这种身体是否被置于男性的目光之下，不管男性的目光是否带有"性"的色彩，女性在接收这些目光的时候倾向于从"美"的角度，而不是（或者不愿意）从"性"的角度来审视自己的身体。
>
> 当我们把"性"的概念提出来，考察"性感"的时候，女性把男女对于性感的理解推向了极端。女性的"性感"概念比男性的"性感"概念要美、要非性化。以身材、嘴唇、裸露程度为特征的"性感的身体"更是突出了男性的存在：有意无意地把身体置于男性的目光

下进行评价。有的女性甚至认为性感、性、性吸引力这些带"性"的词本来就"属于"男性，她们自己对此没有什么看法，只有男性的目光才是性化的。这时候的"性感的身体"通常是处于（想象的）男性看女性的情境之中，而且这时候所接收到的男性目光必定是"性"的目光。也就是说，在不同的语境中，目光的意义发生了变化。

……

女性对于"性"的弱化与矛盾的表达与女性所处的"性"的社会情境（生于70年代，长于80年代）是相关的：没有多少读性、谈性的气氛，尤其是谈性。在一个社会急剧变迁的时代，在一个社会出现断裂的时代，"性"作为一个负面的概念与"性"作为一种流行的东西并存于我们的社会；压抑与革命并存；意识与实践出现了较大的偏离与断裂。

——黄盈盈，2008

可以看出，在之前的研究语境中，作为研究者的我试图构建的是一个复杂的、流动的"性感"身体。与其说当时致力于对积极身体论述的挖掘，以及为女性之性"正名"，不如说更多的是展现日常生活中的琐碎化、情景化与矛盾性。我所设定以及被访者所给出的身体的性别语境、中西方的语境、他指与自我指涉的语境、表态与实践、流行话语与日常生活中的非话语实践等多维度语境的交织共谋，给多元的、流动的身体表达提供了创作空间。

同为70后的我，可能自身对于身体的这种矛盾性，尤其是对于表态与实践两个层次出现的断裂深有感触，这样的感触也明显地投射到了对同时代女性的研究设计与分析策略之上。我依然可以振振有词地为智力活动与个人生活之间的距离提供合理化解释，但是在研究的过程中，我也清晰地看到这个逻辑与我的被访者们"我能理解她们，但是我不会这么做……"句式的内在一致性。于是乎，与其努力地合理化自己的知行不一致，不如就大方地承认这种矛盾，或者说差距。毕竟，研究者也是生活中的人，并没有比我们的被访者更多地超脱于现有的社会建构，尤其是在身体的层面。对研究者的祛魅，研究者的身体与情感在场，研究中的尴尬与挑战，以及日常生活的制约也反映在我的另一篇文章之中（黄盈盈，2017）。

整个《身体·性·性感》的问题意识是我在博士论文的导论中所提及的性与身体的研究语境，社会语境则一方面是传媒及商业社会对于"性感"时代的高调宣称，以及对于无处不在的"性感"的性化解释，另一方面却是生活中女性声音的缺失。在这样一个背景下，研究所创造的性感故事，又有什么样的社会影响呢？

虽然，我对自己的博士论文心存不满，遗憾多多。但是在研究过程中，参与访谈本身也是一种重要的谈性实践，对于参与其中的人的生活多少是一种介入。在其中的一篇访谈后记中，当时作为访谈者的我的朋友有这样的描述：

> 和蒋诗的访谈令我觉得很震惊。从外形和语言上，蒋诗都应该属于那种比较开放的女孩。"性"这个词从她嘴里说出来也不觉得有丝毫的羞涩。甚至当我有时候对她的观念表示出掩饰不住的吃惊时，她还跟我开开玩笑说"没想到吧，我爱都没有做过"。
>
> 访谈结束后，蒋诗一直觉得很不安，并一直向我请教如何"提高"和"学习"（这两个词是她原话中带有的，用到性的话题上，稍微显得有些太正经了）。她告诉我以前觉得自己那么保守是在保护自己，觉得这样就没有任何机会受到伤害。没想到还是在感情上率（摔）了跟头。她还一再地问我，觉得她的男友和第三者之间是否已经发生了性关系……
>
> 过了几天，我在下班的路上接到一个电话，接到了蒋诗的电话，让我向她推荐几本和性有关的书。也许，这次访谈真的会影响和改变她很多。

不管后续事实如何，对于作为被访者的蒋诗，对于作为访谈者的我们，这次对话都是人生经历中的一个片段。书籍的出版，不管有读者如何遗憾其缺乏"性感"，在身体社会学经验研究的语境构建方面，在促进女性谈性、有关女性之性的积极话语的构建方面，也算是一个参与者。姑且将这视为研究实践与最终作品的意义及生产力作用吧。

（三）50 后女性，烙着岁月痕迹的身体

"老龄化身体"的建构，是医学人类学及身体研究者关心的重要议题。在经血身体部分，我已经展现过几位 50 后阿姨的性感叙事，一定程度上构成了与流行的绝经话语、老化身体的对抗。这种对抗也体现出生活中的积极策略对于"医学化身体"的抗议。在这个小节，我再增加一个焦阿姨的故事。经历过大半个世纪的女性，受医学训练多年的妇科大夫，她的表达如何体现岁月与时代的变迁、生活与医学的对抗或合谋？老化的身体，可以如何性感？以及，在 60 余年的生活与社会变迁中，身体故事的转折何以可能？

我认识焦阿姨，已经有多年了。之间陆陆续续听她讲过一些生活经历，也在不同场合访谈过她的一些经历。但是这次正儿八经地进行有关她个人经历中与"性"有关的访谈，却是学生去做的。因为太熟了，平时有些话张不开嘴。今天，再度读到访谈材料的时候，思绪万千。那一代人的爱与恨，时代的烙印与岁月的痕迹，随着焦阿姨的身体回忆与叙事，随着鼠标的滚动，不断地在我的眼前展演。

因为对这个故事更加熟悉，了解也更为完整，我下面的叙述策略稍作改变，不以访谈的原始片段开始，而直接从访谈的碎片中拼凑出故事，并结合平时的点点滴滴来进行表述。下面我要展现的故事，出于隐私保护的考虑，有些重要背景与情境也不得不隐去。这也是某些历史时点某些研究场域的无奈选择。

焦阿姨生于 20 世纪 50 年代中期，在"文化大革命"时期因为"地主"这个阶级身份吃尽了苦头。她花了十几年的时间，比别人付出成倍的努力去改变命运，上班之余自学、复习职称考试，最终成为一名专业的妇科与性病医生。寥寥的几笔，却溜走了焦阿姨大把的休闲岁月。其中的艰辛和坎坷让她深刻地体会到，被污名化、被标签化是一件多么可怕而无奈的事。她后来之所以愿意去帮助一些受歧视的人群，是因为觉得她们也是被贴了各种脏标签的群体，她很理解她们受到周遭人白眼的心境，也深感女孩子要是在人生的某些困难阶段能得到别人的帮助与理解，是会非常感激的。

焦阿姨的个人经历，我之前也有听过。不过，这段经历对我的学生周

柯含而言，比较陌生，也始料未及。焦阿姨在讲述自己经历的过程中，情绪比较激动，落泪了，这一度让未经世事的学生有点慌张，因为这完全是意料之外的事。在访谈之前的这段50多分钟的自述，让学生一方面担心因为勾起这些事情给焦阿姨带来一定程度的伤害，另一方面也在想会不会影响访谈的进程。

在焦阿姨年轻的时候，性/别叙事里有一段有关她称之为"性侵"的经历。性侵的讲述是从身体老化、闭经对于性生活的影响开始转入的。在谈到闭经对于性生活的影响时，焦阿姨觉得不少女性会强化、暗示性交疼痛，并且把这种"我老了"的暗示传递给老公。她觉得这种对于绝经的认知是被建构的，自己在生活中会刻意地加以规避，转而通过调整自己来适应绝经带来的变化。一定程度上以克服自己一时的疼痛，来充当生活的润滑剂，也带来自己的改变。这样的生活策略，又怎能是女权话语中简简单单的"规避结构性压力、让女性个人承受痛苦"的斥责可以解释的。人近退休年龄了，接触到性/别圈子里的某些"豪放女"，这些女人告诉她：要做一些性的唤起，还有一些前戏，把这些前戏做好了的话，你照样会有那种性高潮，跟绝经没关系。当学生接着问，那年轻时是不是也有这种认识的时候，话题被带入到了"性侵"叙事。

> 我也得说这么一个问题，因为我年轻的时候吧，说句实在话，我们这些孩子年轻的时候都受过性侵。当时我妈她们单位打乒乓球的地方有图书馆，还有娱乐的地方，然后到星期六这些孩子都没地方去了，因为爸爸妈妈都工作嘛，那时候经常搞运动，爸妈都上班，我们就都去单位打乒乓球、看图书，但恰恰是管图书的这个人，他那会儿还没有结婚，就二十几岁，我们叫他唐叔叔，他就特坏。后来我们才知道，我们这些小女孩都被他性侵过，他全部都摸我们，抠我们。然后谁去了他都说"你到我们这来"，然后所有的女孩都不吭气，然后我们这条街上有商业局、粮食局，还有文化馆，然后我们又知道这些同学也都被他性侵过。但是我们所有的人都没吭气，我们就特别生气这个事情，然后我们这些大的孩子知道以后就不去了，然后他最可恨的是什么呢？我们还要去打饭，因为那会家长都不做饭，我们都去吃

食堂，去食堂打饭的时候我们就会经过一个很少有人的地方，然后他就躲在那里，我们去，他上来就亲，捂住我们的嘴就一直亲，最后我们都不敢去买饭，但是这个事情我们都不敢跟家里说……所以我那么给你说，一直在我年轻的时候，我就碰到过很多很多男的性侵的事，比如看篮球比赛被后面的人用阴茎顶的事情。所以我就觉得性侵真的不是（现在）这个社会的事，那时候我们基本上都有这个事情，但是我们同学都不说。

焦阿姨说那个年代性侵的事儿很常见，跟现在相比，区别在于"说"与"不说"。这也涉及普拉莫的故事社会学里所提出的，为什么有的故事当年不会出来，现在却开始浮现，甚至成为流行话语。这显然与当年及现在社会背景的差异以及性别运动的发展是有关系的（Plummer, 1995）。对于性侵的关注，在中国也只是最近几年的事情（尤其是 2016～2017 年以来）。虽然 20 世纪 90 年代的女性主义者有过提醒，但是进入媒介、成为流行的性故事，而且是越来越趋同的性故事，显然跟近期新女权运动的发展有关。不过，焦阿姨的"性侵"叙述，依然有不同于常见模式的表达与转折。这也是我把这个故事放在性感身体章节的重要原因。

焦阿姨对这段经历的表述比较平静，至少比起之前她所讲述的"文化大革命"期间因为家庭成分而带来的生活转折以及在找对象、工作时遭遇的自尊心的伤害，要平静得多。但是，虽然"性侵"对当年的女孩子来说似乎很常见，对后期生活的烙印也没有"受害者"模式中的那么严重，否认性侵对个体的身体及生活带来的影响显然是不妥的。对于当年的那些"性侵者"不加谴责、对当年纵容这种行为的社会环境的不加谴责，显然也是有问题的。不过，无限地放大这种效应以及统一化其对不同人的后续生活的影响，无视经历者在生活中的应对策略，显然，也是偏颇且简化的。

对焦阿姨来说，她觉得这些经历对于她刚结婚时候的影响比较大。家里人在性方面并没有跟子女有过什么交流或者教育，即便是当时妹妹有告诉妈妈有男的这么干的时候，妈妈也只是气愤地说：怎么这样！加上刚开始有性生活的时候会血，出现过急性膀胱炎，同房就成了焦阿姨最大的心事，然后一同房就犯膀胱炎。彻底把病治好后，每次同房就会产生很大的心理压力,之后的两年里,从来没有性高潮,也没有任何快乐的性感受。性侵的经历、结婚时的生病,以及自己一个人睡的习惯,在很长一段时间里,给焦阿姨带来对性的恐惧与厌恶。除了疼,还有脏。但是,与很多"性侵"故事版本不同的是,焦阿姨这个故事里有"但是"。

  但是结婚两年以后,他说要去他姐姐家,我去了以后,然后她姐姐家有一本有关培养克格勃的书,培养特务的一本书,就是当年苏联到很好的那些学校去挑选很漂亮的女孩子,去了以后培养克格勃特务,结果训练以后,就是让男的上来抚摸她们。开始是抚摸她们,然后就是和她们发生性关系。发生性关系就是当天晚上就要放给她们看,当时做的时候她们这些人还没有很大的反应,但是晚上放的时候这些人全都哭成一片。就看那本书当天晚上我老公和我做的时候我有性高潮了,知道吧?第一次我才知道,那都结婚两年了嘛,我才有性高潮……

这之后,生完孩子的忙碌,加上子宫下垂等身体症状,自身不好的妇科体验,以及作为医生在妇科做检查的体验,也并没有给焦阿姨持续地带来多好的性感受。

  而且我觉得还有一个问题你不知道,我们干这个工作影响我们性的很多问题,你看从开始干妇科,然后看的就是生孩子、放环、流产,完全都是负面的对性的生理的压抑。所以我们很多结婚的人,每次男的和你说做的时候,行,做,月经没来的时候就觉得真烦人,月经没来,就恨死你了。等来月经,心情好多了,所以本来就有一些经前焦虑症,又碰到担心怀孕。我们那个年龄的时候经常聊这些事情,私下里,说哎呀怎么办,怎么月经还没来呢,这两天怎么还没感觉。每次来月经的时候就开始焦虑,就骂这些男人,等来月经以后,好了,高兴了。然后过了月经做的时候,就说别让我怀孕啊,反正就是一种恶性循环,所以我就觉得因为怕流产、怕怀孕,也影响了自己很多的性生活。当时我们30多岁的时候,我们这些同伴就经常会说这些事情，怎么办，月经还没来。

　　而且在我整个过程当中，我流过四次产，第一次流产是因为我不知道我怀孕了，我正好在那儿学习，就发现老恶心老恶心，怀孕了流产。最后到闭经的时候，因为带着环，然后我家买了一个磁疗的垫子，因为它是磁疗嘛，我估计这个磁把我那个环位置移了，移了以后我就老是月经不干净，我就做个B超看看我月经怎么老是不干净，然后一做B超人家说"哎呀，××你怀孕了"（笑），我说我带着环呢，她说你环位置错了。马上就去把环取了，接着刮了宫，结果刮了宫以后又怀孕了，然后还好这回就有流产药了，我自己吃了流产药，然后刚过五天吃了流产药，就像来月经一样，那天休息一天，就没有事，就不用刮宫了，刮过三次宫吧，所以这些对我的性生活都是很大的障碍。

　　再一个后来我看性病，我就觉得男性生殖器……所以我们这些就是不会一看男性生殖器，就会对自己有那种性的刺激，就是看麻木了……我就觉得看这种东西看多了，完全就把我性的敏感度降低了。所以我们那年轻的大夫，有的说给男的看性病，这男的"pi答"地射精了，然后把那个女大夫气得哭了。我说你别哭，我说他们经常就会有这样的人。我在看病过程中也会发现，有的男的不是来看病，他真的是一次次来跟你说，大夫，还不舒服，我说看看，再来几次我就发现不对了，再来我就找别人给他看……

　　前半段月经、担心怀孕与流产的叙事，即便在现在的年轻女性那里，也经常被讲述（黄盈盈，2012），并没有随着这几十年的变化而发生革命性的改变。从这个意义上讲，即便在话语层面身体自主的声音越来越强，甚至从统计数据上也可以看到很多性指标方面的改变，但是对待性的态度、性的感受，在更为生活的层面，女性的性/别与身体革命尚未实现，至少依然有很大的改变空间。后半段看性病的叙述，在现在的焦阿姨口中，似乎已经是稀松平常的事了，而且能处理得好，不像自己年轻时那么慌张。焦阿姨觉得自己性生活最好的时候是40多岁到50多岁的时候，感觉这个阶段自己慢慢能放得开了。这种放得开，这种身体与性/别层面更大的转折，不仅仅是因为人到中年更能感受"女人四十如虎、五十坐地能吸土"，更多的是跟她后面的工作经历有关，也与"两耳之间"观念的逐步开放有关。

> 应该说，我到后来接触这个群体（小姐人群）以后，我的性有很多一些好的东西，一个是我对性不是那么恐怖了，而且慢慢地和性工作者交流这些性愉悦的事情啊，然后无论是口交啊、手交啊这些事情，都可以，觉得无所谓这个东西，为什么不可以尝试做呢？然后我就说尤其是性高潮，都会和老公聊这些事情。如果不是接触这个群体，我肯定不会聊。再一个，像我们这个年代的人，就明知道这个事情，我们很压抑得住。我们不说，就像我今天说的，如果我们说了别人会觉得我们很淫荡，就是很放肆，所以就是很压抑。

焦阿姨的性/别叙述里，依然对于某些事情是持有看法的，比如一直处于单身的状态，或者某些性关系很乱的状态在焦阿姨看来都有问题。但是，不管是认识还是自己的身体实践，现在的焦阿姨比起很多女性，有更多正面的性表达。以至于很难跟"中国女性""老年女性""经历过性侵的受害者女性"的常见论述挂起钩来。

在整个叙述中，"性侵""性工作"这些词是焦阿姨自己给出的，这又跟她在后期接触的圈子以及日常工作的特点相关。性侵的故事，当年为何出不来，现在却能成为一种重要论述？现在的词语与论述又如何影响焦阿姨对自己当年经历与感受的认知与表达？焦阿姨在最近几年，因为工作的原因，经常参加各类培训班与会议（当然包括社会性别的培训）。这些活动显然对于她的表述是有影响的。社会运动与政治文化对于性故事的塑造（包括语言的使用），以及不同时期的这类时代文化与焦阿姨的个人生活经历的碰撞与交集，让我们在此时听到了这样的性侵叙述。焦阿姨讲述这些不好的性经历时的情感，其强烈程度远远比不上她对于"文化大革命"时期的生活与工作境遇的愤慨。"性侵"烙上的忌性身体感受、妇科病带来的忌性身体感受、作为大夫带来的非性身体感受，在后面的人生境遇中，因撞上了另一个性/别圈子、另一批人而发生了转折。对焦阿姨来说，这是幸运的。有幸,我也是这另一个性/别圈子的一员。也因此,从焦阿姨的经历及表述中,我经常能看到力量,看到创造另一类性/别与身体叙述空间的重要性。一味地谴责结构的压力与宰制,而不去挖掘生活中的抗力与策略,往往让我们看不到翻转的力量与可能。也正是如焦阿姨等人的人生经历与生活实践中迸发的力量,激发我把焦点投向积极的一面,投向反转结构性压迫的生活空间。

从焦阿姨的故事延展开,还是以我经常举例的有关"做小姐"的自我叙述来为这个章节画上一个句号。一位小姐,在面对听众与观众同情怜悯的眼光时,很容易说出:家里穷,所以出来做(小姐);但是却很难讲:我喜欢做,所以出来做。不是因为后一类"事实"不存在,而是因为我们的社会谴责这样的叙述,我们的听众不愿意听到这样的另类故事,人们有自己愿意听到的"真实"。我在导论中以及有关方法的讲座中多次提及过的小美妈妈的例子(50来岁,在香港做生意的小姐),之所以让我印象深刻,不仅仅在于她说出"其实我挺享受做生意"这样的另类叙述,更在于她讲完之后,"今天终于可以这么说了"的那份释然。这份释然,就研究主体而言,抒发了太多的社会规制对于性/别故事与身体叙事的约束,就研究者而言,则集中凸显了大时代给小田野带来的挑战,让我们重新审视"访谈材料"的天真与污垢(黄盈盈,2016)。

第二章

带着 HIV 生活

《相亲之旅》

孟林的小屋，2016.10.11

小长假期间，好友相邀我自驾车出去玩，出发前才知道，原来是个局，玩归玩，其实最重要的是陪着好友去相亲，好在男女双方互相认识，也都是病友，所以，也就去了，权当是观摩学习。

男方看上去稍微有点母，但从来不承认自己母，还一直坚称自己是双性恋，也喜欢女性，又因为年岁一天比一天大，家里逼婚实在太紧。虽然近几年相了不少次亲，但始终无果。不是门不当户不对，就是没眼缘，各种理由没谈成。却原来几年前早早就看上了这个女孩，念念不忘，多次跟我说想跟她结婚踏踏实实过日子，也清楚自己还有个 GAY 的符号，所以从来不敢主动示爱。可是，时间拖得越久，越觉得对不起去世的父亲，更不忍心让白发苍苍的老母亲整天为自己的婚事过于操心。从这个角度说，也算是孝道之人，反正，最近一段时间开始疯狂追求这个女孩，要结婚。

女孩是直女，有一双漂亮的大眼睛，脸蛋很好看，性格也很爽朗，有一次被推上手术台后又被送回病房，皆因术前查出（携带）HIV（病毒）而临时取消手术，之后便独自漂在北京好几年，如果不是内心强大的女孩，估计早就崩溃了，真是不容易。

我看出这个女孩很纠结，也跟我说，知道男孩人品不错，也很实在，但是心里就是过不了这道坎，有几次夜里梦见他跟别的男孩的那种画面就觉得闹心。

这样的选择看起来确实有点艰难。当然，也有人说，陪伴同样让人渴望，世上哪有那么多爱情呀，过日子就是慢慢培养感情，双方都要有投入有担当。如果一定要找到心中的白马王子才能在一起，不要说是感染者，就是没病的人也很难，大多数人还是很现实，找个相对合适的比非要嫁给最理想的白马王子似乎更实际一些。

想必没有哪个女孩不想做新娘，为人之母。但是，因为一个小小的病毒，这么一个漂亮的小女孩却独守了这么多年。好多女性病友也跟我说过，你没办法跟别人讲，也不敢跟别人讲，虽然有不少男孩追求，却只能婉拒，不想承受捅破这层纸后的尴尬。父母亲人也是放心不下，但是一百个关心也抵不过夜晚的孤独。所以，有的女性感染者虽然知道对方是个GAY，虽然不甘心，但还是选择了与之结婚，搭帮过日子。

婚姻到底意味着什么，我不懂，也许是春天的花朵，也许是秋天的果实，只要当事人双方觉得合适就好，都应当得到祝福，关键看自己想要什么。

不过，这次相亲之旅也让我再次感受到，感染者无论是就医、就业、就学还是婚姻，选择范围、空间、预期似乎都和感染之前不太一样了，有的问题是外在环境所迫，也有感染者自身的原因，你不难发现，很多时候我们自己觉得自己和别人不一样了，这本身也许才是最大的问题。

刚敲下第二章的题目，就心灵感应式地在当晚收到了孟林的微信消息。这个我称之为中国草根界精英的多才多艺的孟大哥，给我发了条问候：好久不见，可别忘了我们这帮苦逼孩子呀。作为在艾滋病界摸爬滚打了20多年的"老油头"，他的话带有一如既往地以调侃隐藏真情的风格。看他当天的朋友圈，是陪一个病友（艾滋病病毒感染者）去相亲的日记体故事。正好偷来（当然有征得同意），作为本章的故事开篇。

我想，那个故事是他有感而发，发那条微信也是因为触动了回忆，也夹杂着督促。从2012年开始，我着手准备"女性感染者的身体与性"的研究，其中的一个目的是把感染者的情感、性与亲密关系的议题在故事中显现，在社会上发声。其间，从策划，到收集故事，到写作，孟大哥和好多女性朋友们都积极帮忙,一起合作;惭愧的是,至今我也没有拿出一篇文章。我不知道我的研究在多大程度上与孟大哥的《相亲之旅》的创作有关,也不知道在创作此类故事上,作为研究者的我与作为实践者的孟大哥在多大程度上有交集,但是至少可以说我们俩之间存有一种合谋般的默契。

之所以关注"女性感染者的身体与性",首先与我自己十余年来参与的艾滋病防治项目的经历有关。我虽没有感染者的切身体会,却近距离接触过不少女性感染者,认真倾听过她们的故事。我深感,在中国,20世纪90年代以来的艾滋病项目基本是在医学化的框架下推行的,社会科学参与的"跨学科"实践操作陷阱多过成就。在这样的话语背景之下,艾滋病作为疾病是凸显的,而活生生的人是缺失的;感染者的医疗空间是在场的,而生活空间是缺席的;艾滋病防治的关注点是如何让人活,而不是如何活得好。

在中国社会,对于相当多的感染者来说,如何与疾病做斗争、如何获得不受歧视的治疗依然是主要问题。可是,当越来越多的人可以"日常"地活着,可以活得很久,更为切身的、生活化的议题就不能被忽略。即便疾病缠身,日子还得过,而且要尽量过得好。即便说吃药甚至治疗也成了一种日常,但是除此之外呢?带着 HIV 生活的女性,如何度过日日夜夜?如何与身边亲密的人相处?身体形象的改变与管理情感、性与亲密关系无疑是生活中的一个重要部分。在社会大众觉得感染者根本就不应该享有性生活的认识之下,这个维度的研究与讨论,也是对抗歧视、直面现实的一个重要面向。

从性别的视角看,2000 年前后国际项目引入、推动的"健康与社会性别"政策,也仅仅关注到女性感染者的疾病负担与多重歧视,即便是在认知层面,也鲜少触及女性的身体与情欲。

因此,在中国的艾滋病防治工作开展了近 20 年后,我的关注点从艾滋病的社会文化影响因素以及疾病的社会建构面向转向日常生活中"女性感染者的身体与性"。

从理论脉络来讲,我的立场是要挑战医学与公共卫生主导的艾滋病话语。这也是十余年来中国为数不多的医学人类学与社会学的学者们努力在做的。这些努力在强调"艾滋病作为一个社会问题"、艾滋病的社会文化因素方面确实做出了成绩,但是我又总觉得现有的医学社会学与人类学的分析框架看到更多的是患病者的身体,虽然强调主体的疾痛而非医学的疾病,却也并没有给性/别与情欲的身体留出更为积极、更为日常的生产空间。

就是在这样的现实与理论驱动之下,我开始查阅文献,并着手女性感染者的身体与性的社会学研究。不出我所料,这部分文献在国内外都非常缺乏,不少文献在关注"配偶间传播"问题上会论及感染者的性议题;若干文献聚焦女性感染者的生育意愿及生殖健康相关的问题;仅有个别文献,包括草根组织所做的报告,基于印度、英国、中国台湾以及大陆等地的研究,从比较正面的角度,谈及感染者的性及情感需求,以及从社会服务的角度出发呼吁社会的理解,为感染者提供更多相亲的机会或者促进更好的性生活与亲密关系(如 Caitlin,2009;赖怡因,2008;袁文莉,2011)。

与其他章节相比,本章的讲述策略是:首先更为细致地展现与讨论如何与女性感染者谈性的过程,分析进展、尴尬与挑战;连带着我们自己,打开"挖故事"的尬聊过程;然后以两个个案为例,呈现这些带着艾滋病病毒生活的女性的身体与性故事。在第一个节点,我的角色主要是一位自我审视者,侧重于方法学;在交代了研究过程之后,在第二个节点,我会尽量少一些论述与分析,更多地以访谈中的语言来呈现故事。因为,在这种连基本的声音都缺失的状态下,我觉得她们的话,本身就是很好的生活道理与逻辑,就如孟大哥的《相亲之旅》。此处的我,主要是从事选材料、编排、加黑点等编辑工作。最后,我将更加综合地反思日常生活对于作为研究者以及作为叙述主体的女性感染者的制约,探求更为积极的生活与研究情境。

一 "挖故事"的尴尬

2013 年初,我和两个学生(宋琳和方敏)去孟哥所在的艾滋病病毒感染者草根组织寻求帮助,把初步的想法与孟哥(负责人)及女性小组的联络人利姐进行交流,探讨研究的可能性及意义。之前与他们良好的合作关系以及长时间建立的信任感，加之适逢他们也在探寻如何在女性人群中多开展一些工作，使得我们在这个环节没有遇到任何困难。作为重要知情人与联络人，孟哥与利姐在建立关系、取得信任、寻找被访者这个步骤上，帮了我们很多忙。

不久，我们约了利姐聊天。这次聊天更多的是涉及她所了解到的人群的情况。利姐以开玩笑的口吻讲述了"找男人"的三类故事。

> 圈里流行三种找男人的说法。第一种可能性是找个圈里的（艾滋病病毒感染者），这样不存在谁歧视谁的问题，可问题是，圈里的男的长得太丑了（因为长期吃药，药物副作用带来肤色以及形体的改变——作者注）；虽然我们也想找个伴儿，但也不能太降低要求吧（笑）。那要是找个正常的男的吧（非感染者），又担心被发现，就算是男的愿意，还有他的家里人呢，还有以后生活中谁知道他会不会提这事呢。有的人就提议说找个（男）同性恋吧，还真有人尝试的，可是也有问题，身边没有男的吧，也就算了；你说有个男的躺在你边上，你还不能碰，那多难受（笑）……

这些玩笑至少告诉我，在女性感染者们之间，找男人、性关系这类议题是有被"开玩笑"的，以及开的哪类玩笑。这些故事让我至少感觉到我们感兴趣的问题不是一个伪问题。

但是，如一位朋友提醒的：找男人，这个中文语境中含糊的说辞，指向的是找陪伴，还是找"性"，还是有其他的意思。在后面我们访谈到的材料中，有不少被访者确实是从"找伴儿"的角度来说"找男人"的。但是，利姐的话里，对于身体（长相）、性（能不能碰）的强调，至少表明"找男人"并不仅仅是陪伴意义上的。

这个提醒背后更为重要的方法论问题是：亲密关系、性、伴侣这些我们习以为常到混用的词语，到底指的是什么；我们研究者如何用它们，被访者又是如何使用的。计较这些词语的意思，除了要考察日常生活中的用语，其意义还在于："性"（包括相关的粗话）因为其字眼的敏感与污名色彩，在正儿八经的谈话场合（尤其是学术界），经常会被我们或者置换掉，或者含糊其辞地游移到其他更为"正当"的词语上去，诸如婚姻、情感、家庭、生育，甚至性别，以及最近时髦的"亲密关系"等。这也是我经常喜欢抠字眼，一定要把概念区分开来讲的主要原因之一。因为，如果不抠字眼，"性"就越发不可见，越容易成为高大上的学术语言的权力游戏的牺牲品。

（一）"情感历程图"：社工方法的热身效应

半个月后，我们与利姐策划了一次活动，地点是在她们的活动室。那是第一次正式与其他女性感染者见面，介绍我们的研究。那次，学生组织了一次"情感历程图"的游戏；随后，我们（我和两个学生）开展了三个小组讨论。一共有13位女性感染者参加了讨论。

设计游戏的学生是社会工作专业毕业的。在利姐介绍了我们（利姐把重点放在"她们是自己人"）之后，学生请在场的人每个人画一张"情感历程图"，把生活中自己认为重要的经历标出来，给出分数；然后她又以自己为例，请大家讲解那是什么情感经历，为什么给高分或者低分。

对于这次活动，作为观察者，我的感受是：有利于寻找话茬，活跃气氛。但是，因为学生设定的是"情感历程图"，我们听到的也多是情感经历，诸如单恋、初恋、失恋、结婚、离婚等。没有人主动说起"性"或者相关故事；性，在"情感经历"中，是避而不见的。

我对于从国际上引进的类似游戏（参与式活动）的做法，有一定的保留意见；对于被访者发散式的自由畅想法、自己写日记／摄影、同伴记录性的故事等被广泛使用于"边缘人群"、被认为（必然）能更好地让"边缘人群"发声的表达方法也心存疑议。这些方法有一种本质性地排斥研究者的介入，以及简化地看待"主体的声音"的缺陷，从而忽视了对同样受到社会规范制约的"主体"声音更为复杂化的解读以及批判式的分析。它们或许有一种伦理上的"进步性"，但是至少，从方法学上看，它们也只是提供了某一类的叙事材料，并不存在天然就好的"正当性"。

我们在多大程度上可以"自由畅想"本身就是一个问题。更为重要的是，在"自由畅想"之下，那些原本就不可见的议题、那些被社会所避讳的字眼更难以浮上水面，比如性。我们的经验是，研究者如果不把"性"字提出来，如果不能像谈"麻辣烫"一样自然地谈性，则很难指望被访者自己来畅快地、主动地谈性。更何况，我们面临的困境，不仅仅是"谈性"的忌讳，更是"不知道如何去谈"。在性这个议题上，"良家妇女"的想象力是有限的。因此，我坚持把"性"显性地带入到小组讨论，以及在生活场景中的访谈与聊天。学生不止一次地质疑过这种"坚持"：这不是她们关心的议题，我们是否在"强人所难"。这就提出了更多的方法与伦理问题：什么是"自己关心的议题"；研究中的"强人所难"如何理解、是否可以。在后面的讨论中，我将重新回到对这些问题的思考。

游戏之后，我们把参加者分成了三组：在婚、单身，以及在婚与单身的混合组。三组小组讨论中，我们了解到不少面上的信息，以及不太涉及个人隐私的"理解"类问题。其中的一个策略是影射法，是向她们请教"女性感染者的性"这个问题是否重要，她们对于这个议题的看法，以及她们所了解的"她人"的情况。在小组讨论的情况下，个人的具体经历是不容易被听到的。

（二）生活情境中的访谈：走向个人经历

随后的一年中，以学生为主导，我们开始单独在生活场景中约访女性感染者，除了两人不愿意谈及自己，我们一共访谈了 11 人。因为现实的局限性，我们只能在有限的选择范围内尽量考虑到差异性与多样性。

在这 11 人的访谈中，基本都涉及对于"性"的理解，以及自己在性方面的关系与行为方面的实践。有两位女性，尤其积极地谈到了较多与"性关系"相关的内容。不过，即便是非常积极主动地寻求自己情欲的两位女性，在谈到是否戴套这个问题上，也非常小心地用"如果那男的不想戴，就不戴了；但是我的病毒载量已经很低了，不具有传染性了"来缓解自己的道德压力。在我所了解到的其配偶不是艾滋病病毒感染者的性关系里面，因为各种顾虑及告知的复杂性，大部分的女性并没有主动告诉她们的性伴侣自己的感染情况；因为"戴套"背后的文化困境，也不一定会使用安全套。这里的伦理是很纠结的，充满困境。她们除了担心被暴露从而受歧视甚至遭遇暴力，自己也承载很多的道德压力。作为研究者，我至少认为不可以谴责其为故意传播，更不能够将其"报告"了，这里面有更复杂的结构性因素需要讨论，也需要探索更为战术与策略的应对技巧。

因为人群的分散，以及由于伦理与现实生活空间的局限，我们很难像住在红灯区那样以一个社区为基点对某位女性的情欲世界开展参与观察。单一的访谈，即便是在多样化的生活空间里加上若干次聊天，其局限性还是很明显。

即便是在私下场合里，大部分女性在身体形象（用药之后脂肪转移、肤色暗淡等）、跟家庭的关系、情感这些议题上可以敞开了讲，但是在性方面，能讲的不多。其限制主要不是来自"不敢说"，更是不知道该说什么，觉得无话可讲，"不就那么点事儿，有什么可说的"。尤其是确诊之后，加上到了一定年龄，没有性生活是常态，也没什么性欲望。学生的最大访谈感受与抱怨是：她们都不愿意谈性，也觉得没什么可谈的。我们深感在现有的社会背景与忌性文化之下，要去寻求积极的、正面的"性"非常困难。

孟哥的建议是："你们找的人太'普通'了，我认识一些在外面'乱搞'的，故事多了去了……"寻找情欲方面很开放的女性，或许是一个好的研究策略，也有不少性研究实际上也是这么做的。但是，即便是所谓"普通"的女性（这里更多的指那种不是在性方面表现得特活跃，或者不是主动倾诉型的、网络表现型的、读者来信型的、主动应聘型的），积极的性、能动的身体就不可见吗？我个人固执地觉得，探究这些人的情欲身体，尤其是其扩展到网络之外的多维生活空间中的情欲身体，更有挑战性。

那么，"谈性"的方法学挑战具体来自哪里？是文化与社会结构的制约压抑了作为被访者的女性的谈性意愿，还是我们作为研究者自己也觉得难以启口？是谁不愿意谈"性"？我们这样的一种常规访谈方式，在探究"性"这个问题上，本身就有局限，还是什么因素制约了我们谈性的能力与空间？这些困难，是访谈技术的问题，还是社会文化的问题？或者说，哪些是技术的问题，哪些是社会文化的问题，哪些是兼而有之的问题？

（三）小组骨干培训会："需求"话语的纠结

2014年初，孟哥邀请我参加在东北某地开展的女性感染者小组骨干的讨论会。这次讨论会的主旨是女性感染者的需求是什么。孟哥说，我正好可以跟她们聊聊关于性方面的需求。

我印象特别深的是，在"需求"讨论的环节，有女性感染者列上了

"急需择偶"。不过，很快，孟哥就给我泼了冷水：她们是因为看到你坐在这里，知道你是搞性研究的，才"勉为其难"提到这个的。换言之，我已经成了一个"性"的符号。我不太甘心这种"勉为其难"，也不满足于"择偶"对于性的替代，直接在后面的讨论中提到：性方面有什么考虑，目前的性状况如何，即便没有配偶，怎么看自慰，女性性高潮之类的事情。这种挑战，倒是没有引起反感，除了换得一些"咯吱咯吱"的笑声之外，很快这些话题就会被岔过去。孟哥和另外一位女性负责人安慰我：性还不是需求，她们有更多的其他方面的考虑，比如治疗，所以不愿意聊性。

这次讨论会激发了更多的问题："需求"是什么；谁的"需求"；是谁绑架了我们的，或者她们的"需求"；社会，项目，草根小组，我们研究者，还是作为个体的女性自己也是共谋；我也不得不面对"她们自己说的"这些主述语言的复杂性；也不得不把学生的问题转向我自己：那么执着地要谈"性"，合适吗？

但是，讨论后期的一次转机，又给了我"谈性"的信心。当孟哥许诺找资源来给社区的女性感染者朋友们安排一次免费的两癌筛查（乳腺癌与宫颈癌，也是被提到最多的女性需求）时，我"恬不知耻"地许诺在下次开会的时候给她们带"跳蛋"（女性自慰器的一种）。这个建议得到了若干人的欢迎，至少没人好意思拒绝，这让我又看到了进一步探究"女性情欲身体"的希望。此外，很重要的一点，因为都住在一起，在会场外观察到的某些女性如何打扮自己、如何相互开（找）老公或男朋友的玩笑，也进一步让我感受到正面的身体力量以及对于积极的"性"的商讨空间。

（四）艾滋联盟会议的女性分会场："跳蛋"激发了"性趣"

2015年初，孟哥邀请我参加在北京开展的艾滋联盟会议的女性分会场。这次会场上的大多数人我都已经认识了。大家一看到我，自然扯到了"跳蛋"的议题上。为避免她们尴尬，我自己购买了口红式（便于携带又很隐秘）的跳蛋，在家组装好，到现场给她们。为了避免假冒伪劣产品，尝试过之后，我才敢发给大家。这里还有一个小插曲，在网购了20多个跳蛋之后，我接到了后台服务生的电话："女士，你确定是要买这么多吗？"试图保持冷静的语气里，略带不可思议的戏谑。

这次的貌似玩笑式的"非"学术性的"切身"实践，实际上却是打开这个话题的最直接以及最有效的方法。因为一些不可控的因素，我没有机会跟她们聊"用户体验"，但是从她们的表情、开玩笑以及个别人的"抱怨"中，"女性之性"以及情欲的身体开始更为赤裸裸地呈现。

"跳蛋"的尝试，其意义不仅在于刺激研究者更为积极地思考适合女性感染者人群的生活情境与研究情境，还在于思考研究与行动的复杂关系。什么是研究？什么是行动？研究者可以在多大程度上介入研究主体的生活？研究又在多大程度上影响了研究者的生活？从坚持要"谈性"，到反思自己以及学生开口谈"性"的迟疑，到购买性用品，自己尝试，跟她人交流经验——在扎根于生活的研究图示里，我们无处藏"身"。学生的不舒服感，我们的情感与身体，我们的情欲以及对于情欲的限制在研究过程中越来越具有在场感。此外，虽然对于不能赠送质量及功能更好的"跳蛋"略感抱歉（太贵了），但是事后我在情感上、伦理上略为释怀，感觉从通过赠送"跳蛋"这么一个具体的小小的物体，遵守了我的一点点许诺，不管效用如何，至少承载了我的回馈与感激之心。作为小小的花絮，在原文的微信公众号刊出后，有读者用"行动研究"赋予了"跳蛋在研究中的使用"以新的意义。

二 带着 HIV 生活：木木与李纷的择偶故事

People living with HIV/AIDS，这是标准的表述艾滋病病毒感染者/艾滋病患者的英文。在很长一段时间里，我只是把它作为一个称谓，并没有留意这个词的内在含义。直到最近，当我更加自觉地对日常生活感兴趣的时候，再来看这个单词，忽然有一种不一样的触动。对我而言，这个词忽然之间带有了温度与生命。带着疾病生活，带着 HIV 生活，这在一方面显示着感染疾病的客观身体状态，另一方面更有正视疾病，继续生活的乐观意涵与无奈下迸发的力量！也因此，第一次，我在讲这些人的故事的时候，毫不犹豫地把"带着 HIV 生活"作为主标题。

（一）木木

木木很漂亮。我第一次见她的时候是在开展这个研究之前，当时我们参与孟哥机构组织的一个有关艾滋病病毒感染者的医疗与生活的定性研究，在一次卡拉 OK 聚会上，唱到一半的时候，进来一个充满笑意的姑娘。木木是属于让人眼前一亮、很爽朗的女孩，经常人影未至，笑声先落。后来在这个研究前后，也从旁人口中慢慢听到了一些有关木木的故事。此外，她也是志愿者，还积极帮我们找愿意参加访谈或者小组讨论的人。

木木的故事梗概是这样的：

> 木木今年 30 多岁，离异，目前有男友。20 岁的时候嫁给一个比她大 10 岁的男人，其前夫喜欢年轻的女生，而且经常拈花惹草，所以离婚了。离婚之前患上了抑郁症，在一个男网友的鼓励下进行治疗，两个人产生感情，她是被这个网友传染上的。网友有妻子，常年在国外，本来他准备离婚，但是妻子突然回国，所以木木跟他分手。数年后木木查出来感染了 HIV。
>
> 木木总共有 6 段感情经历，最深刻的是跟前夫那一段，离婚对她的伤害很大。得知感染后交往过两名男性，均为 30 岁左右。上一任男友差点谈婚论嫁，但是因为觉得对方年龄太小，而且不愿告知感染者身份而分手。跟现任男友没有打算长期过下去，年龄不合适，性格也不和。
>
> 木木想找比自己大的，但是大多数都已经结婚，而且因为交际圈内年轻人较多，所以没有合适的对象。不想找圈内人，觉得两个病人组成家庭负担太大。对于结婚抱有谨慎的态度，宁缺毋滥。性方面不太有欲望，觉得性欲可以很容易被其他东西替代。与男朋友有性生活，因为查不出病毒载量，所以没有采取安全措施，也不准备告知对方。家人均知情，是家人的重点保护对象。家人支持她找对象，但是不希望找圈内人，也不喜欢年纪比她小的。但是不会强行干涉。木木刚做完输卵管一侧切除手术，觉得身体和各方面的条件都不适合要孩子。喜欢孩子，把妹妹的孩子当作自己的。在社会交往方面，木木过去很活跃，现在因为生病，而且变胖，所以不太打扮，跟过去圈子里的人也不太来往了。有一个很好的闺蜜，是其非常重要的情感支持来源。

木木在我们碰到的女性感染者里面是属于非常"都市化"的那类女孩，过去混迹于时尚圈，现在也还经常写点文字。她的讲述涉及生活中的点点滴滴。我暂且只是挑两点非常切身的内容来讲述带着HIV生活的女性，其生活是怎样的。一点是有关身体形象的改变，另一点是性与婚姻关系的实践。

感染HIV病毒，除了体现在对生命的威胁，对于木木来说，也意味着身体外表发生了变化。与大多数疾病不同的是，这种病毒不仅仅是隐在的、内在感受式的健康问题，也不仅仅是后来发病带来身体的极大改变，更是在中间用药期间就会在呈现式的身体层面发生明显的变化。常见的，有的人会脸色发暗，有的会脂肪转移。

早期吃的一些药脂肪转移的副作用很大，那时候屁股和腿上都没有脂肪的，一拳头下去就凹进去，别人看见肯定会问你怎么这样了，我也不能跟人家说。

对于木木来说，变胖是其中的一个重要体征。

问：这个病对你身体上有什么样的影响呢？

答：我已经不会再像以前那样爱美了，或者是那么自信了，至少我现在心理是不那么健康的。然后为了身体健康根本不顾及形象，身体上的感觉比较少。

问：就是觉得心理上的改变比较大？

答：对。其实我跟你讲，即便我得了其他的病什么的，也是因为长期的心理压力造成的，我觉得这个圈子里的好多姐妹又是妇科（疾病），又是这，又是那的，全都是压力造成的，真的是压力。女人的压力比男人的要大多了，太多的东西，要比一个男人（面对）的东西还要多，比一个健康的男人还要多，压力太大了。

问：以前很爱打扮吗？

答：以前你想我穿梭在各个party里面，在北京，全都是一些外国人的party，可以说基本上全都是时尚圈的人，现在都不怎么太来往了。以前为了定做一件礼服，可以在台湾请师父的那种，现在我买的一百块钱的衣服，自己都乐了。特别是女的，你应该知道，一旦胖到一定程度的时候就不太有那个心思了，就基本上相当于放弃了。

问：你这个跟经济状况有关系吗？

答：也有关系，当然也有关系。以前是有固定的工作跟收入，现在是没有的。现在要是想要自己经济好过一点，那就得让自己累一点，你要是想让自己没那么累，那就只能少花一点。

问：除了这个以外，别的方面你有没有什么影响？身体上的？

答：没有。因为我现在的状况，我估计我是那种10年发病或者15年发病的，或者我侥幸的话不发病的那种，目前是没有什么感觉的。

问：你以前很瘦吗？

答：我以前很瘦，腰身从来没有超过一尺九，得这个病之前。反正我现在就留了一件裙子，拿出来连一半都塞不进去了，哈哈，到腿都费劲的那种。

问：长胖了跟这个病有什么关系呢？

答：有啊，你必须得保持你的营养啊。去年我强制自己减了一下肥，就是运动啊，然后晚上不吃东西那种，我真的减下来了。但是那年我身体就特别不好，然后今年检测身体好了，就是因为我又胖回来了，太有直接关系了。你总要放弃一点儿东西。

木木的情况算是好的了。对她而言，变胖是主要的身体变化。不仅仅是要保持营养，也有心理方面的压力等，这使得其身体形象改变很大，不像以前那么注意穿着打扮。不过，如果引入其他场景的话，那么在一次工作坊类似的活动上，空闲之际，我倒是看到木木替其他人打扮化妆的场景，她为人乐观。如很多人一样，感染HIV，身体的改变也带来了木木对于生活态度的变化，她对自己的未来也没有很好的打算，按照她的说法：

因为不及变化。不一定什么事儿会突然来一下，你又得变化，还不如走一步算一步算了。比如你碰一高的台阶你就使点劲，碰个小的台阶就小步迈，就只能这样，潇洒点儿，今朝有酒今朝醉的那种。

木木是比照着之前的"风光"生活来讲述自己的改变的。而我认识的不少人，尤其是农村出来的女孩，在感染后，因为接触了一些小组与其他的姐妹，反而更加注意自己的形象。按照她们自己的话讲，当初就是农村一个"老娘们"，现在呢，在为感染者争取权益的路上，久经磨炼的身体，无论是在穿着打扮上，还是在言谈举止上，说是有很大的改善与提升也未尝不可。看着她们谈笑风生的脸，我很难想象，那几位自称（也被孟哥戏称为）"老娘们"的中年妇女，CD4 细胞只有 50 个（CD4 是人体重要的免疫细胞，一般人的数量在 500~1600 个），随时面临生命的威胁。

身体的改变、心态的转变又会与婚恋与性关系的实践产生怎样的关联？暂且不管这些女性感染前的性经历以及感染的途径（相当多是其老公或者男伴传给她们的），感染了 HIV 之后，社会舆论乃至医学话语关注的都是如何防止她们再传播给别人，所谓二次传播的问题。也就是说，感染者基本都是被作为感染源来对待的。在这种认识前提之下，感染者们最好就不要有性生活了，免得"祸害其他健康人"。在艾滋病的研究领域，但凡与性有关，基本都是有关性传播的。对于这些人的性与情感方面的需求，或者干脆认为其不可有，或者战战兢兢、犹犹豫豫地表示这些人有性权利，但是又有非常多的附加条件与顾虑。这样的话语，显然也影响到了女性感染者自己的认识与论述。只是，这些话语在生活面前往往显得单薄与不接地气，当其与生活实践碰撞在一起的时候，也往往会带来更为复杂而动态的效果。

木木是属于很招人喜欢的女孩子类型，因此不乏追求者，也有自己心仪的人，但是一旦牵涉婚姻，就因为各种原因自己先行躲开了，其中包括对自己感染状况的担忧。木木在被感染后，主要经历过两段亲密关系，虽然对性不是那么热衷，但是相比于很多女性来说，在情感与性的关系上，经历还是比较丰富的，目前她也正处在一段关系之中。我把访谈以及其他方式获得的材料打乱顺序，进行了重新编排，也将以大量的引文来展现带着 HIV 生活的女性，在情感与性的经历上，有着怎样的考虑与感受，又有什么顾虑与期待。对于我认为重要的部分，以加黑处理。

问：你刚发现这个病的时候有对象吗？

答：没有，刚发现的时候，我跟别人是不一样的，我刚发现的时候我觉得是一种心理的下意识地回避，回避承认这些东西，我会跟别人说，也会跟自己说，我接受这个病了，我还能活多久多久，我身体挺好的，然后对这个病进行了一系列的了解，还做了好些年的志愿者，我都觉得我自己完全接受了。所谓歧视，我还没遇到过，就当时还没遇到过。**所以我没觉得有任何阻碍我生活的地方，只是我不能结婚了，但是我从始至终也没有觉得结婚是个（必需的事情）。**所以我前三四年左右，我觉得对我一点儿影响都没有，我觉得我精力充沛，我可以帮助别人，就是那些走不出来的。反而是时间越久，经历得越多，才发现自己是蛮在意的，其实是比别人更在意，只是不像别人那种能表达出来，能宣泄出来，就是真正正面地去接受，其实不能，其实做不到。

……

问：那这个病对你找对象，或者是感情经历这些上面有没有什么影响呢？

答：当然有影响了。**如果不是这个病，我肯定放开了找，我肯定找条件最优秀的，都找得到。**我不能说哪个公司，有个国外的公司在中国驻扎的那种，他们的CEO对我特别好，追了我四年，我不能答应他，就是我闺蜜的男朋友的同学，我不能答应他。好多条件的好，而且我特别欣赏的那种，但是我没办法答应他。

问：就是觉得不能跟他说这些事情？

答：绝对不能说，因为那是我朋友的同学。而且他的社会地位，就算是他接受了，我也不可能和他在一起的，包括有些演员什么的，我不可能跟他在一起。这事儿如果一旦公开了，那就是天大的事儿，不光他毁了，他家也毁了，如果我跟这个人在一起。我就得找一个默默无闻的，没有人会在乎的小人物，我找对象肯定会（受影响），这就是影响。然后你也不可能真的找那种一文不名的人，你将来真病了，他真养不起你啊，他真伺候不了你啊，就很尴尬的。

问：就一个合适的都没有碰到？

答：可能是我想的太多，这个圈子里毕竟还是有姐妹们结婚的，而且也是跟正常人，但是我要求的可能是（比较多）。没关系，反正我有家人，老了再说吧，我不在乎。现在我不在乎，就算心里再着急，我也不太想说就赶紧胡乱抓一个，或者就冒个险，觉得这人合适，我就告诉他，不想。

……

问：那你上一个男朋友在一块儿多长时间啊？

答：一年，上一个男朋友挺好的，他家人也特别特别好，他家人特别特别喜欢我……天天见。他们都住在一起。他们家开了一个店，总去帮忙。后来是觉得不能这样了，他太小了，就老是贪玩，我说你老是这样停滞不前，你总得学点儿什么，就跟当妈的一样操心。他也烦，打游戏，哎呀，这怎么办呢。而且我还总被拴在他们家店里，我也什么都干不了，后来我一急了，就说我也去做我的事业了，也没说分手。我一旦做事业了，他就觉得我不理他了，就慢慢慢慢（分手了）。后来我一看，事业做得挺好，我写东西什么的，每天见客户什么的，见见导演制片什么的，觉得没他我挺充实的，干吗回到以前的日子里，就果断地跟他分了。他妈和他老姨嗷嗷哭，那也不合适啊……

问：那你和上一个男朋友当时都已经到了快结婚的那种程度了吗？

答：他们家天天逼婚，什么时候结婚呀，他们带小孩呀，全都是这种。因为他们家全都是长辈嘛，就住在一起。因为他姥姥病了，老说我俩结婚能给她冲喜，听到这俩字儿我就觉得瘆得慌。

问：这个也有一定的压力吗？

答：特别特别大的压力。

问：那你父母当时怎么看这个男的呢？

答：我父母不喜欢他，就觉得他太小了，现在这个他们也不喜欢，就比我小的我父母都不喜欢。

问：他们都比较传统？

答：特别传统。反正我一分手我妈就说，哎呀，终于分了，之前什么话都不说，就说哎呀这个不行呀，分完以后才敢吐口气。

问：那你在谈的时候他们也不反对？

答：不会，怕伤害我嘛，我不是重点保护对象嘛。

问：那你想过要一个小孩儿吗？

答：以前特别想，现在不太想了。年纪大了，特别是这次输卵管切了一侧，哎呀，好像我负担不起那种当妈的责任，负担不起，因为我没办法给他找个好爸爸。可能好爸爸有的是，但是在我这儿都被屏蔽了，我看不出来哪个好，哪个不好，所以就这样了。估计要孩子的可能性连10%都不到了。我妹妹有个孩子，我也把他当自己的孩子，就这样了。

……

问：你跟你男朋友性生活多吗？

答：正常吧，每周两三次那种的，完全正常。这是碰见的时候，碰不见就算了。

问：那你们俩也不会戴套吗？

答：有的时候吧。因为我现在病毒载量是查不出来的，然后我的CD4什么的都是超高的那种，所以现在我身体指标其实是比正常人还要健康的，就目前，也不敢保证永远，哈哈。

问：那他不知道。

答：对，他不知道，怎么可能轻易就信任一个人。

问：那你跟他在一块儿是出于什么样的考虑呢？

答：就有个伴儿。一个女生，寂寞久了吧，待烦了就分了，然后再寂寞久了就再找一个，就这样吧。

……

问：那你跟他发生关系的时候，会因为这个病有心理上的阻碍吗？

答：我不会，我知道自己很健康的，如果我发现自己不健康了，我不会再找，或者是有措施之类的。但我估计我不再找的面儿比较大，我可能会有这方面的自卑，但是目前没有。

问：现在没有这方面的问题。

答：没有。

问：病毒载量是会有变化的，对吧？

答：对，你身体不好的时候，病毒载量就会多，传染的概率就会变高，如果病毒载量降到一定的基数下，那你传染的可能性也不能说百分之零，也可能是百分之零点几或者是百分之几，超不过5%的样子。

问：好像说女的传染给男的本来就不太容易。

答：本来就不很容易，男的传染的概率比较高。

在这段故事里，有一般女孩子对于情感与婚姻的看法，有一般家庭对子女婚姻的期待；有木木因为感染了HIV而生发的诸多顾虑，也有木木家人为保护感染的女儿而对她的支持与体谅；有对自己的自信，也有因病而闪现的自卑；有对他人免遭社会歧视的保护，也有对于不戴安全套的解释以及语调中隐藏的略微的不安。其中的味道与情感，留待读者自己在字里行间去慢慢体会与想象。

（二）李纷

李纷的故事，跟木木不太一样。李纷是个胖胖的可爱年轻女孩，也是个很乐观的、带着笑意的人。相比于不少女性感染者来说，李纷是比较幸运的，因为家里人对她都特别好，按照她的说法：

> 我们家，我刚得病的时候，我妹妹才刚上初中，她就说"姐姐这没什么"。我们家在我得病之后反而亲情味更浓了。大家没事儿就会聚聚。

家人的支持、闺蜜的存在，对于感染了HIV的女性的生活来说，尤为重要。

李纷是因为之前的一个谈婚论嫁的男朋友而感染了HIV，现在的男朋友则是阴性（没有感染）。因为有家人的支持，她现在住在叔叔家，平常帮他们买买菜、做做饭什么的。偶尔也会来机构这边交流交流，做点志愿工作。

李纷现在有一个很好的男朋友，男朋友虽然知道她的感染状态，但依然不离不弃，只是由于男方家人的反对，也出于对男朋友的体谅，李纷主动提议分手。即便分手，即便男方因为家庭的压力而与别人结婚，两人还保持了非常好的亲密关系。在讲述这段感情故事的时候，李纷的语气与其说是遗憾，不如说是欣慰，甚至略带自豪与"炫耀"。

问：那现在身体还好吗？

答：最近就是妇科有点儿毛病。因为长期没有性生活，就容易感染炎症。自己吃点儿药就会好些。女的一般30多岁容易那什么（感染妇科炎症），女性生过孩子都有可能得什么子宫肌瘤啊什么的，没生过孩子也有可能。但是我觉得我跟男朋友在一起的时候一直没有。在一起七年，之前四年我是不知道的，后来三年我是知道的。但是那四年我们也没怎么出过问题，也没得过什么病。

问：会有那个吗（性生活）？

答：有啊。但是他没有感染上。我们家人就说好人有好报呗。但是他那个人也特别好，那三年他知道了也一直没走。因为我父母在果园也没有时间照顾，他就说他来照顾，害怕我父母辛苦照顾不好。这几年经历了这些事儿，也都挺好的。我们都比较坚强了，面对了太多，所以对有些事儿我们都不太在乎了。

问：那后来是你主动提的分手吗？

答：他之前那个什么，他知道以后他也照顾了我很长时间。我爸我妈就觉得挺拖累他的，反正我爸妈也是挺善良的人。就说不能老耽误人家，人家最起码还是个好人，你这样老拖着人家也不叫事儿。我爸妈就把我接回去了，接回去以后吧，他那个，就挺想我的，就觉得不愿意放弃的那种，说还愿意照顾我。（我爸妈）就把我接回来了，接回来就是后三年了。因为我回去没多长时间他就把我接回来了。但后来吧，随着年龄越来越大，他们家也着急，因为他们家知道我得的是什么病，所以不让他跟我在一起，完了他就偷偷地，一直偷偷地。完了我内心也觉得挺对不起的，你说这么一个好人，就因为我，跟家里人闹得不可开交。我就跟他商量，我就说你要是走了，我还是会好好活下去。后来他就还是没想走，但他奶奶得癌症了，没办法了，他奶奶就强迫他必须得结婚。他第一次跟那个女的见面还告诉我，说他不太愿意。我就说那你奶奶怎么办啊，你总得给她一个交代啊，完了他就说再看看。那个女孩吧，就剩女呗，比他还大两岁呢，就主动约他出去玩，后来那个女的发现他还挺会照顾人的，而且我男朋友也长得挺帅的嘛。那女孩要不是跟他一个地方的，还成不了，他还会继续跟我在一起。因为之前别的地方很多人跟他介绍他都拒绝了，死活不愿意。之前北京那个还是在日本留过学的女孩，人家很中意他，他都还是不愿意。

问：嗯，那他还是对你比较有感情。

答：我们两个，就目前为止，他已经走了三年了（分手）。但是他每天早上都会定点给我打电话，因为我8点吃药嘛。到现在为止，每天都是。每天都会这样。我妹妹那天还说我：你看某些人都离开你多少年了，都还是天天电话不断呢。

为这事他女朋友之前还闹过，闹得也挺厉害的。她女朋友就说要么离婚，要么你就从此以后都不许跟她打电话了。可是人家后来又重新买了一个号。所以我说，其实这个男的真不让你管啊，你怎么都管不住。人家偷偷地，你总不能24小时都跟着他吧？完了他就偷偷买了一个号给我打，完了后来他又换工作了。就把他之前的那个号码给我了，就偷偷地给我打，反正就是想尽办法不让他女朋友知道。我一直说，我说，这男的真要管不住了，你怎么管都管不住的。他要心在你这儿，他永远也跑不了。

其实我们分开，还是因为我有这个病，而且他家人也知道了。反正要给家人一个交代呗。咱做人的，中国人不都这样，活着不都是为了给家人一个交代。而且他们东北那边对这个（传宗接代）还是比较看重的。

不过我从来没有主动给他打过电话，有时候他给我打好几遍我不接，他就质问我你干吗不接电话啊？我说总这样哪成呢？感觉我们这都有点做贼似的。虽然三年的时间不算挺长的，反正一个人也就这么过来了。

问：那你是因为心里有他（前男友）这个寄托，所以就不想再找吗？

答：嗯，我还有一层就是，找谁都不如这个。因为总会下意识地去比较，总觉得谁都不如他。反正我是觉得现在让我再去找一个，太难了，要重新去接受一个人太麻烦。主要是我之前遇到的这个太好了，再让我去找个，我觉得有点儿难度。

……

问：那你在不知道自己得病之前跟你男朋友有性生活吗？

答：有！但是他一点事儿都没有。我们有时候戴套，有时候也不戴套，就为了不怀孕会带。但是一般不是排卵期的时候都不会戴的。

问：那他知道你的病之后，你们就没有再发生性关系了吗？

答：有时候也有，但很少，几乎就是没有。而且每次都会戴套了。当年那会儿我自己不懂，要是懂得保护自己，今天也就不会这样了。现在我就老教我妹妹，说你以后有男朋友了一定要有防护措施啊，别像我一样。因为有时候有些病对方可能也不知道。有时候他想害人了，不告诉你，你看不出来也不能怎么着吧。还好没有传给我男朋友，这样我心理上至少会平衡一些。要不然这一个人就真是生生给害死了。哎，我可能上辈子是恶人吧。反正我心态比较好，我就这辈子做个好人吧。现在在群里大家有什么事儿找我帮忙，只要我能做的我都帮。

这样的经历，在我们的访谈中并不多见。我们的不少被访者，其老公也是 HIV 感染者。即便对方不是 HIV 感染者，女方基本会采取隐瞒的方式，因为害怕被其他人知道后的可怕后果。也有的人，因为吃药或者其他原因，被动暴露了得病状况，其结果往往不是那么乐观，轻则遭遇冷漠，重则被离弃甚至遭遇暴力。在听这些故事的时候，很难只是把重点放在"疾病的传播"上，我们更多地感受到的是这些女性在生活中不得不面对的各种顾虑、困境与纠结，以及她们采取何种生活的策略来应对这些困境。生活的复杂、社会的各种力量以及人性伦理的纠结，也经常蕴含在这些表述中。这些，又怎能是干巴巴的医学话语所能概括的？我们又怎能冷漠、一叶障目地只看到疾病，看不到人?！对于带着 HIV 生活的人，其实也包括很多人的生活，非黑即白是特例，困境才是不得不面对的人生常态。

李纷在访谈中也谈及对于感情的期待以及日后生活的打算。

问：那你自己现在对感情有什么期待吗？

答：反正家人也鼓励。如果有就找，但前提条件是对你好，对你不好就不找。

问：那你自己的想法呢？

答：我自己也是这种想法。关键是要对我好，对我不好我不想找，真的。我有时候也会想，不比较，随便找个人凑合就得了。也就是一瞬间地会那么想，想完之后也就不会那么想了。包括现在很多时候我也都会想找个人得了，有时候特别孤单的时候就会想随便找个人得了，但是后来想一想也就过了，也有人陪我，后来妹妹也回来了，我就觉得没人陪我也没事儿。也不是说我天天就是孤单着，家里还有人。

……

问：那现在跟以前的朋友还会有联系吗？

答：没有，没联系了。后来我男朋友给我换号了，他说免得一些闲言闲语你听见了也不太好。我之前的QQ也没有用了。

问：那现在就是和圈里的人联系比较多吗？

答：对。上次跟我来的小红和丽还是比较熟的。我现在是没什么压力了。刚开始我父母是坚决反对我再找一个，说不行，我们家养你一个就够辛苦了，再找一个怎么养活呀？但是现在看呀，这么多年我这样也挺好。后来我爸看我岁数也大了，就说你要是真有合适的就找一个，随便你怎么着都行。

其实家里人对我没什么要求，但是他们都希望我找一个，包括我男朋友也说希望我找一个，说怎么着你也有个人照顾，这样生病了至少有人可以端水什么的。他们还老说要我别要求太高。但是我觉得吧，你这人真要是没要求了吧，人家还觉得你不太靠谱。反正我觉得群里好多人都找到了，我还没找到。她们年纪小的都找到了，不过都是在圈里找的。都年龄比较小，像我这种就是老剩女了，没人要啊。反正我就觉得做人要问心无愧吧。人家可以对不起我，我不可以对不起别人。反正我这人比较随和，没有自己的个性，百依百顺的没自己的想法。我病友就说她要是个男人肯定娶我，没有自己的想法百依百顺的多好啊。

……

问：那你想过在圈内找吗？

答：也在考虑，但是就一直没遇到合适的人。反正我还是想找个东北人。我不想找南方的男人。我觉得南方的男人缺少那种会呵护你的那种气质。

对于今后的生活，如大部分人一样，李纷也没有特别的打算与期待，家里人、朋友圈也发生了一些变化。她自己呢，平时喜欢打游戏，觉得生活中也有可以替代的内容。不管是出于无奈还是因为找个伴也确实不容易的生活现实（包括那套投射到大多数大龄女性身上的"剩女话语"），对于婚姻，"一直没遇到合适的人"是单身女性的一个常见解释，不管感染与否。

三　日常生活的制约

（一）与女性感染者"谈性"

先回到第一个"挖故事"的节点。与女性感染者"谈性"的过程中，日常生活的规范无处不在，不仅仅约束了研究主体（不好意思谈及不知道怎么谈），也约束了研究者（性不重要，这不是她们的需求）。

1. "谈性"与边缘女性的生活世界

面对身处道德与社会边缘的女性群体的生活世界，"谈性"的研究实践提出了一系列方法学问题：她们如何谈"性"、谈"身体"？为什么在公开的场合更愿意谈用药、治疗；为什么在需求的列表里，乳腺癌与宫颈癌的身体是在场的，性的身体是隐蔽的？性对于她们来说"真"的就不重要，还是这种"真"或"假"已经被社会的各类"需求"建构所绑架？

这种感受已经深入到身体与情感层面，以至于相关的挑战会带来不舒服的感觉？那么，在研究中挑战这样的、已经嵌入到身体层面的"绑架"是否合乎伦理？谈论让人不怎么觉得舒服的议题是否合乎伦理？我们作为研究者，在多大程度上可以且需要挑战这种"不舒服"的情感？（何春蕤，2011a）

我的初步回应是：我们自然不能天真地认为女性说出来的话就是主体声音与需求，社会规范与权力如何嵌入了这种需求话语的构建是一个需要正面面对的问题。女性谈性的实践，反射的是社会对于性的态度与价值观。研究者探究，甚至批判性地挑战这种"需求"话语是必要的。换句话说，我认为在涉及敏感议题的研究中，行动取向难以避免，而且也不需要避免；甚至可以说，研究本身就是一种行动，就是对沾满尘垢的日常生活的挑战。相对于所谓的价值中立，这恰恰是更合乎伦理的。但是，复杂性就在于，我们又要时刻警惕以启蒙者的、高高在上的姿态出现，或者简单化到仅仅套用概念、理念，对事情不加分析、只喊口号的层面。在此过程中，需要更为复杂地思考，允许纠结，鼓励小心尝试与具体分析。在这个意义上，相比于通常所说的行动者，研究者会显得更为保守与谨慎。

2. "谈性"与女性研究者的生活世界

研究者也处于生活世界，受制于社会规范。"谈性"的挑战不仅仅来自访谈的技巧，也来自女性研究者的身体与情欲方面所受到的约束。

我对于研究者是否一定要与研究主体共享生活经验这个问题有自己的保留意见（比如研究小姐，那么你要做小姐；研究婚外性行为，那么你自己要有这种经历）。对于那种高调的质疑——只有情欲解放了的研究者才能做好情欲研究，我也持有保留意见。其中，虽然也有略为不甘心地为自己辩护的私心，但我确实认为至少两个方法论问题需要讨论：研究者能否做得到；研究者与研究主体在多大程度上可以"共享经验"。

对于研究者身份与经验的本质性质疑有一个潜在的假设或者认识。首先，这种认识忽略了研究者也不过是生活中的常人一个。对研究者的审视，对自身的挑战本身可以是也应该是研究的一部分。其次，这也与我们的研究问题有关，我们是研究"身体感受"与"情欲体验"本身，还是某个具体时空中、某类人群的"身体表达"与"情欲实践"？身体、情欲，不是脱离时空的抽象概念，而且不同人的身体实践、身体感受以及其所处的情境是不一样的。在方法学经历过反身思考阶段的今天，我们强调研究者的体验及感受的重要性，但是，我们显然也不能仅仅靠研究者的个体感悟与"推己及人"。"共情"的程度、界限、优点、局限是复杂地存在着的。差异性的生活经验提醒我们，在研究中，如何理解他人，不仅仅是态度的问题，更是能力与学术训练的问题。

在学术训练过程中，尽管"脱敏训练"可以让研究者谈性不色变，尽管访谈技巧的训练也有助于研究者可以在不同的场合把聊天更好地进行下去，但是嵌于日常生活中的性与性别文化对于研究者身体与情欲的切身制约仍然时不时显现。在与某些女性，尤其是女性感染者，或者身患乳腺癌的女性"谈性"的时候，我们很容易产生这种疑惑：性，相对于身患疾病的女性来说，或许真的不是那么重要。因此，有些关于性快乐的议题自己都很难张口。经常的，是研究者首先忌讳"谈性"，以"这个问题不重要"而转移话题。正如 Vance 批判性地指出，"据说，贫困阶层仅仅对具体的、物质性的和与生活保障有关的事务感兴趣，因此，面对贫困阶层谈论性的快乐是不礼貌的，而且是糟糕的政治实践，就好像性与贫困阶层的基本生活无关（Vance，1984）"。正是类似的自作聪明式的假设限制了研究者谈性，或者为"性不重要"提供了合理化解释，加剧了忌性的文化。

我们也会真糊涂或者假糊涂地以亲密关系、婚姻、伴侣、感情等词语替换掉刺耳的"性"字；一不留神，我们会把身体、情欲作为学术时髦升华到抽象的层次或者文化批评的层面去讨论，而拒绝落到现实地生活着的人的"身体技术"（莫斯语），拒绝使用更为赤裸裸的"性行为""性技巧""性高潮"甚至是"操""口交"等字眼。研究期间，我们也可能（经常）要挑战某种不适与尴尬，这种不适与尴尬恰恰也是田野工作中的一种日常。

研究者与研究主体都是在制度下行动，在各类制约中寻求突破口，只是不一定同步。很常见的，相比于研究主体，高学历的我们在自己的生活中受到的身体与情欲层面的束缚更大。这也是为什么学术界对于身体、性、情欲的讨论要远远滞后于生活的原因之一。这种滞后，让我一度怀疑我们做这类研究是否有意义，或者说对谁有意义；我们是在挑战他人的身体与情欲，还是在挑战自己。不正视研究者群体的局限与复杂性，或者简单地批判研究者不够情欲开放,都只会把情欲的讨论流于纸上谈兵,或者空喊口号。

3. 探寻积极的生活空间与研究情境

所有的资料与经验都是沾满尘垢的(罗宾语),尤其是指向边缘人群的时候,subaltern(下属群体)确实很难发声(斯皮瓦克语)。因此,日常生活的经验研究,要警惕成为一个"天真的经验研究者"。"人们的日用而不知的所言、所行、所思和所感之规律常常是论述权力运作的效果,我们在习焉不察的情况下,它通常早已深深地镶嵌在我们的身体律动和语言陈述当中,以至于我们会在生活实践中不断地重复再制这个规律而不自知。"(周平、蔡宏政,2008)。

但是,尽管限制重重,我坚信对于活生生的人的身体与情欲的研究,社会学与人类学的质性研究方法,尤其是日常生活的经验研究是重要的。我的努力方向是在具体的方法层面探寻更为积极的生活情境与研究情境,更为建设性地去激发"主体"的声音,了解日常生活的逻辑以及日常地生活着的人。在针对女性 HIV 感染者的研究中,我们也在试图从不同层面积极地扩展田野的边界,从不同角度、不同的空间试图更加综合地运用不同的方法来"理解"女性感染者的身体与性。在两年多的时间里,我们以不同的方式(游戏、小组讨论、闲聊、访谈、讨论会、观察、自己写故事、qq 群的讨论)与不同艾滋病群体(草根小组的骨干、北京的艾滋病病毒感染者、东北的艾滋病病毒感染者等)在不同场合的交流,都有助于我对于这个议题的整体理解,也有助于我尽可能地努力与女性艾滋病病毒感染者共处一个生活世界,或者更确切地说,更好地感受不同生活世界的差异与共性。开玩笑以及谈话之余的"身体打扮"把我们带入了更为积极的身体与性实践;而"跳蛋"进入研究空间的尝试则更为切身地挑战、激发了研究主体以及研究者的身体与情欲空间。

"挖故事"的尝试仍在继续。作为一种理想与方向,希望时间的沉淀、阅历的增长、知识与常识的积累、多维的方法尝试以及更为整体的思考可以帮助我在探求女性的情欲身体过程中,不仅只是抛出问题,也会有具体的成果,还可以更好地回馈参与我们研究的女性朋友;不仅具体地展现生活的琐碎与纠结,也可以在更为整体与结构性的层面进行社会批判,促进更为积极的身体生产与情欲建构。

（二）不甚乐观的结尾：还可以期待多少版本的相亲故事

除了访谈的技巧，显然还有其他力量影响到性故事的创作。回到第二个节点。木木与李纷，有一个相似的地方就是她们多多少少都参加了一些志愿者活动，也与感染者小组的其他姐妹有交流。小组的平台，对于她们是否愿意参加这个研究，是否愿意讲述自己的亲密故事，是有重要的推动意义的。如果不是因为孟哥的小组，孟哥与利姐平时的工作，我不可能那么顺利地找到这些女性，即便找到，她们也不可能那么容易接受有关性关系、行为方面的访谈；即便因为各种推动因素而愿意参加访谈，"不戴套""不告知"这些不正确的困境与顾虑也不太可能被讲述。这层信任关系，是听到接近生活的"真实"故事的前提。

在访谈中，我们听到更多的其实是转述的相亲故事。比如，如何找圈里的人，如何找同样需要婚姻的男同性恋来搭伙，甚至有个别"豪放女"如何依然可以夜夜笙歌，等等。只是听说，我并没有当面碰到这些人。

此外，在听到的这些故事之外，我也清晰地知道，还有另外一些女性，因为感染了 HIV，把自己隐藏起来，她们的故事，我们并没有听到，也更不容易被听见。

"女性感染者的身体与性"，这个研究不同于我以往的大部分研究的另一个地方在于，我的实践动力比以往任何时候都强。即，我希望在研究之后，甚至是研究的过程中，除了可以推动这类故事在人群中、会议上、社会上"被听见"，从而减少人们的歧视与偏见，还希望可以促发一些切实的服务，可以开展一些提高性与身体自主类、找伴、相亲类的服务活动。也因此，我与孟哥一起，又争取了一个小的行动项目，以促动感染者小组自己来开展类似的活动，而不仅仅是收集故事。这个尝试，因为一些很现实的原因与困难，在停顿了一年多之后，目前仍然待续……

此类故事，尤其是相亲成功或者在感染 HIV 之后依然能够积极享受性生活的故事，在当下的历史与社会时刻，因为社会层面对于艾滋病的恐惧（尤其是落实到具体的亲密关系层面，而不是泛泛地反歧视），更多地也因为现实生活中寻找合适配偶的种种困境，依然不容易出现。孟哥比我有才华，也更加了解这个人群。如他在日记里所言：

婚姻到底意味着什么，我不懂，也许是春天的花朵，也许是秋天的果实，只要当事人双方觉得合适就好，都应当得到祝福，关键看自己想要什么。不过，……有的问题是外在环境所迫，也有感染者自身的原因，你不难发现，很多时候我们自己觉得自己和别人不一样了，这本身也许才是最大的问题。

那么，作为研究者的我们，可以期待怎样的社会契机，又可以如何更为积极地参与创造社会契机去推动此类故事的生产呢？

第三章

从"疾病"到"残缺"的乳腺癌叙事

健康身体,除了在我的"性感"研究中有所凸显,也是我们身体社会学系列研究中的一个重要主题:有关女性艾滋病病毒感染者的研究、乳腺癌的研究以及妇科病的研究。之初的研究思路,除了身体社会学的脉络与性/别的视角,基本是在疾病社会学的框架下进行的。可是,在研究的推进过程中,尤其是分析写作时,却越来越感觉现有疾病社会学框架的局限。也因此,在写作乳腺癌的相关文章时,首次提出了"残缺"身体的概念(黄盈盈、鲍雨,2013),并且更加关注性别态的身体(鲍雨、黄盈盈,2014)。

即便是同一种身体,"残缺"框架与"疾病"框架将带来不同但交叉的两套故事。我的讲述策略,将与前两章略有不同,不以个案为线索,而是以"经历乳腺癌"为脉络,从发现乳腺癌细胞、身体改变、身体重塑,到生活与社会关系的改变与重构,综合研究材料来编织经历乳腺癌女性的身体故事,希望在差异性与故事整体性之间找到一种平衡。也因此,下文要展现的脉络,不是按照个体的叙述顺序,而是经过我重新改编的乳腺癌叙事,有重叠,但是叙事逻辑不尽相同。从论述的概念框架上,则试图从"疾病"叙事过渡到"残缺"叙事。

身体,在病态时方显其"在场性"(Leder,1990)。乳腺癌作为一种与女性身体紧密联系的疾病,自20世纪90年代以来,已经进入社会科学研究的视野。

乳腺癌患者与其家人、朋友、医生和其他病人之间的社会互动及人际关系是以往社会学文本的若干经典主题（比如 Kenen et al.，2004；Zahlis and Lewis，2010；Landmark et al.，2002；Balneaves and Long，1999）。也有学者关注女性患者从健康人到病患角色的变化所带来的心理影响、自我认同的变化，以及对疾病的适应（或者不适应）过程与应对策略（Luker et al.，1996；Horgan et al.，2011）。桑塔格等（Sered and Tabory，1999）对于女性的乳腺癌经验进行了分类：疾病经验和治疗经验，前者指疾病本身对患者身心的影响；后者则与我们所在的医疗系统有关，指患者如何对抗疾病的经验，治疗经验很大程度上影响患者的疾病体验。也有学者指出，乳腺癌对身体形象和性生活的影响是重要的疾病经验，治疗后患者普遍感觉身体的改变与不适应，因此会丧失信心、降低自我评价、心理沮丧，乳腺癌会对身体形象产生不良的影响（Schon，1968）。一些研究侧重于报纸和杂志对于乳腺癌的建构，这类话语折射出一种强烈地控制这种可怕疾病流行的社会期待（Lantz and Booth，1998）。

以往的经验研究偏重于在"疾病"的框架下探讨乳腺癌问题，把一系列的社会、心理和身体因素置于与乳腺癌相关的"疾病经验"与"治疗经验"的框架中加以讨论，关注疾病性身体带来的心理与社会性后果。

我在研究的初始阶段，也沿循了身体社会学与疾病社会学的框架，但在阅读与分析访谈材料的过程中，却越来越觉得"疾病"的框架不足以解释乳腺癌带给女性的身体体验及生活感受。相比其他疾病，乳腺癌最大的特点是它与女性身体的一个重要部位——乳房相关，且是外显的，会呈现于各种社会目光之下。乳腺癌治疗对于大部分女性来说意味着乳房的切除，意味着女性的一个重要性征的缺失，这种身体的残缺给女性身体的传统规范带来了挑战。乳腺癌的独特性正在于它触及以内在健康为中心的感受式身体和以形象为中心的呈现式身体的交汇处（黄盈盈，2008；2012），凸显了一种性别态的身体（克里斯，2011：73）。它涉及身体的疾痛、主流文化在身体的层面上对于"正常""完美"的女性身体，乃至"正常"女性的定义。如果说，在确诊的那一刹那和治疗的初始阶段，乳腺癌的"疾病"色彩还非常浓厚，那么，在切除乳房之后、恢复阶段和恢复之后，女性对其身体的认知则逐步从"是否健康"过渡到"是否正常"，即"疾病"的身体随着疾病的治愈逐步让位于"残缺"的身体。因此，我认为，面对乳腺癌，"疾病"分析框架的解释力是不够的，而"残缺"这一概念能较好地表达经历乳腺癌的女性的身体经验和感受，从而使分析和审视的视角从医疗空间扩展到更为宽泛的社会空间。

罹患乳腺癌的身体与其说是一种得病的身体，不如说是一种被视为残缺的、不正常的身体。[①] 我对于"正常"（normality）和规范化身体的关注，除了依据访谈材料，显然也受到福柯相关理论的启发。在福柯庞大的理论体系中，"正常"（也被译为"规范"）是一个经常得到反思的重要概念。福柯不止一次地在社会层面上讨论"正常"的强大力量：揭示种族主义的根源是其对于劣等种族、不正常的个人的清除，以使得整体生命及社会更加健康，更加纯粹（福柯，1999）；把"规范化"看作现代社会权力技术的核心，详细剖析权力对肉体与人口的惩戒与调节，以形成规范化的社会（福柯，2003）；在种种社会规范之下，"不正常的人"被不断地建构出来（福柯，2010）；在医学领域，"健康"和"正常"这两个概念受到关注（福柯，2011）。他认为，直至18世纪末为止，医学和健康的关系要大于它和"正常"的关系，而19世纪的医学对"正常"的考虑要重于健康。

如果说，"疾病"的身体框架主要是基于医学对于生理性身体的标定，关注疾病给身体、心理、社会关系带来的各种影响，那么，"残缺"的身体框架则不仅仅关注生理性身体及其感受，还关注身体形象的呈现，强调社会对于肉身性身体的规范化。这种规范化，在经历了"乳腺癌"的女性身体上，还刻画出强烈的社会性别特点，凸显了身体政治与性别政治的意涵。

在"乳腺癌"经验研究的基础上，我试着以"残缺"为核心概念，并将其分解为四个分析维度：第一，身体机能与感受（疼痛感）层面的"残缺"，即疾病对于身体机能正常运作秩序的破坏，生理性身体和医生对于身体的判定，患者是否因为疼痛感觉异常、行动受阻；第二，身体形象层面的"残缺"，即被切除了某个部位的身体，与社会的标定不相符合的肉

[①] "残缺"，在这里相对于"完整"，进一步而言，指身体因为受损和部位的缺失而被视为"不正常"。

身性身体——一种被置于社会目光之下的呈现式身体；第三，个体认同层面的"残缺"，即主体对于自我的认同或身体与主体的自我认同，对于是否还是一个完整、"正常"的某类人（比如女人）的认同；第四，人际关系层面的"残缺"，尤其是亲密关系层面上的"残缺"感，关注的是处于人际关系之中的身体，包括上述三个维度的残缺又是如何作用于社会关系方面并阻碍正常的社会交往的。

一　打开话茬，收集故事

以乳腺癌为切入点，一方面，是因为身边认识的经历过乳腺癌的亲人与朋友越来越多，即便是没有亲历，乳腺癌也成为包括我在内的生活在快节奏的现代社会女性的一个主要担忧之一。而在学术界，对于乳腺癌的讨论则垄断在医学话语之下。近年来由商业媒体及明星参与的公益性宣传虽然在一定程度上带动了社会对于粉红丝带的关注，但是具体生活空间的人、复杂的身体感受并没有因为患病率的提升而显性在场。另一方面，乳腺癌，因为其与女性乳房相联系而具有的独特性，又直觉地告诉我，有其研究的价值与意义。

2010年的时候，我申请了中国人民大学的明德青年学者研究计划，当时就以身体与性/别的社会学经验研究为题，试图以乳腺癌、妇科病等女性身体议题为切入点。在做了一些文献准备工作与初期讨论之后，自2011年开始，便指导学生鲍雨以乳腺癌为研究主题，开始寻找合适的田野点与访谈对象。最终在没有社会关系的情况下找到了一个癌症患者自发成立的民间组织，并获准在他们其中的一个活动乐园展开观察与访谈。这个乐园截至2011年8月底共有900余位登记在册的园民，且每日都持续增加，其中有300余位乳腺癌患者，比例远远高于其他癌症患者，这个活动场所为田野调查提供了极大的便利。

访谈是鲍雨开展的。尽管如大多数硕士生一样，年轻的女学生刚开始对进入田野有点发怵，也担心自己找不到被访者，或者因为自己不具备这样的身体经历而没有"同感"。好在我的女学生们韧性都比较强，在半逼迫半鼓励之下，进展得比想象的要顺利，参与观察进行了大半年时间，陆续访谈了 14 位女性，最小的 31 岁，最大的 71 岁，以 40~50 岁为多。职业、学历差异也比较大。经历疾病的年限也不一样，有的患病才 1 年，有的则长达 18 年（见附表 3-1）。这些人大部分都是在一个乐园里面参加活动。

访谈一般在公园僻静的地方进行，大部分进行得很顺利。有些女性虽然患病多年，但是很少有人与她们详谈关于身体不适的话题，因此也乐于与鲍雨交谈。值得一提的是，大约有 1/3 的患者拒绝了访谈，因为不同的原因与考虑不愿意给一个年轻的外人讲述自己的故事。原因有："新得的病，经验不丰富""没什么可说的""还没从心理阴影中走出来""说话费力，不想说话""跟你说也没用""不想回忆痛苦的经历"等。

拒绝讲述此类故事本身就表达了某种认识与态度。如果说，患乳腺癌的共同经历能够增加人与人之间的共鸣与共情，那么，缺乏共同的疾痛经验也构成了研究者与被访者之间交流的一道屏障，即面对一个没有乳腺癌经历的年轻研究者，这些年龄偏大、经历过乳腺癌的女性们并不愿意单方面讲述其疾痛故事，更别提"谈话"的愉悦性了。正因此，对于愿意交谈的那些女性，鲍雨的策略是尽量凸显"女性身体"的共通性，以交心、移情和请教的态度促进沟通。出于伦理以及后续研究的考虑，在我们否定了谎称自己有过患病经历来展开田野之后，更为直接的契机则是鲍雨用自己亲人的经历以及"孝心"来增加年长的阿姨们的"同理心"。

> 不管是男人还是女人年纪都比较大，我在那里显得很与众不同，因为我的研究对象都比我大很多。我在观察之中觉得有人在注意我，她们几次欲言又止，我就主动与她们说话。一个穿红衣服的妇女问我：是你还是你家亲人得了癌症……（鲍雨，田野笔记，2011.4.16）

在得知了鲍雨家里人的患病经历后，阿姨们为这个小姑娘打开了话茬。乳腺癌的故事能否经由亲历者讲出来，除了是否具有某种共同经历、能否带来"同感"之外，也跟不同人的性格，以及当事人当时的身体与情绪状态有关。当然，话又说回来，这里的"不愿意讲"与拒绝访谈，也有可能是研究者的田野功夫不到家，随着时间的延长与研究的推进，依然有改变的可能。

至于什么因素促进了乳腺癌故事的生产，什么因素又成了阻碍，除了医学话语的推动以及直接参与交谈的双方甚至多方的策略，恐怕也得拆分故事的不同面向来分别讨论。虽然，疾病的叙述、健康身体的表达并没有太多的社会与文化障碍，但是因为涉及"乳房"这个越来越隐私且性化的部位，乳腺癌的叙述相对其他疾病而言，则稍显得不那么顺利。这跟我们后来的妇科病研究比较像。故事中缺席最多的是乳房的切割或者再造对于亲密关系（不仅仅是家庭、婚姻，更是性关系）的影响。在设计之初，我们试图重点探讨这部分涉及性的、不被社会所听到的"乳腺癌"叙述，但是不仅因为被访者的顾虑，也因为访谈者的犹豫[①]，最终几乎没有被听见。换言之，这整套"隐私"话语的构建、乳房象征意义的改变，以及性/别的文化都是此类故事的幕后推手/阻力。

二 可见"CA"细胞：烙上了"乳腺癌"标记的身体

我们所访谈到的女性们的乳腺癌故事，基本上都开始于身体的异样与疼痛，而不是常规检查，只是有人发现得早，有人到了晚期才发现。

> 有的说癌症不疼，实际上是有的癌症不疼，但不是都不疼，就像乳腺癌，有的就是这儿摸着有一个包，但是我就疼。就像陈晓旭，她得病的时候老胡噜这儿（前胸），跟我那时候特别像，我也是老这么胡噜……它（肿瘤）老是自己长，针扎的那种疼。刚开始没那么明显，后来就一直疼。（师迹，50岁，工人，患病第6年）

初始的身体变化并不一定带来心理与生活的改变，而当医生宣布"乳

[①] 我们就这个议题谈论过多次，我的感觉是，相比于其他性/别研究，在面对这些年长的、身患疾病的女性时，研究者启口谈性的障碍比其他主题的研究要更大，其中的反思在上一章中已有分析。

腺癌"的那一刻，她们才体会到一种崩溃之感；在得到医生确认的那一刻，平日里身体的异样与疼痛暂时地让位于医生们的诊断、医学语言所激荡起来的情感与心理的震动与绝望。

  我有这种思想准备，但是你真看着那儿写的是"可见 CA 细胞"（癌细胞），谁也扛不住。我刚 40 出头，真是觉得当头一棒，当时心里也挺沉重的，但是也没像别人说的跌坐在那儿……心里真是五味杂陈啊，什么酸甜苦辣都有。（灵雾，46 岁，研究员，患病第 5 年）

  他们大夫在𠲎的时候说：怎么这么晚才来啊，里面都黑了。这是大夫之间说话，让我听见了，我是半麻，他们说话我都听得到。我这心里咯噔一下，想完了，是不是情况不好啊。然后做完病理回来（大夫）跟我说：你这还得做啊。我心想完了，真是恶性的，当时特别难受，躺在手术台上眼泪就流下来了。（刘阿姨，56 岁，工人，患病第 17 年）

大部分女性如刘阿姨一样，是听到了医生的谈话与诊断之后，"眼泪就流下来了"。相比而言，灵雾是更有思想准备的，甚至在查询过一些医学信息之后才来的医院，即便如此，也是"当头一棒""五味杂陈"。身心的感觉在确诊的一刹那被紧密联系在一起。女性把健康的身体当成理所应当的一种存在，而"确诊单"却打碎了这种存在感。与灵雾不同，有的被访者能比较坦然地面对其被烙上了"乳腺癌"的身体，比如李玖，她在确诊前已经去过几家医院，并见过许多患乳腺癌的女性依然健康地活着，因此，相比之下，她对这种疾病有较为积极的认识，受到的心理冲击相对较小，从确诊到接受"乳腺癌"更多表现为一个渐变的过程。思思也叙述道：

  这个对你的精神影响还真是（打击），一下子反应不过来，就是这种感觉。我原本觉得我做一个门诊手术，然后回家休息五天就可以正常去上班了，完全不会受到影响……一开始的时候从情感上肯定是很难接受的，也不太相信，觉得应该就是做梦吧，然后就是进入崩溃阶段，一下子很多事情都涌上来，你要想，最基本的是个生命问题……在这之前你完全没有心理准备，据说这个东西恶性很强，它裂变得有多快，它什么时候能把你的命夺走，这个你完全是很茫然的，在这种情况下你会很难受。然后大概下午3点吧，医生又来跟我说："你这个确定了，肯定是恶性的。"在那之前还会有一点侥幸心理，觉得不一定，肯定还会有误什么的。结果告诉你完全是这样的了，因为整个屋子里住的都是癌症病人，所以觉得特别崩溃，然后就"哇"开始哭，先哭了一场。旁边的人还是很什么的，说："你看大家都会有这么一个过程。"就劝我。我可能属于这种过了就好了的人，后来就想那怎么办，反正都已经这样了，没有更好的办法去应对的话，那就这样好了，所以很快我就能接受这个结果了……（思思，31岁，企业职员，患病第3年）

思思的叙述较其他人更加细致、转承起伏。在得知罹患"乳腺癌"后的女性，在情感与心理上经历了一个由"做梦"一样的不真实感，到震惊，到崩溃，再到逐渐顺应、接受的过程。疾病的突然入侵使女性的身体和自我认同出现了不协调（Charmaz, 1995），她们会把以前的健康身体作为参照来看待现在受损的身体。也因为身体受损，"一下子很多事情都涌上来"，甚至，忽然之间生死的界限开始模糊，并开始思考最基本的生存问题。当思思清楚地知道以前的健康身体已经再也回不来了的时候，她必须中断以前的正常生活，来到医院接受治疗。这种"接受"，在身体疼痛之余，夹杂着无奈的自我说服，"反正都已经这样了，没有更好的办法去应对的话，那就这样好了"。

疾病入侵而唤起的"不正常"的身体，还体现在治疗过程所带来的各种身体疼痛和某些生理功能的障碍。乳腺癌手术之后，基本上半个身子（包括手臂）都很麻木，对外界的刺激没感觉。也有的女性强调肋骨上肌肉的缺失给睡觉、走路等日常生活造成的不便。这时的身体不再是她们所熟悉的正常活动的身体了，它的功能在慢慢丧失。作为人类"最基本的、最自然的工具"（莫斯，转引自 shilling, 1993：23），身体此时遭遇到了障碍。除了手术，治疗乳腺癌的药物也会对身体器官和功能产生影响。

> 他（医生）让我吃三苯氧胺的药，吃5年，我吃这个药多少有点反应，不是特别大，但是有反应。眼睛不舒服，子宫也不舒服。怎么说呢，解手什么的时候就有感觉，腰疼。吃完这药，下半身都皱皱巴巴的。（依阿姨，58岁，工人，患病第9年）

> 化疗的时候我反应特别大，我药物敏感，根本就起不来了，白细胞特别低……非常痛苦，什么也吃不下，我舌下腺长了一个花生那么大的结石，药物刺激的。后来又上口腔医院做了个手术。我药物太敏感，化疗的时候伤口长不上，白细胞太低，伤口根本不长。（伊时，40岁，中学教师，患病第4年）

> 第一次身体就是觉得累，但是没有什么太大的感觉。第一次就开始伤肝了，第三次肝功已经不合格了，第五次我有过敏性反应，（大夫）就让我吃激素，一下吃20多片，我吃下也难受，胃也不舒服，后来再打就喘不上气来，就跟有人掐着脖子似的，就瞪着眼看着表一秒一秒地过，就这样在床上趴了两天。（师迤）

> 化疗的时候我从车站走到家里（约200米）要歇两次，最后几天，我竟然要歇四次了，每次都是走不了几步就蹲下来休息十分钟，缓上这口气来再走一会儿，化疗的半个月我的体重减少了20斤，当我回家要歇四次的时候我觉得我的身体已经到极限了，不能再化疗了。我和医生说，我不化疗了，再治下去会死人的。（施思，47岁，医生，患病第13年）

治疗和疾病本身一样，也会对女性的身体产生极大的损害，很多被访者提到，三苯氧胺等药物有加速绝经的作用，对四五十岁患者的影响尤为明显，会使她们提前进入绝经期。只有个别的人（如李玖）治疗时的身体反应较轻，在访谈中她把乳腺癌说成是妇科常见病，只要切掉就没事了。

患病与治疗的体验还会带来一种"疑病症"的真实心理感受与情绪状态，直接干扰到日常生活。

> 我身体起个包都怀疑是转移了，所以病人的心态真是怎么调整也调整不好，毕竟受过很大的一次痛苦伤害，就不愿意受二次伤害了，所以就神经兮兮的了。说好听的叫提高警惕，说难听的就是神经病。（黎阿姨，65 岁，中学教师，患病第 4 年）

上述疾病与治疗经验所凸显的疼痛的、有功能障碍的身体，在很大程度上落入第一个维度的分析框架。随着手术、治疗与恢复，身体相关部位疼痛感的逐步减弱，手臂、胳膊等部位逐步恢复常态，随之而来且不断加剧的是身体的残缺感的形成。

这里需要提及的另外一个重要问题是医学语言的日常转化。尽管每个人的叙述特点、详略各有不同，但是如依阿姨一样，几乎所有的被访者，不管文化程度如何，在她们的叙述中都夹杂着很多的医学术语和信息。我最深的感触之一就是这些平时那么晦涩的专业词语，如 CA 细胞、三苯氧胺，从这些经历过乳腺癌的女性们口中不断地、很"自然而然"地蹦出，不仅成了她们身体的一个部分，俨然已经成为她们日常表述的一个重要部分，也伴随着身体的变化融入她们的知识体系之中。医学与生活，就这样不幸地相遇了。

三 掉发与假发："残缺"的身体形象的浮现与应对

乳腺癌的整体治疗包括手术、化学治疗、放射治疗、药物治疗等，而患者身体感觉最强烈的是化疗——伴随着极为痛苦的身体感受（恶心、呕吐、头痛、体力不支），不断地延续、强化疾病化的身体，以及身体机能层面的"不正常"。但是，与确诊阶段不同的是，在治疗的阶段，身体形象方面的"残缺"开始凸显，首先体现为掉发。作为外在的身体形象的一部分在治疗的过程中被呈现出来，对于处于治疗期的女性来说至关重要，影响着她们对身体，乃至自我的感受与评价。

> 那时候他们看见我都黑不溜秋的，跟死人色差不多。那时候被摧残得特别厉害。化疗到最后头发也没了，眼睫毛也没了。反正身上有毛的地方全掉光了，就是一怪物，眼睫毛都没了，头上亮亮的，没事儿头上戴一帽子，出门戴一假发跑这儿来练功。那时候年轻还是怎么着，死皮赖脸地，怎么着都得出来晃荡。就是怕照镜子，还有同事来看我，还跟我合影，一看照片，整个一怪物在里面，人家都特正常，就我，眉毛一根也没有，太可怕了。剃秃瓢剃完了还一层青呢，我那时候头上煞白，一根都没有。（林珊，47岁，高校教师，患病第5年）

头发是呈现式身体的一部分，这种呈现因为逐渐缺失而得到凸显。林珊把没有头发的自己说成是"怪物"，把自己来到公共场合说成是"死皮赖脸"地"出来晃荡"，她的谈话中暗含了一种态度，乳腺癌给自己的身体带来了巨大的损害，使身体异于常人，在正常的人群中显得可怕。身体，在公共的场合，因为头发被分为异常与正常。

对于另一位被访者施思来说，化疗给身体带来的内在的痛苦并没有让她感到疾病的严重性，头发这种外在指示却让她陷入了恐慌之中。

> 那天我洗头，洗完就拿吹风机吹，吹着吹着就觉得怎么肩上、衣服上、地上这么多头发呢，我一照镜子，这边（右）半个头上，头发差不多掉光了，只有稀稀的几根在头上，当时我就害怕了，脚都软了，怎么会这样子呢？（施思，47岁，医生，患病第13年）

从林珊、施思等的叙述中可以看出，在化疗阶段，头发不会直接被个人感知（比如疼痛），但却起到了重要符号的作用，被看成是身体健康状况的警示牌。林珊因为"掉发"感受到自己的"异常"，施思因为掉发陷入了恐慌，黎阿姨更是觉得掉了头发之后，变得"人不是人鬼不是鬼"。相反，思思的肿瘤虽然恶性程度很严重，但是因为没有掉头发，她本人也并未认同自己是一个"异常的身体"。头发的意义，在"掉发"的时刻，不仅强化了不健康的身体状态，也唤醒了身体呈现方面的"残缺"与"异常"感。

面对"掉发"带来的身体的残缺，这些女性在震痛之余，开始采取应对措施——戴假发。鲍雨在参与观察时发现，在公共场合的公园中，化疗中或是刚刚化疗的女性们，除化疗时头发没有全掉光的，几乎都戴着假发，少部分没戴假发的却戴着帽子。假发的使用是患者形象管理的策略，是一种"身体替代"（克里斯，2011），使他们在"正常人"所处的环境中，不必因为身体的残损形象而显得窘迫。

有一些患者用"假发"来掩盖自己患病的事实。施思怕母亲担心，没有告诉母亲，戴上假发掩盖自己的疾病。

> 我手术化疗的那段时间没回家，后来我头发掉光了，就买了假发戴着回了家。因为我本身是短发，又买了一个和真头发非常像的假发，所以回家之后我妈一点儿都没有发现我生病了。（施思）

在参与观察中，还有一位患乳腺癌的女性在乐园中问周围的人和观察者："你看我像个病人吗?"，回答"看不出来"，她便有些得意地说："其实我都没头发了，但是我买的假发特别好，一点儿都看不出来是假的。"假发的作用，在于弥补受损的形象，使自己看起来是"正常的"。尤其是，当初期的身体疼痛逐渐消退，患者想重新融入社会生活时，假发作为身体形象的要素之一就成为日常身体实践的重要内容。

四 切乳与义乳：女性身体形象的破损与重塑

患者在治疗中的首要问题是如何对抗化疗、放疗等一系列治疗过程给身体感觉带来的挑战，治疗中后期才慢慢注意到乳房缺失、胸肌缺失、子宫内膜增厚给生活带来的困难，其中又以乳房的缺失为焦点。

如果说掉发凸显的是所有癌症患者在化疗过程中的必然反应，从而影响到身体形象，那么"切除乳房"则是乳腺癌所特有的，不仅仅影响一般的身体外观，更是挑战女性的性别形象，凸显了一种性别态的身体。乳房作为女性的重要性征，对女性气质的建构起着重要的作用，失去乳房对女性的身体形象造成极大的损害（Mcphail and Wilson, 2000; Ashing et al., 2003）。在调查的过程中，不管多大年龄，几乎所有的女性都诉说了乳房对于身体形象的影响。这种身体形象，不仅表现为身体外形的变化，更指向女性性别形象的残缺。

  外在地缺这么一个东西，说实话，一看就恶心，甭说让人家恶心，自己就觉得恶心，我这一照镜子"哎哟"（厌恶的表情），而且这半个身体都塌了，怎么都挺不起来，有这个东西你不觉得它有用，没这个东西你可就觉得太可惜了……

  我做手术的时候有一个73岁的老大姐，整天说：哎呀，女人的最美没了，还怎么做人啊！还有一个搞编辑的小女孩，三十五六的岁数，还没有我大女儿大呢。这老太太别说了不就得了嘛！我们住一个病房，她出来进去说这话。你该凸出的地方必须得凸出，女孩子如果没有乳房要多难看有多难看，要是大平板特难看，你再弄（戴义乳）也不会和原来一样，毕竟不是原生的。

  而且你的形象特难看，我们游泳、洗澡都找一个靠边的地方，倒不是因为我怕难看，而是怕别人受影响，可难看了。没得这病时不觉得这两坨（乳房）有多重要，有时候我自己照照镜子，特伤感，我怎么就混到这份儿上了，哈哈。你说年轻的感情不好的，一看这个……我们年龄大，倒是无所谓，我得的时候都62岁了，年轻人绝对不能得，得了以后很痛苦，自己很有自卑感，毕竟不是一个完整的人了，女性的最美不就是这两个乳房吗？你要是没这个，你自己想想什么感觉，事儿没到自己头上都可以理解，轮到自己了，说实话我都60多岁了，还是没法接受。像其他病，如直肠癌、结肠癌，别人看不到，像乳腺癌，关键的地方都没了。（黎阿姨，65岁，中学教师，患病第4年）

  从黎阿姨的叙述中我们可以看到乳房影响着她对自我的评价，她认为自己"不完整"了，害怕照镜子，看着"恶心"。黎阿姨是一位退休的中学老师，她从功能的角度看，觉得生完孩子后乳房没有什么用了，但是从美观的角度看乳房对身体的完整性，女性的完整，乃至作为一个人的完整性起着极大的作用。她认为乳房是女性的最美，乳房就应该凸出，没有乳房就失去了作为一个女人的特征，"要多难看有多难看"。甚至连73岁的老太太都天天嚷嚷"女性的最美没有了，还怎么做人啊"。更确切地说，对于年纪稍大的女性，"有乳房"并不重要，但是，"没这个东西你可就觉得太可惜了"。没有乳房使她们对自己形成了较低的评价，觉得自己特伤感，"混到这份儿上了"。

好多女性与黎阿姨类似，在提及曾经存在的乳房时，都会提到"美"这个词。但是我感觉，这个"美"并不完全是美学意义上的美感，而是乳房对于女性身体的必要性，更多地指向"有"或"没有"对于身体意义的正常与否，或者是否拥有"前凸后翘"对一般女性身体的重要性。

黎阿姨最后一段话也点出了乳腺癌之所以和其他癌症不同是因为它的呈现性，癌症虽然都会带来大致相同的疾病与治疗的痛苦，但是乳腺癌使得女性"关键的部位没有了"，这个部位的残缺直接挑战女性的性别形象。而且与其他癌症不同，"乳腺癌"带来的是置于社会目光之下的"残缺"感，"我们游泳、洗澡都找一个靠边的地方，倒不是因为我怕难看，而是怕别人受影响"。

黎阿姨在谈话中还不断提及，乳房的缺失对年轻女性尤其是未婚女性的影响更为严重。所不同的是，黎阿姨和一些年纪偏大的被访者，在提到自己"残缺"的身体时，都会强调性别形象而不提更为具体的亲密关系及"性生活"，但又会不断强调乳腺癌对于年轻女性的婚姻、性关系的影响。这种影响，不仅来自乳房没有了，还来自治疗药物对于月经、子宫等女性身体重要生理过程和器官的影响。乳房之于大部分年轻女性的意义在我以往的研究中有过专门论述（黄盈盈，2008）。在现有的社会建构之下，乳房缺失不仅影响相当一部分女性的身体形象，还包括她们的自信和心态，并挑战其原有的亲密关系。所以年轻的女性对乳房的缺失更焦虑，进行保乳手术和乳房再造的概率也比老年女性高（Mcphail and Wilson，2000；Dunn and Steginga，2000）。

值得一提的是，在"乳腺癌"的叙事中，可以发现不同历史阶段对于女性性别建构的意义。解放初期、"文化大革命"前后进入青春期的老年患乳腺癌的女性对乳房的缺失并不是很在意。

> 我当时这个想的倒不多,我们那个年代出来的人,男女都一样,男同志能干的事儿我也能干,我不比男的差,男的能做我也能做……所以也就没想身体变化什么的。(林阿姨,74岁,研究员,患病第14年)

林阿姨今年70多岁了,患病的时间有14年。据林阿姨介绍,那个年代的人对身体性征看得不重,相反还故意抹杀女性的特征,比如束胸等。女性看重的是"男同志能干的事我也能干",并不是很看重乳房的美感。但即便如此,林阿姨也佩戴了义乳,并说"要说没在意也有点儿在意",自己也说不清楚为什么现在戴了义乳。在我看来,林阿姨及其相当一些年纪偏大的女性,她们对于乳房的关注,尤其是佩戴义乳,与其说是为了美感,不如说是使自己的身体看起来"正常"一些,以符合社会对于一个女性身体的标定。

义乳的佩戴是康复期间形象管理的重要措施与"身体替代"(克里斯,2011)。几乎所有患者都佩戴义乳,但其考虑和方式各不相同。

> (您戴义乳是出于什么样的考虑呢?——访谈者)就是为好看啊,美观,要不不对称多难看,现在我这儿就挺对称的,一点儿都看不出来。(刘阿姨,56,工人,患病第17年)

> 你要让别人看着你是一个……要是不戴不就让人看出你缺一块,那不就成怪物了吗?再一个就是脊柱会弯,就是你这边轻这边沉,将来脊柱多少年之后就成这样了(她说着就往一边歪了),那多难受,所以考虑到生活的质量还是要戴上的。(林珊)

> 我做完手术,单位大楼只有一个人知道我得这个病,我没往外面说,而且我外表的精神面貌(也不错),我就不想让人看出来。我不到两个月就戴上这个乳罩了,头发掉得也不是特别厉害。但是我因为

化疗,脸色也特别难看,我出门都是硬打着精神,让人家看着别想:得这个病怎么那么悲惨。(李玖)

我有个病友,她一年摔好几个跟头,这个(乳房)有重量,没了一个不平衡,她有时候看见东西在地上呢,一伸手,"咕咚"就跪在地上了,你看有这个你不在意,没一个,平衡可差劲儿了。(黎阿姨)

在佩戴义乳的自我表述中,刘阿姨、林珊、李玖虽然都从好看、难看这类社会所标定的美感进行评价,但是仔细分析可以发现,刘阿姨考虑的是对称,认为不对称就不美观了;林珊认为不戴义乳会导致脊柱弯曲及影响以后的生活质量;李玖是从精神面貌的角度来考虑的,不想让别人看出来外表的缺失,不想让别人知道自己生病了。黎阿姨虽然也是从平衡性来看待义乳的,但是与林珊不同,她考虑到乳房的实用性,前胸一侧缺少了重量会导致动作失调,影响身体正常活动。

佩戴义乳的方式也因人而异,且表达着女性们在身体管理方面的积极性与创造性。

义乳就一个,乳罩有三个,义乳就是往里一塞,可以摘下来,乳罩都三四百呢,因为它是专用乳罩,义乳和乳罩都是专用的。你摸摸就像肉一样……(李玖)

我自己做了一个,(拿出来给我看)就是把垫肩缝在(胸罩)里面。(黎阿姨)

以前我都往里面塞丝巾,但是丝巾轻,老往上纵,看着一边高一边低,这回我往里面装绿豆,把绿豆炒炒,炒炒就不发芽了,装在里面,挺沉的,这回就不往上面纵了。(刘阿姨)

义乳的选择与佩戴方式与年龄有关。年轻的、收入较高的患者购买质地良好的硅胶义乳;老年患者倾向自己做义乳。还有的患者说到佩戴义乳的更多讲究,例如依阿姨讲到,义乳要随着年龄的增长而更换,另一个乳房缩小了,义乳也要更换小一号的。义乳,逐步成为身体的一部分。

佩戴义乳的各种考虑与身体实践,是女性身体形象重塑的重要内容。"残缺"并不等同于被动与消极,相反,几乎所有的女性都在做出各种努力,以使得自己的身体从不同的角度趋向"正常",努力使得自己的身体不会因为乳房缺失而在生活和社会中变得"异样"。

五 乳房缺失的女性身体:亲密关系的挑战与经营

与其他疾病不同,乳腺癌涉及乳房这个性别化与性化部位的切除。据我们的被访者所言,乳房的切除手术不仅要自己签字,还需要配偶的同意。乳房的缺失不仅会影响女性身体的美观,还会使患者担心她们的丈夫难以接受她们缺失的身体(Schon, 1968)。女性们又屡屡提到,治疗又会带来雌孕激素分泌减少,导致绝经及其他妇科疾病,进而影响对性生活的满意度。

我在前文曾经提到过,被访者们往往是在提及别的年轻女性时,才会主动说到乳腺癌对于性生活、婚姻关系的影响。比如黎阿姨就认为年轻的女性更容易受到不良的影响,尤其是对未婚的女性来说,身体的缺陷有可能导致她们无法进入婚姻。

> 有一个女孩子从大腿上剌一块肉贴在这儿呢,是律师,未婚的。也是我们聊天的时候知道的,她说特疼,发烧感染,都想放弃了,最后还是坚持下来了。你想啊,要是没有了,将来搞对象都是个问题,因为这个离婚的不少啊。你得病之后,没绝经的吃三苯氧胺,吃三苯氧胺的目的就是让你尽快地绝经,绝经了,不分泌雌激素了,性生活你怎么过啊?夫妻生活好多都受影响的,好多都离婚了。(黎阿姨)

李玖也曾经说到过一个年轻病友为了保持形象而进行乳房再造,从腿部割肉填补在乳房中,过程相当痛苦。但是这些论述都来自被访者的转述,而且基本是在提问者的提示之下才涉足这个话题。而作为提问者的鲍雨，自己对于与这些身患乳腺癌的女性谈"性"本来就心有余悸，每每以"这个问题对她们来说不重要"而试图规避。也因此，这部分内容，在整个乳腺癌叙事中是比较缺失的。那么，对于经历乳腺癌的女性来说，是因为"性"对于患病的女性来说确实不重要，因为生命都在面临威胁，还是因为忌性的文化使得谈性不好开口？是被访者不愿意谈，还是访谈者不愿意谈？这个问题，不仅在乳腺癌研究中不断出现，也在针对女性艾滋病病毒感染者的研究中时时在场。这，也构成我在本书不断提及且持续反思的方法与伦理问题。

由于患乳腺癌的年轻女性比例本来就比较低，加上来乐园的女性基本都是中老年女性，我们在研究中只接触到一位31岁的女性思思。思思是在确诊之后结婚的，按照她的说法，这是因为有长期的感情，男朋友"是个正直、善良"的人。遗憾的是，思思（还包括很多其他被访者）对于自己的亲密关系并不愿更多地谈及。

从我们所能了解到的情况来看，乳腺癌是否会对正常的性关系产生影响，因人而异。在绝经期之后发病的患者中，乳腺癌对性生活影响并不大，因为她们和其丈夫都年纪大了，对性生活的要求没有那么高，也不会太在意对方的身体（黎阿姨、杉阿姨）。而对于尚未绝经的患者来说，治疗会导致绝经和身体的变化，对性关系的影响比较明显，刘阿姨说到了自己在与丈夫发生性关系时的感觉以及自己对性关系的看法。

（您少了一个乳房，会不会影响到您的夫妻生活呢？——访谈者）
其实得病之后照说夫妻生活应该节制，可我爱人总是要求，因为怎么说呢，乳腺和子宫附件什么的都是相通的，那个（性生活）的时候会产生雌激素，雌激素多了对恢复就不好，有可能复发转移。我刚做完手术没几天，他又要求那个，我说我刚做完手术你就这样，一点不会心疼人。他总要求，我总是拒绝。但是我也不能老拒绝，偶尔还得答应他一次。人家伺候你这么长时间了，家里的活都是他干，人家跟你提要求你总不能一次都不答应吧……（我）附件什么的都没了，所以我没有多少要求，那个对我来说就是受罪呢。那个的时候里面特别疼，就像是腌咸菜似的。我就忍着，所以我不想那个。

（那您爱人看到您的身体缺失了，有没有什么反应？——访谈者）

我爱人没什么文化……他对我也是，不太看我身体怎么样什么的，所以也没有什么反应，我能好好地活着就行了。（刘阿姨）

乳腺癌确实对刘阿姨的性关系产生了影响。由药物导致的并发症使刘阿姨切除了子宫附件，她自己没有多少性的需求，与丈夫发生关系的时候感受到了痛苦、难受。这种感受以及担心性生活刺激产生的雌激素不利于康复，使得她倾向于拒绝丈夫的要求。但是她的丈夫并不在意她的身体是否残缺，至少在刘阿姨看来，乳房的切除并没有影响丈夫的性需求。

当女性的乳房缺失之后，她们的配偶也会承受巨大的压力。但是这种压力并不一定必然导致亲密关系的破裂，丈夫们也会恰当地、积极地处理与妻子的关系，给妻子提供更多情感上的支持。如林珊说自己的丈夫会拿她的乳房开玩笑，叫"意大利"（一大粒），两个人在一起总是嘻嘻哈哈；杉阿姨在生病时和丈夫吵架，丈夫从来不还嘴。但是患者们几乎都认为这些是以夫妻感情好为前提的。

当丈夫们小心处理与妻子之间关系的同时，妻子也会管理与丈夫之间的关系。一些女性甚至说到自己会对丈夫的出轨持包容态度。

我倒是愿意他出轨呢，他跟我提要求的时候，我就跟他说：我给你点钱，你上外面找去吧，别老跟我这待着。也算是释放释放，你也不能不理解人家。（刘阿姨）

有时候开玩笑就说：我告诉你，外面花多少钱不反对你，只要你干干净净地回来就行。话都说到这种程度了。（灵雾）

虽然是开玩笑的语气，灵雾和刘阿姨都认为因为自己身体的残缺，给夫妻生活带来了影响，并愿意从丈夫的角度给予充分的理解。因此，疾病不仅带来的是身体形象和身体感觉的改变，还会对原有的亲密关系带来影响。丈夫们因为长时间与她们生活在一起，和她们一样面对着残缺的身体，和她们共同面对疾病带来的一切日常生活秩序的变化。女性及其配偶都会小心谨慎地处理彼此间的互动,尽量减少身体"残缺"对于正常生活的影响。

六 嵌入社会的"残缺"身体:自我及社会身份的危机与管理

疾病对于正常的自我认同以及各种社会关系的影响属医学社会学的经典主题,在以往的研究中也多有涉及(戈夫曼,2009;Charmaz,1995;郇建立,2009)。在前文有关"乳腺癌"的叙事中,我已经多多少少、不可避免地涉及了这部分内容。

概括而言,在经历乳腺癌的过程中,女性们至少面临着三种身份的挑战:"乳腺癌患者",(不)正常的女性,(不)正常的社会人。这三种身份所带来的残缺感与社会的标定及规范密切相关。

从"可见 CA 细胞"(灵雾),被确诊为"乳腺癌"的那一刻起,女性们就被贴上了"乳腺癌患者"的身份标签,意味着她们从一个健康人转变为一个病人,接受医院、社会所赋予的"病人"的角色。身体的疼痛、无力、行动障碍等切身感受连同医生的叮嘱,以及"整个屋子里住的都是癌症病人"(思思)时刻提醒着女性们"病人"的角色。而"患者"身份在人际关系的互动中越发凸显。

> 得病之后同事那种眼神都不一样了,是他们的毛病还是我自己的毛病呢?——就是老觉得自己跟别人不一样了,反正是不愿意跟他们待在一块,就是特别好的朋友可以,普通的我就不愿意见他们,一看前面有熟人——我就赶紧找个道儿躲起来,恨不得他们都不认识我才好呢,他们一见我就问我:哎呀,你怎么样啊?就好像我要死了的那种,反正心里特别不舒服,我不愿意和他们在一起,我就愿意和病友在一起。
>
> 他们可能出于关心啊,同情啊什么的,但特别不舒服,他们问了你就答,答完了其实他们也不太明白,不着边际的感觉,特别没意思,我不愿意跟他们交往……我愿意和病友交流,病友特别明白怎么回事。(林珊)

林珊的话让我印象深刻。她认为自己不再拥有健康完整的身体，已经不能被归为"健康人"群体了。林珊还在其他场合和我说过"我就觉得你们都是地球人，我们是火星来的"，"自从得病之后就好像低人一等似的"。相当一部分女性如林珊一样，认为他人也正是用特殊照顾和问候的方式来表达对她们的关心，但是这种特殊的照顾与关心往往又体现了他们作为健康人与"病人"的不同，更加强调了患病女性的"受损身份"，社会群体的划分通过微观的互动得以展现，所以这种看似友好的问候，在患者看来往往更加显示出"健康人"与自己的不同。这在一定程度上对她们的自我产生了二次伤害。

掉发、乳房切除等呈现式身体的残缺，使得她们在身处健康人群体中时越发觉得自己是异类，"人不是人鬼不是鬼"（黎阿姨），"出门都是硬打着精神，让人家看着别想：得这个病怎么那么悲惨"（李玖）。

有的女性则把自己归为"残疾人"，而且不是因为"乳房的缺失"，而是因为乳腺癌，胳膊抬不起来。只是，这个时候的认同多少带有"策略"的味道。

> 我们都算残疾人，有残疾证。其他癌症的都不算残疾，我们这病（乳腺癌）就可以算残疾。因为胳膊啊，抬不起来。我们都有残疾证的，坐车不用花钱，去公园、景点都是免费的。不仅是北京市，北京以外的也可以。（杉阿姨）

杉阿姨患病18年，从她的形象和行为上看，完全看不出她曾经患有乳腺癌。当其他人认同杉阿姨是一个健康人时，她却有选择地接受自己"病人"的身份，因为"病人"身份可以给她带来实际的好处，如去公园不用花钱等。并利用一些伪装的策略，如故意说胳膊抬不起来，强调她"病人"的身份（其实后来胳膊可以抬起来）。

"正常的女人"则在乳房被切除的时候受到挑战。乳房被认为是女性最为重要的身体部位，在缺失的状态下备受关注，没有乳房就失去了作为一个女人的特征。我们的材料已经很能说明这种女性身体与女性身份的建构是如此强烈，以至于连70多岁的老太太们都会感觉到没了乳房的身体，女人"怎么做人啊"。对于这些年纪大的女性来说,乳房在女性身份方面的象征与符号意义远远大于其实际作用。对于年轻一些的女性来说,乳房的残缺则不仅仅挑战性别形象,她们更容易体会到自我形象和性生活的失调(Schover and Leslie, 1991),更容易产生认同危机(Dunn and Steginga, 2000)。

患者的身份、女性形象的残缺都影响到"乳腺癌患者"作为一个"正常的社会人"的角色与身份。乳腺癌给女性带来的不仅是身体的不适,还有对自我的否定,觉得自卑、伤感,怎么就"混到这份儿上了";并且威胁着原有的亲密关系,以及更为宽泛的社会关系。除了前文分析过的亲密关系,在我们所能接触到的访谈中,不少女性生病以后,其业缘关系与朋友圈子都受到严重影响,她们与原有的社会群体出现了较大的脱节。除了身体原因之外,不愿意与其他人交往(如前面的林珊)也是一个主要的因素之一。

从更为积极的身体管理的角度来看,病人的身份,在治疗之后,逐步趋向"正常";女性形象与身份,通过义乳的佩戴在外表上显得"正常"。只是,这种技术所促进的"身体替代"仍然有无法替代的方面。女性在自己及家人面前还是存在如何正视这种残缺身体的问题,需要经营管理好亲密关系使其尽量趋于正常。在与原有的社会群体脱节的同时,部分女性建立了新的社会关系——病友关系。在很长的一段时间里,病友相互之间提供社会支持和心理慰藉,交流信息与经验。这也是乐园所发挥的重要作用。但是,正如有的女性对我所说的:"这里(乐园)还是有病气,你最好不要来。"可以说,"正常的女人""正常的社会人"身份的恢复,对于我所接触到的大部分女性来说,需要更加长期的努力与抗争。它挑战的是更为复杂与顽固的社会规范与结构性因素。

七 两套叙事的交叉及"残缺"框架的意义

相对于完备、正常而言的"残缺"概念并非与"疾病"完全割裂。从理论渊源来看,除了福柯对于"正常"(规范)的论述,医学社会学与人类学家们一直在提醒我们疾病的社会、文化、政治与道德意义。克莱曼

(2010)区分了"疾病"(disease)与"疾痛"(illness)的概念,指出"疾病"的概念代表着西方生物医学治疗模式下对身体不适的反应,是一套医学话语,而人们对疾痛的理解却因文化和情境而有所不同。桑塔格(2003)提出,疾病并不是身体的一种病,而是一种道德评判或者政治态度;洛克对以往乳腺癌原因的探讨和对乳腺癌检测方式展开的批判,更为直接地指出,这种疾病已被社会建构为一种道德象征(Lock, 1998)。此外,疾病对于正常身体的破坏,尤其对于正常的自我及社会关系的破坏也为本章的"残缺"概念提供了理论基础。从现实生活的角度来看,"残缺"的身体首先也是因为疾病的入侵而引发的。乳腺癌作为"疾病"对于生命的威胁是实实在在的。

我无意于抹杀乳腺癌作为一种"疾病"以及疾痛叙述的重要性质,只是,如开篇提到的,从分析侧重点来看,相比于"疾病","残缺"的概念更加强调缺失了某个部位的肉身性身体所带来的异样感受以及社会对于性别身体的规范化。"正常"指向的是常态与合乎规范,不仅包括健康的、身体机能正常运转的生理性身体,也包括社会对于身体的态度,即符合社会规定的某种身体。"正常"的概念恰恰因为身体的"残缺"而被不断强化。在经历乳腺癌的过程中,身体成为生活的重心与关注的重点不仅因为疼痛或癌症使得生命受到威胁(这个当然很重要,尤其是在早期,是重中之重)、行动受到阻碍,还因为乳腺癌让女性的身体成为掉发与没有乳房的"残缺"的身体,成为不符合正常性别规范的女性身体。身体,因为残缺,从医疗空间(医学权力)进一步延伸到更为广大(但处处充满规范的)的社会空间,身体的政治性与性别特点在"残缺-正常"的框架下进一步彰显。

我把身体的这多重"残缺"归纳为四个维度,每个维度的侧重点是不一样的。在乳腺癌的叙事中,呈现一定的阶段性特征,但是又很复杂地相互交织在一起,表达的是一种超越了生理与文化、个体与社会等二元对立的多重身体观(Lock and Farquhar, 2007)。

经历乳腺癌及其治疗,女性经历了从身体不适、确诊,到治疗、恢复的一系列过程。当病初显时,第一个维度的"残缺"占据了主导地位,女性的首要目标在于清楚这种疼痛,摆脱身体的病痛,恢复正常功能运作的状态（Shilling，1993）。这一阶段的"残缺"与疾病本身的关系更为直接。在此过程中，女性们也经历了从"健康人"到"乳腺癌患者"，并试图重新建构正常的健康人身份。在治疗过程中经历了掉发、切乳之后，第二个维度的身体"残缺"逐步凸显，且与疾痛相互交织。到了恢复期，身体的疼痛感在逐步消失，身体功能逐步恢复，但是没有了乳房的身体给女性的性别形象带来的挑战则愈加凸显，性别态身体开始突出。在很长的一段时间里，病人的身份与受损的女性身份给人际关系，尤其是亲密关系带来了危机感。这种种危机感又转而影响自我认同，威胁到"正常人"的社会角色。自我认同与人际关系这两个维度的"残缺"感从医院延续到日常生活空间。

经历乳腺癌及其治疗过程，同时是从否定到不得不接受、逐步顺应，一直到正面抗争的过程。在不得不面对"残缺"的身体之后，大多数女性采取更为积极的态度来管理自己的身体，通过在医疗空间中的治疗、到日常生活空间中的健身（比如练气功）、饮食等来重新恢复正常的身体机能与运作；通过假发、义乳等替代性工具使得自己的身体呈现为"正常"；通过管理与丈夫之间的关系，尽量避免因为乳房切除给亲密关系带来的挑战。第一个维度上的"正常化"过程经常地表现为剧烈的身体感受（比如剧痛、恶心），但是从某种意义上说，剧痛之后身体逐渐会趋于常态。后面几个维度的"正常化"，尤其是第三、四个维度的正常化，抗争的是社会意义上的各类标定，虽然表现不剧烈，但却更为漫长与隐性。在访谈中，不少女性在切除乳房十余年后，还是不愿意谈及亲密关系，并中断了自己大部分的社交活动。即便如此，身体与主体的能动性在乳腺癌的患病故事中还是随处可见。"正常"身体的渴望与重构不同程度地显示出女性与乳腺癌抗争的积极意味，哪怕这种渴望与追求被认为可能恰恰巩固了不利于整个女性群体的社会性别规范。

概括而言，"残缺"框架下的女性身体，能够更好地解读女性的乳腺癌经验，也能够更好地把不同层面的多重身体融入一个概念框架中，在重返身体的肉身性与具身体现的同时，从女性主体的角度出发审视社会规范（尤其是医学、性别规范）对于身体、日常生活的控制。这种深处于一定社会结构与规范中的女性身体实践，进一步把身体从哲学的抽象讨论中抽离出来，把身体从诸多的二元对立中解放出来。同时，"残缺"不等同于消极、被动，乳腺癌的叙事中处处体现着作为个体的女性与残缺的身体、身体的性别规范和社会规范进行抗争的声音。这个框架给女性在面对"残缺"的身体进行正面表述与积极的身体重构时留有足够的空间。

同时，我也意识到，尽管涉及亲密关系、性别与社会规范，迄今为止，本章所展现的"残缺"框架偏于微观与静态。在细述女性的身体感受与实践，把身体返回到日常生活、返回给女性主体的时候，对于更为宏观的社会结构性因素的深究与反思尚不尽如人意，对于"残缺"的社会建构过程缺乏深描。作为经验身体研究的起点，孕于日常生活中的"残缺"身体框架在强大的医疗规范与性别权力的背景下，在解构其具体的历史建构过程中，可以洞悉更深刻的性别政治和身体政治。

此外，这里所呈现的乳腺癌故事，除了有些要素（比如对于性生活的影响）依然隐而不见，还有些重要的细节也被删减了，比如用药的细节及带来的具体身体感受[①]，以及除了假发与义乳之外其他方面的身体管理（气功、饮食等）。尽管尊重生活的逻辑以及表述的差异性，每个部分的嘈杂声音也只是得到了部分体现，相对于复杂多样的生活而言，这个研究一定程度上还是显示出了某种有逻辑的"洁净版"，而且整体上有待进一步细化、丰富与深化。

不管是"疾病"还是"残缺"，都与18世纪以来西方的科学与医学话语的发展有关，或继承，或补充，或批判。那么，有没有更合适的框架来讲乳腺癌的故事呢？或者开发乳腺癌身体的第三种、第四种女性身体故事？这里不仅涉及经验材料的不同版本，也涉及研究领域身体故事讲述的学术语境与知识图示等问题，涉及更为宏大的社会学"本土化"的尴尬与复杂讨论。甚至，就当下来说，后者的紧迫性更强。我暂且把它归置为本章，我的研究，乃至目前的中国学术界的某种"残缺"。

[①] 此处感谢台湾辅仁大学夏林清教授在某次辅仁－人大交流会议上提出的建议。

附表 3-1 被访者基本信息

姓名	年龄（岁）	受教育程度	现住地	患病前职业	婚姻状况	有无子女	患病时间（年）	发现时分期	是否参加乐园
李毅	59	大专	非北京	银行职员	已婚	1子	1	一期	是
林阿姨	74	本科	北京	研究员	已婚	1女	14	三期	是
林珊	47	本科	北京	高校教师	已婚	1女	5	三期	是
思思	31	硕士	北京	企业职员	已婚	无	3	二期	是
灵雾	46	本科	北京	研究员	已婚	1女	5	一期	是
刘阿姨	56	初中	北京	工厂工人	已婚	1子	17	一期	是
奇阿姨	58	中专	北京	企业职员	已婚	无	18	二期	是
黎阿姨	65	大专	北京	中学教师	已婚	2女	4	三期	是
李玖	48	大专	非北京	公务员	已婚	1女	3	一期	否
伊时	40	大专	非北京	中学教师	未婚	无	4	三期	否
依阿姨	58	初中	非北京	工厂工人	已婚	1子	9	二期	否
师迩	50	缺失	北京	工厂工人	已婚	1子	6	三期	是
杉阿姨	71	本科	北京	研究员	已婚	2子	18	一期	是
施思	47	中专	非北京	医生	离异	1子	13	一期	否

第四章

跨越国界的身体与性/别

近三十年以来，中国人的性发生了迅速的变化，中国社会经历了一场堪称革命的性之变。这场变化不仅仅表现为传统意义上的性行为、性关系与性观念的层面，更体现在多元性别在社会上的显性化，以及性语言、身体表达、性与性别话语的丰富化与多样化（潘绥铭、黄盈盈，2013；黄盈盈，2008；魏伟，2015）。大众对于这场变化的感知是真真切切的，对其评价却是褒贬不一。"西方""传统"的性文化在有关"当代"的性/别叙述中经常被借用（及误用）。因此，在本章，我将集中讨论因为跨境的地理流动而加强的"中西方"语境下的移民们①的性/别故事，及其生产情境。除了研究过程，相关的，还包括在当下，涉及中西关系、涉及百姓的时局评议、涉及性问题的此类故事被学术界最终看到的可能性，即学术生产问题，包括投稿、审稿、出版等过程。

西方的性解放、性自由往往被大众认为是中国性之变的根源。即便不少学者倾向于认为中国在沿循西方的性解放之路，是西化与全球化的主要结果之一（如 Fan et al.，1995；Jeffreys，2006），但潘绥铭认为这种认识忽视了更为主要的根植于中国社会的初级生活圈及相应社会与经济结构的变化（潘绥铭，2003）。同时，传统的性文化，则被作为另一种参照用来感

---

① 本章的"移民"，偏重跨国流动而非国族身份，是指有着同时在中国与加拿大生活经历的中国人，且与两国保持经常联系。由于被访者大部分已入籍或持有加拿大居住证，为叙述方便，暂用"加拿大中国移民"加以统称。中国人，是偏重文化意义而非国籍意义上的指称。

慨改革开放后中国社会的"世风日下"。我在研究中国城市年轻女性日常生活中的性感身体时，曾分析过传统的女性身体与西化的性感身体在解释现代女性的身体观时的显著在场。

  在我们的访谈中，还有一种更为抽象的社会文化情境，主要表现为作为群体的"女－男"的性别框架、"现代－传统"的时间框架，以及"东方－西方"的地域与文化框架……尽管我们对于"过去"与"西方"并没有多少体验，但是在"性""身体"这些领域，中国的"过去"通常是作为一个"保守"的象征而存在，而"西方"则通常是作为"开放"的代表而存在。很有意思的是，在涉及"性"、"身体"有关的话题时，"西方"通常是作为负面形象而存在，在某种意义上成了我们逃避自己的一种构建。比如我们会说：艾滋病是从西方传进来的，改革开放后（从西方）引进了好的东西，也引进了糟粕（比如"乱七八糟"的性观念）等。即使是谈到"禁欲"，我们也得拿西方当例子：连西方社会现在都在反思"性解放"，回归家庭等。因此，如果说东方是西方的一种谋生之道，西方则成了东方的归因之所。（黄盈盈，2008：299）

"男－女""现代－传统""东方－西方"这种二元式的思维方式突出地体现在我曾经访谈过的城市女性之中。在涉及中西方的关系方面，在性/别与身体的领域，在至少可以追溯到 20 世纪初的政治意识形态与媒体文化的各类建构中，中国人在自己的生活中，糅合了地域与时间的两对二元论，建构起了"西方－传统中国－现代中国"三维[1]的日常解释逻辑。

  在这个三维逻辑里，西方与传统中国往往以一种对立式的关系出现，现代中国则已经受到了西化的影响，其与传统之间也呈现某种张力。如果

---

[1] 我在论及东西方、中西方、传统－现代的时候，用二元，而在论及"西方－传统中国－现代中国"的时候用三维，主要是考虑到这个三维的逻辑，究其本质而言，还是有很强的二元论色彩，但是又比中西方这样的二元论表述要更加细致，也更贴近中国人在解释身体与性/别等议题方面的日常逻辑。因此，觉得这种更为细化的三维分析是有意义的，可以对话于二元论，不宜简化为二元论来处理。

抽离了时间维度,从"把西方作为一种外在的因素影响了中国"这种常见的认识来看,中西方的二元式建构则依然强势。在这个逻辑里,如果说现代中国多多少少是人们生活于其中的经验感知,那么"西方"与"传统"则更多的是作为"想象"而存在,是否亲历西方,是否了解传统,在构建对于现代中国社会的性/别与身体方面,已经不重要了,重要的是人们对于西方、对于传统的认识。

不可否认,"东方 - 西方""传统 - 现代"等二元思维方式在理论界已经受到了很大的挑战与批判。但是生活中人们对于西方的想象,对于中西方的这种建构并不会因此而停息。虽然,人类学家们的经验研究也已经在更为日常的领域回应西方的二元结构(比如身心二元,Lock and Farquhar,2007),但是我觉得,在贴近中国人的日常经验方面,在理解中国人如何看待西方、中西方的关系,以及这种认识对于中国人来说意味着什么方面,此类问题的探讨还远远不够。

因此,在本章中,我感兴趣的思考点是:如果沿循着我之前的研究,认为"西方"在大众对于性之变的解释框架中主要是一种被建构的想象(因为人们并没有亲历西方性文化),那么对于那些有着跨国经历的人,对于既生活在中国社会,又有西方社会的生活实践的中国人来说,对于"西方"的认识是否会改变;会有怎样的改变;亲历西方,是否会带来新的解释逻辑。我关心的恰恰是在人们的日常生活实践层面的认知体系与解释逻辑,关心的"不是别人怎么看我们,而是我们怎么看世界"(项飚,2012:26),或者更确切地说,我怎么看自己与世界/西方的关系。身体与性/别,因为其日常性、"切身"性与敏感性等特点,在我看来,是回应这些问题的"有趣且重要"[1]的领域。

一 跨国视野下的性/别思考

跨国研究(transnational),据说是目前国际学术界的前沿议题,尤其是跨国与健康、移民与性/别相关的研究,更是近期感受到的热点之中的

---

[1] 这个说法源于我曾听到社会学界的若干知名学者评论性研究"有趣但不重要"。

热点。热点,也即意味着资源与推动此类话语生产的契机。因为这个契机,在加拿大 McMaster 大学合作者周艳秋博士的支持下,我加入了"生活在跨国空间:加拿大中国大陆移民的艾滋病风险及对于未来干预的启发"(Living in "Transnational Spaces": Gendered Vulnerability to HIV of Chinese Immigrants in Canada and the Implications for Future Interventions, CIHR 2011 – 2016)的跨国多点合作项目。

研究以艾滋病风险、性与性别文化为主题。在后期写作时,不同的合作者选择自己感兴趣的内容来写文章。基于我以往的研究,尤其是对于中西方想象的兴趣,我的关注点落在了跨国视野下的性/别与身体想象。

近年来,在西方学术界,跨国视野下的性研究确实在凸显,甚至有学者宣布性/别研究(尤其是男女同性恋研究)中一个"跨国转向"(transnational turn)的到来(桑梓兰,2015)。

"跨国性"(transnationalism)[①],并非一个固定的、具有统一认识的概念。结合已有文献对于跨国性概念的讨论,以及跨国性标题下有关性/别的相关研究,本章从两个层面讨论"跨国性",以及跨国视野下的性/别思考。

第一个层面的"跨国性"体现在地理意义上的跨境流动,但是,不同于以往大多数移民文献只是关注到跨出国界、流动到另一国的特点,"跨国性"强调持续地与两个国家相联系的特点(Tsuda, 2012),"在这些过程中,移民建立起并持续保持着流出国与移民所到国之间多重的社会关系"(Basch et. al, 1994:6)。有研究者将其与"全球化"概念进行比较,认为:"全球化着重强调去中心的理念,而跨国性强调联系,或者用一个更常见的比喻,两个或更多国家间的关系网络。也就是说,跨国性更注重对跨越国界和人、网络、组织间的联系进行探索"(Lunt, 2009:244)。全球化视野下的性与性别研究过于同质地、二元地对待西方与非西方的关系,跨国性视角则能带来更加复杂、联系性、多层面,甚至更为平等的性/别思考(Grewal and Kaplan, 2001)。

相较于"跨国性"概念的理论探讨,在经验研究的层面上,我感觉跨

[①] 出于语言习惯,本章用"跨国性"翻译作为名词的"transnationalism",用"跨国",或者"跨国的"来翻译作为形容词的"transnational"。

国流动背景下的性/别研究①并没有太凸显这个概念的同时性、动态联系及复杂化的特点，更多地依然只是强调流动的跨国界特点，或者跨国界的移民经历如何影响了他/她们的性/别认同与行为等。此类文献或明或暗地会指出"西方"与"非西方"之间的互动与张力，明示或暗示西方的开放与非西方的保守。

比如，有学者关注美国与墨西哥边境的跨国流动与旅游业的兴起如何影响性认同、性行为，以及政府对于性的监控，其中包括专门为同性恋者们设计的跨国旅游（Medrano，2013）。一项基于在纽约与秘鲁的长期田野调查研究，细致分析了互联网、跨国恋爱以及移民经历如何为男性创造了更多的性与亲密关系的机会（Vasquez，2014）。Smith（2012）的研究揭示了婚姻期待、对于同性恋的社会歧视、性探索空间的缺乏等文化因素如何限制了在澳大利亚生活的南亚男同性恋的性表达、他们是否移民的决定以及移民之后的性关系与性实践。个别研究者基于对异性恋移民人群的性的探讨，认为北美国家对于婚前性行为以及同性行为的宽松环境为单身女性移民寻求多性伴侣创造了文化环境（Collins Unger and Armbrister，2008），或者为已婚男性寻求同性性关系创造了更多条件（Zellner et al.，2009）。更多的有关跨国移民与性的研究是在艾滋病与健康的框架下进行的。常见的认识是：移民经历，尤其是从欠发达国家到西方国家的移民经历，所带来的生活环境的变化，加上远离家乡与家庭，社会支持以及相应的社会控制的减弱往往会增加跨国移民的风险性行为的可能（如 Hoffman et al.，2011；Parrado and Flippen，2010）。

回到中国相关的情境与语境，不管是理论概念还是经验研究，"跨国性"以及"跨境"的讨论都比较少。自20世纪90年代以来，国内有不少学者关注过"中国移民"在不同国家的生存状况，而且关注热度随着国人跨境流动的加强以及相应的国家政策近年来呈现增长的趋势，个别研究涉及华人移民的家庭生活（张少春，2014）。作为与本章相关的前期研究结果之一，周艳秋在深度访谈了34位在加拿大生活的中国移民的基础上，认

---

① 此类文献往往在题目或文中出现"transnational"，或"transnationalism"，或者在相关文献中被归为跨国性的性/别研究。

为移民海外使中国人能够远离中国的社会控制系统并受到"个人自由"和"隐私"等西方观念的影响，因此获得更大的空间去探索和表达他们的性；但同时，这一群体对性的问题仍然保持沉默，这在很大程度上是因为他们没有能够融入加拿大社会，而与中国保持了更紧密的联系。这种差距也增加了这些人的性健康风险（Zhou，2012）。此外，据我所知，还有些学者及草根组织（比如香港的紫藤）直接或者间接地关注过中国大陆的性工作者在其他地区（跨境或跨国）的工作与生存状况，或者境外的嫖客在大陆买春的研究。

相比于基于地理意义上的跨国讨论，第二个层次的"跨国性"含义则不一定以跨国移民为研究主体，而是侧重话语知识层面的跨国/跨文化思考，侧重在殖民主义的背景之下，在反思西方霸权的语境之中，在不断来回地思考西方与非西方（如中国）的关系中讨论性/别议题。或者反过来说，借由对非西方社会中性/别议题的研究与讨论，批判性地思考西方的知识体系，强调相对于西方而言的非西方本土性/别情境与语境的重要性。

比如，桑梓兰在《浮现中的女同性恋：现代中国的女同性爱欲》一书中专门探讨过跨国视野下的性思考，并指出有学者宣布在男女同性恋研究领域一个"跨国转向"的到来。桑梓兰认为，"认识到'本土的'形构和西方霸权之间的跨国联系和流通，这是研究第三世界民族国家的学者一项极其基本的任务"，"对性进行跨国性思考的忠告，对那些眼下专注于西方的性态且将自身局限于本土的和国家的阐释框架的酷儿理论家而言，要比那些正在研究现代第三世界国家中的性态的学者是一种更为有益的提醒"（桑梓兰，2015：9）。罗丽莎在研究中国改革开放时代的性别与欲望时，对话于西方的现代性框架，提出了另类现代性的观点（Rofel，1999；罗丽莎，2006）。她认为把本土与全球都看作脉络中的叙述生产而不是不证自明的存在，将更有助于我们在讨论西方之外、世界主义的同性恋认同时能够超越相似性和差异性的二元认识。James Farrer 对上海青年性文化的研究涉及上海女人与中国香港人、中国台湾人、美国人的约会以及在一个全球化的背景下如何解读中国社会的"开放"（Farrer，2002）。甯应斌等学者则开始更为自觉地对性/别议题进行"中国派"的理论思考，提倡"中国作为理论"的不同于西方现代性脉络的对话体系（甯应斌，2016a）。普拉莫讲述了 20 年的性故事（Telling Sexual Stories），在其新书中，专门论述了性的世界主义图景（sexual cosmopolitan）（Plummer, 2015）。

不管是地理意义上的"跨国"，还是知识话语意义上的"跨国"，本章认为都体现了重要的跨国性意涵。这两层"跨国视野下的性/别思考"也正好与我的兴趣相吻合，启发了本章的相关讨论与分析。综述已有的文献及我的思考，本章将在三层意义上使用"跨国性"概念。

第一，强调跨国移民在两个国家之间的持续流动、联系的特点，而不是定居在某一国的移民的他国生活，也不是讨论"移民"这一身份。在这层意义上，本章关注的是在加拿大与中国来回流动的移民，与两国都同时保持着持续联系，并具有跨国意识（来回比较中西方社会，把双方作为参照系）的加拿大中国移民。以此凸显"跨国性"这个概念所蕴含的同时性、联系性的特点，仅仅居住在加拿大或者获得加拿大居住证并不必然构成其"跨国性"。

第二，强调由此建立的多重社会关系与个体日常的跨国经验，而不是以国家为中心的国际政策层面的移民运动（Lunt, 2009）。在这层意义上，本章关注的正是中国移民的日常性/别经验，复杂多重的社会关系（侧重在性与性别关系），借用德塞托的概念，探寻跨国流动中的"复数的日常性"特点（德塞托，2009）。

第三，跨国转向中的性思考基本都是指向学术研究中的西方霸权与欧美中心，具体到本章，则主要涉及中西方关系的讨论。那么，西方语境中的跨国讨论与反思，与中国语境中的跨国思考与反思，是否一样，或又有什么不同。对于一位扎根于中国背景与语境，并试图对话于中国学界的研究者来说，我在本章中更感兴趣的是：中国人如何在中西方的不断比较中思考西方与世界，这种思考又如何用来反观我们对于中国社会及中国人的认识。

本章即在这样的"跨国性"认识框架下展开性/别思考：有着跨国经历的中国人，在日常生活中如何感知、理解、想象中西方的身体与性/别；以性/别为切入点，透射出中国人对于"西方"的怎样认识；"中西方"的二元框架在面临跨国流动与性/别实践的日常经验时会受到怎样的挑战。最后，我将尝试着在中国的性/别情境与语境中，反思性地回应"跨国性"作为经验研究的分析框架与叙述的内在逻辑，其意义及局限何在。

二 寻找移民，挑选故事

作为一项跨国的合作研究，我们的访谈在四个点展开：多伦多、温哥华、北京和上海。研究对象除了个别留学生和访学人员，大部分是入籍或者获得加拿大居住证的中国移民，这些人都有在加拿大和中国共同生活的经历，并且目前还与中国保持着密切联系。

访谈对象的招募方法，因地而异。在加拿大主要通过在华人社区网络、互联网上公开招募，辅助以个人介绍；在中国，则主要依赖于研究者的关系网络。在加拿大，符合条件的人比较多，因而比较容易找到被访者；在北京与上海，情况则较为复杂。由于在北京与上海工作的加拿大中国移民相对而言收入与社会地位都比较高，而且一般有自己的生活圈子，公开招募的方式几乎可以说是失败的，因此主要是通过各种私人关系来找被访者。我主要参与的是北京这个点的访谈，如何寻找在北京生活或者工作的、符合条件的、又愿意来讲性与艾滋病议题的移民，则是一个很大的挑战，费尽脑子，也发动了很多个人关系（包括研究助理鲍雨与贺天丁的亲朋好友圈）来找潜在的被访者。

为降低敏感性及扩大潜在被访者的圈子，原来招募广告中"自认为有性与艾滋病方面的风险"也因此被删掉。所以，在中国招募到的被访者，尤其是在北京（因为研究者关系有限，移民加拿大的人可能也不如上海多），留学生占了一定比例，性关系与性观念相比于其他研究点而言，偏向"保守"者相对较多。研究点的特点以及研究者的人际关系网络较大地影响了研究的过程，尤其是访谈对象的招募策略，也影响到所收集的资料特点，进而影响了本文的分析策略，影响了我们可以听到什么样的故事，生产什么样的故事。

整个研究一共访谈了 66 位加拿大中国移民[1]。主题涉及移民经历，尤

---

[1] 66 人中，22 人已入籍，34 人取得了永久居民证，7 位留学生，1 位持有一年访问签证，2 人情况未知。女 31 位，男 35 位。年龄在 21 岁到 58 岁之间，平均 36.7 岁。大部分人持有大学文凭。18 人单身，30 人已婚，5 人同居，12 人离异。大部分人自我认同为异性恋，5 人自我认同为同性恋，1 人双性恋。所有的被访者都与中国保持着紧密的、持续的联系，大部分人经常在两地穿梭（看望家人或者工作）。

其是移民之后在加拿大的华人社区的生活经历、与中国的联系、性行为与性关系的实践、对于两地性与性别文化的理解与认识、性病与艾滋病方面的风险认知与知识等。在征得被访者同意的前提下，用录音的方式进行记录。

本章的分析策略结合了扎根理论的视角、主体建构的方法论（潘绥铭、黄盈盈，2007）以及我的理论兴趣。最后的叙述与写作，也与之前的几章略有不同。甚至可以说这是我第一次尝试在多个访谈中选取几个个案进行叙述的方式。

通读所有的访谈材料之后，我深感移民内部在年龄（包括新旧移民）、移民类型（比如留学生、技术移民、投资移民、家属移民）等方面的差异性与多样化特点。综合考虑访谈资料的丰富性与复杂性，我既不奢望通过对这66个访谈个案的整体分析来全面了解加拿大中国移民方方面面的情况，也不想在某个主题之下对所有被访者的叙述进行切割式比较分析，而是结合材料所凸显的议题以及我的理论兴趣，提炼分析主题，并基于理论目的选择用于分析的个案，对这些个案的主体叙述进行呈现与讨论。

首先，基于材料以及性研究的重要面向，本章提炼了三个分析主题：①加拿大中国移民对于中西方文化中"关系"的理解，涉及约会、感情、性、婚姻及家庭关系；②身体吸引力方面的"中西方身体"的讨论；③有关中西方的戴套文化与性教育的表述，及这种表述所体现的中国移民对于两个社会中"性开放"与"性风险"的认识。

选定这三个分析主题的理由是：其一，它们在大多数被访者的叙述中不断被提及，就主体表述的层面来说是重要的内容；其二，它们涉及"性"（sexuality）研究的三个重要面向，即关系层面、物质性身体层面以及文化层面，就概念层次来说有其显著意义；其三，这三个性/别面向体现出研究主体不同的"中西方"想象，或者说对于"西方开放－中国保守"这种二元思维的不同程度，甚至是不同方向的挑战。贯穿于这三个面向的身体与性/别叙述，（性的）"开放""保守"等字样频频出现，我在论述过程中也会具体检视这些常用词语指向身体与性/别的哪些面向，细化其用意。大体上本章沿循的是跨国视野下（具体涉及"中西方"）性/别想象的叙事逻辑，而非某个移民的生活故事（包括性实践）逻辑。

在提炼了以上三个身体与性/别的分析主题之后，我在所有的材料中选取了4个个案进行重点呈现与分析。四个案例的选取依据的不是量化的"代表性"，而是理论意义上的适合性与充分性，即这些个案是否适合并能有相对丰富的信息可供我探讨提出的研究问题。我将尽量翔实地展现这些个案对于中西方性文化（具体到三个分析主题）的表述与认识，并结合相关跨境流动的背景讨论其跨国经历与性/别想象之间的关系。在行文中，我也会结合其他访谈材料来帮助理解相关议题并在一个更宽广的面上定位这些个案，以呈现个案之间的异质性，以及把握所选择个案在本研究中的"独特性"或"普通性"。

我把上述这种分析策略总结为"主题式+个案式"的叙事分析（黄盈盈，2008）。这样的叙述方式，在我之前的研究中有所涉足，但是不如本书用得彻底。它既区别于以往在多个访谈基础上，对访谈材料的切割与比较分析，也区别于单个个案的完整性分析。也因此，从研究小组内部讨论到再向专业期刊投递论文的过程中，受到的最大质疑也在这里：从66个访谈个案中仅仅选取了4个个案的片段来分析，其合理性何在。就在敲下这段话的同时，我也正处在思考如何回应一篇英文文章评审意见对于这种处理方式的质疑。另一个我经常遇到的审稿意见，则是原文中材料部分过于详细，经常有大段大段的引文，缺乏细致的解读与分析。一定程度上我同意这样的意见，也因此在论文修改中进一步精简材料，且在被访者的叙述之间，插上了更多自己的分析，尽量使其变得"夹叙夹议"。不过，在书稿写作的时候，我觉得其论述性可以不用那么强，也因此又重新增加了一些引文。

不同版本、不同审稿人、不同读者对于故事的要求是不一样的，当然也会影响到最终的故事创作。在研究领域，最终的产品除了与我们研究者、资料收集者（如果不一定完全重叠的话）、被访者的直接参与有关，资助方、故事的载体与发表平台（期刊、网络、图书等）、编辑等都是重要的创作环节。

为彰显经常被隐于后台的"审稿"环节的重要性，我在本章末尾附上（本章原型，书稿呈现部分有所改动）收到的某一期刊的审稿意见（匿名）以及我的回应，作为平时不可见的推动研究类故事生产的一个重要幕后环节。审稿意见，在我看来还是认真与敬业的，也提到了重要的、需要进一步讨论与对话的点，也因此，我比较认真地加以回应（虽然基本上属于坚持己见）。选择在这章中呈现审稿与回应的环节，除了因为这种"认真"，也是因为这件事情正好发生在写作书稿的过程中，更加具有"在场性"。

在一个期刊明确告知，此类性/别议题不够"高大上"，另一个期刊最终在定稿会上"毙"了这篇文章，却没有给出任何理由之际，加上期间一本与小姐有关的方法书，在两年的时间里，难以出版，我多少感到气愤。如果把此处对于背后故事的说明当成此类故事写作者的宣泄，也未尝不可。研究者在按下提交键完成投稿、忐忑地等待"审判"、回应不同风格的评议（有切中要害者，也有眼高手低者，或者不切实际者；我通常要放置至少一周才有勇气正视并思考如何回应及修改）、消化拒稿信整个过程中的情感卷入与情绪波动，自然也是故事生产过程中的重要部分。想来同僚都有体会，编辑也能够理解。

回到对于所选择个案的质疑，我的想法是，尽管这种分析策略并不足以对个案的完整性（移民的生活故事）以及所有个案间的差异性加以充分地呈现，甚至依然带有很强的片段性，但是也恰恰因为在两者之间选取了一个平衡点，一定程度上兼顾了材料的叙事性与丰富性，在材料库庞大而篇幅有限的前提下，可以较好地借以回应本章提出的研究问题。而且，在定性研究写作依然没有很强的规范时，多些故事创作的方式也无妨，甚至有益。

不过，我也不得不对为什么选取这4个个案做出进一步的解释与说明。4个个案的选取理由也可在以下个案概述中得以窥见。

林子，20多岁，目前是加拿大某大学的硕士研究生，到加拿大已经三年，放假期间基本都会回国看看朋友与家人。林子是一位思想比较开放的男生。与其他的被访者相比，他的叙述更加自觉、有逻辑地比较了中西方文化在约会、情感关系等方面的差异，以及性在这些关系中的不同位置。对于西方的约会文化持有比较认同的态度。林子认为自己的认识早在来加拿大之前就已经形成，通过影视媒体对西方性文化早就有一定的了解，但是这种认识在来到加拿大之后更加具体化、生活化了。

杜伦，30多岁，自我认同为同性恋，2004年来到加拿大后，经常往返于中国与加拿大。杜伦在中国的时候就有过中国男朋友，目前与白人男友生活。他认为相比于中国社会，加拿大社会对于同性恋的开放环境是他移民的重要动机。杜伦毫不忌讳地谈到自己对白人男性身体的性偏好。他强调中国的交往文化对于家庭背景、社会地位等因素的看重，而西方则更注重身体本身的性吸引力。杜伦的很多表述暗示着他受西方同性恋主流文化的影响较大，对于西方的同性恋文化有种美化的想象与拥抱。

董强是一位30多岁的已婚男性。2009年移民到加拿大，先是上学，然后开始做咨询顾问工作，因项目需要经常来往于温哥华与北京。跟其他被访者相比，董强在生活中会比较经常地与妻子谈论性的话题，尤其是关于中西方男女身体的性审美以及性健康方面的话题。他尤其谈及妻子以及不少在中国的女性朋友对于西方男女身体的偏好。董强有意识地反对"中国－西方"这种二分的表述，认为中国早就受到了西方文化的影响，且这种影响是一种"入侵"式的。他认为自己的这种认识未移民之前就已经形成，而不是跨国的生活经历带来的影响。

文兰是一位中年女性，2003年随丈夫移民到加拿大，之后不久就离婚了，目前有个加拿大男朋友。文兰的叙述突出了她所感知到的中西方迥异的"戴套"文化。文兰通过自己与之前的中国老公以及加拿大男友的跨国性经历的比较，认为西方人的保护意识是很强的，这极大地影响了她自己的认识及行为。在我看来，文兰的表述强化甚至夸大了中西方在戴套、性教育方面的差异，强化了"中西方"的二元想象。

三 身体与性/别的中西方叙述

（一）对于"关系"的叙述："中西方"语境中的感情、性、性别、婚姻与家庭

大多数移民在叙述中提到了中西方文化对"（情感）关系"的不同理解，尤其是性与爱情、婚姻、家庭之间的关系。林子的表述尤为清晰、有逻辑。

对林子的访谈是在他回北京过暑假的时候进行的。林子是个社交生活比较活跃的男生，而且对于"性"的议题也不避讳。在泛泛地被问到"加

拿大的生活与这边有什么大的区别时"，林子在简单提及"环境资源"（绝大多数人首先会强调的特点）之后，就主动地转到了人际关系与私密空间。

> 在那边（加拿大）人跟人之间的边界是很清楚的，而在这边（中国）我们的距离是很近的，干涉别人私生活的事情是很常见的。

让我印象深刻的是，相比于大部分其他被访者更为零碎的表达，林子夹杂着英语，对中西方的感情观做了更有逻辑的梳理：

> 我觉得可能感情观和西方人也不太一样……比方说他们好像从两个人 hang out 到 going out 到 date，再到 relationship、engagement 再到 marriage 分得很清楚，然后两个人也会不断地确认在哪个 stage，如果你不想继续，就分开或者怎么样。中国人好像是一个，至少感情阶段划分得很不一样，我们不会那么清楚地表达，我们就只有两个人在恋爱，不在恋爱，现在好像还有暧昧期之类的……我觉得，我个人感觉啊，就是感情观方面不太一样……他们这个文化把恋爱这个事谈得特别明白，几乎女生到了十六七岁，男生晚一点到十八九岁，都明白这一套符号体系，或者说 code，拉手啊，然后我们一起吃饭，吃完饭之后没有 sex 或吃完饭之后有 sex，但是 sex 之后，男生会回自己家，女生会回自己家。他们会定得很清楚，而且是很敏感，这个关系一步一步。然后我从朋友身上能够感受到这种，就是他不到 relationship，他不会说自己在 relationship，我们就是说暧昧一段表白了那就是恋爱了，至于恋爱，其实恋爱我们中国也有很多恋爱三年，没有进一步身体关系的，也有一两个月就有身体关系的，但是我们中国只把它统称为恋爱……
>
> （那他们恋爱之后跟家庭的这种关系是怎么样的？——访谈者）
>
> 他们分得很清楚，就像我们中国会，我自己其实就经历过这些事情，就是见家长，然后家长会干预，会不满，会表达一些，很强烈地表达一些情绪，其实有点像印度，在西方人（看来）父母有很大的发

言权。但是在西方的话，你可以完全不跟父母讲，你不想讲的话，任何人你都可以不讲，它是一个非常隐私的事情……因为在你18岁意志独立、生活独立之后，他们只是和你人格平等的人，我觉得西方的话，家人和情感关系还是分得比较清楚，这两个边界都不会互相打架……

在林子的叙述中，西方人对于感情发展的阶段有着清晰的界定，而且人们（至少是美国与加拿大这两个西方国家的）对于这种界定的符号是共享的。在这种文化里面，性与恋爱关系、婚姻、家庭的区分是明显的。比如，在西方，两个人可以先基于吸引成为性伙伴，但轻易不会说"in a relationship"（处在关系中），更不会因为发生了性关系，感觉到结婚的压力；而中国人的"恋爱关系"则是一个模糊的、暧昧的概念，没有一个共识的、清晰的定义。另外，家庭（父母）对于子女恋爱、婚姻关系的介入是不一样的。作为一个在加拿大校园生活了三年左右的年轻人，林子在表述这些中西方差异时，经常性地提到"隐私""独立"等字眼。

在我看来，林子对"感情观"的比较主要指向构成人们初级生活圈（潘绥铭，2003）的各类亲密关系，尤其是性与恋爱、婚姻、家庭之间的关系，其中当然也涉及性别。即便是现在的（中国）年轻人也已经更加地"西化"了，这种约会文化、中西方性文化的差异还是明显地存在着，年轻的群体也依然还是有着"历史包袱"与"传统包袱"。这种"包袱"同时是性别化的：对男性而言是责任感，对女性而言则是怀孕风险。

其实从年轻人来讲，现在的观念差不多，都可以公开谈论性，自己有性的需求，但是我觉得特别不一样的一点是，我们还有一个传统包袱在那儿，特别是父母的家庭的包括特别具体的像贞操观这些东西，我们需要克服的东西特别多。他们主要是可以特别坦诚地去要求这个，比方说你到酒吧来，我到酒吧来，大家就基本上明白，如果是单身在喝酒，你是 available，我也是 available 的，谈得开心也互相对对方有第一印象的好感，这一次或者下一次就基本上可以了，就可以进入那个身体关系了。但是这边（中国）的话，即使男女关系都需要克服特别多的思想负担和压力，然后男生要考虑承诺和责任，女生要考虑不在一起会怎样，这些东西会成为一个代价，或者说无保护行为的话还要考虑怀孕风险等这些东西。所以就会发现一个还有历史包袱和传统包袱的群体，就会额外地多出很多东西来。

林子到了加拿大之后，比较积极地参加校园的活动，而且不把自己的生活局限在华人朋友圈子。因此，在他的表述中，印度同学、加拿大同学的例子会多次被带出，作为交友、"约炮"重要场所的校园酒吧文化和party文化也经常被林子提及。不过，他并不认为自己对于"感情观"的中西比较是来到加拿大以后才形成的："我觉得我去之前就已经，很多观点、想法就已经很受西方这些流行文化、电影一些初级的影响了……"到了加拿大之后，跟同学的实际交往，以及身边不同国籍朋友的具体例子，使其更加加深、丰富了这些认识。

林子对于感情关系的"中西方"认识，在其他被访者那里也不鲜见，只是其他人的表述更加零碎与散见。与林子不同的是，尽管其他人也会强调西方人对于"确立关系"（尤其是婚姻）比发生性行为更加严肃，但是对于他们来说，这是移民之后的"新发现"（林子则认为自己在中国的时候就知道了），以前并不知道加拿大人对于婚姻和家庭会这么认真。更多的人（尤其是年纪大一些的人）原以为，家庭责任感是中国的传统特色与美德，而西方人并不看重家庭。这种认识随着移民，随着对加拿大社会的逐步了解受到了挑战。这种"新"的认识又被我们的大多数被访者反过来批判现代中国的"包二奶"、婚外情之类的"不负责任"的现象，不少人以一种痛惜的口吻斥责"现在的中国人在性方面比西方更加开放"，从而也扭转了"中国保守-西方开放"的认识。个别人更是批判性地指出中国社会的这种"性开放"不是真正的"开放"，恰恰是"不开放"，是"乱"，是"失败"，因为人们不会处理关系，不知道自己为什么结婚，这种状况与其说是"开放"，还不如说是"处于低级的阶段"。如果说林子对于中国性开放的表述还偏向中性的话，不少被访者，尤其是移民加拿大时间比较久、年龄偏大的被访者，则带着一种"恨铁不成钢"的情感在表达自己对现今中国社会的认识。"亲历西方"的经历所带来的认识与情感，让我多少想到五四运动前后的中西方碰撞，只是主体从精英过渡到了普通百姓。这种种对于"中西方"的认识，确实是挑战了相当一部分人原有的观念，对于"西方"的认识也开始出现了一些差异性与多样化的表述，但是，这种挑战是在具体内容上导向了另一个方向的"中西方"建构，还是复杂化了"中西方"的二元建构？改变这种认识的经验基础又是什么？我将在后文集中笔墨深化这些"问题"的讨论。

（二）身体吸引与性技巧：中西方文化中身体的缺席与在场

自20世纪以来，性的建构主义视角极大地挑战了性的科学主义（潘绥铭、黄盈盈，2007），在此脉络之下，相对于性文化、性认同研究的兴起，曾经占据主导位置的性行为、性的物质身体的一面在一段时间内被研究者极大地弱化了，也在某类故事叙事中逐步消声。这个因为曾经被批判而遭遇忽略的物质性面向，在最近几年又再度引起了学者的反思与关注。

在访谈中，跨国背景下的"中西方"身体是在场的，而族裔的问题在这类叙述中开始凸显。比如，常见的泛泛表述有：中国女人更有可能找白人男朋友，而中国男人则不会找白人女朋友。也有少数人会具体地比较白人与中国人在身体吸引力与性技巧方面的差异。这里以两位不同性取向的男性为主来分析跨国移民眼中的"中西方身体"。

我们是在多伦多访谈的杜伦。杜伦自2004年来到加拿大后，经常往返于中国与加拿大。在中国的时候已经是一位事业成功人士，之所以移民，不是考虑事业的问题，而是因为同性恋的身份。尽管杜伦在移民之前就有丰富的性生活与感情经历，他最终还是决定移民加拿大，就是觉得加拿大社会整体上对待同性恋更加宽容。在杜伦的叙述中，这种"觉得"是有生活经验的例子来支撑的，比如他提及一位白人同事是同性恋，但没觉得大家对他有什么区别对待。他多次提及在国内尤其担心自己的同性恋身份会被家里人知道，让家里人蒙羞。而婚姻的压力是杜伦决定移民的一个主要动力。

杜伦不仅比较了中国与加拿大对待同性恋的社会宽容度，同时关注到中国内部的分层：小城市的保守与北京等大城市的相对宽容。他自述在20多岁的时候意识到自己是同性恋，并交往了一位中国男朋友，现在在加拿大有个白人男朋友。他的叙述，尤其是对于中西方身体的看法，多少与自己在两国亲身经历的性经验有关。

杜伦清楚地表达了自己对于白人男性身体的偏好。跟很多被访者不同的是，在涉及自己的跨族裔性关系时，他并不认为族裔是一个问题，即便是在访谈者不断提示与"启发"之下，依然坚定地认为自己不觉得与白人男朋友之间有明显的权力关系。他认为这种关系更多的是基于身体的吸引，甚至将其归因为"天生如此"。

（我们其他研究中也有，就是很多时候跨族裔之间关系是一个非常敏感的区域，你现在的 partner 是一个白人，你是亚洲人，像你刚才讲的亚洲人在 gay 的圈子里是没有权势的……——访谈者）

对，是不受欢迎的。

（那么你觉得你们在夫妻的亲密关系中，这种族裔的东西会起作用吗？——访谈者）

啊，没有。是那样的，就是同性恋之间吧，也像找对象一样，他也有一个喜好，就是有一些白人，但是非常非常少数的白人，他不喜欢白人……但是他们喜欢亚洲人，就不论亚洲人长得多么不好，或者是多么怎么样，他就是喜欢亚洲人，就那种心理是与生俱来的，他一出生了就喜欢亚洲人，就不喜欢白人，就像我一样，一出生就喜欢白人，但是我以前男朋友也是亚洲人……

（白人）长得漂亮，哎，这的确是，90%的要比亚洲男的漂亮，很普通的白人都比亚洲人漂亮，这是公认的事实。他长得漂亮，谁都喜欢漂亮。第二呢，他长得白，白，特别干净，他全身都干净……亚洲人就不一样，亚洲人，他因为皮肤黑，所以给人的感觉，是两种感觉……

杜伦进而表示自己对于白人身体的喜爱是他从小城市到北京之后就已经有了，只是移民到加拿大之后更加强烈。

我以前在大学的时候吧，就觉得白人好，就是有那么一种吸引力，但不是那么强烈，就是偶尔在脑子里面闪出来那么一点儿东西说白人好，就是很吸引我。但是一闪就过去了。然后到北京之后，环境也变了，接触东西也多了，那种东西吧越来越强烈，就觉得白人好，而且我在北京还真接触白人了……

在叙述中，杜伦极力掩饰白人的社会阶层因素在塑造身体"魅力"时所起的作用。这与他在访谈的其他地方凸显的种族问题差距比较大（比如亚洲男性在白人社会中处境不乐观）。我们的访谈者显然不甘心杜伦的回答，当再次问及这个问题时，杜伦开始分析中西方社会中身体的缺席与在场。

（那对于亚洲人来说，白人的社会阶级等这些东西，非身体性的东西会对所谓的魅力产生影响吗？）

我感觉没有。在国内找朋友，男和女之间的找朋友也好，女的和女的找朋友，或者男的和男的找朋友也好，国内的标准跟国外的标准完全不一样。国内可能会把他的收入或者社会地位都考虑进去，甚至家庭背景都考虑进去，在国外从来不考虑这些。我从来没考虑过这些，说他挣多少多少钱，或者他是什么样的工作，家庭背景是什么样，我从来都没考虑过……在国内我必须要考虑。

杜伦非常清晰地指出中国的交往文化（他强调不管是同性恋还是异性恋）对于家庭背景、社会地位等因素的看重，西方则更注重身体本身的吸引力。尽管在访谈其他部分，杜伦表示自己受中国传统文化的影响还是蛮大的（他所说的传统比如对家庭的重视、饮食／储蓄等生活方式），但是在此处，显然是把自己归为认同了西方性文化的阵营，对西方社会的同性恋文化有一种更加正面（乃至美化）的表述，倾向于用"对白人身体的天生喜爱"这种"本质论"来掩饰西方社会中族裔、阶层等社会因素的塑造效应。

杜伦的表述可能有其独特的地方，比大部分异性恋更能开放地谈论性与身体的吸引。但是，在我们的研究中，也有不少异性恋移民（包括女性与男性）会谈到中西方的身体区别以及性技巧方面的差异，只是通常寥寥数语就带过去了。董强是其中稍微详细地谈及身体层面的中年男性。他这么表述与妻子的审美差异以及中国城市女性对于白人（尤其是男人）的想象与认识：

> 嗯……比如有的时候会谈：夫妻年数比较长了，让这生活更丰富一点啊，让性的活动变得更有情趣一点，或者说怎么着你感觉会比较好，或者说怎么着我感觉会比较好这些事。有时候会看一些影碟，片子啊，然后里面会有一些性的场面，可能会评论……
>
> 因为女性对于女性和男性都存在着主观审美的方向。她就喜欢西人的这种身材，女士胸特别大，腿特别长。然后对男人，白人男人皮肤哪哪都修理得特干净，男性特征都特明显的那种。我呢在男性审美方向上跟她类似，但我对女性来说，亚洲的风格，中等苗条，中等丰满，不要显得太狂野，不要嚣张得像野兽那种架势，比较含蓄，比较东方的那种味儿。哎，有时候我们俩就谈一下这种审美差异。

在访谈者的提问下，董强进而分析这种审美观与原有文化，尤其是与从小的成长环境之间的关系。董强夫妻俩都是北京人，都算是思想上比较前卫的人，比如他觉得他妻子可以容忍没有感情的婚外性关系，"很前卫了，就是从北京这样的城市来的，中国特有的"。他妻子对于西方人身体的审美喜好早在北京的时候就已经形成。董强认识不少在北京土生土长的女性朋友也是这样的审美，认为这些北京的女孩子们认为白人更会关心女性、性技巧方面更讲究。

> 我觉得这是一个很奇特的现象。不光在她这儿，在北京土生土长到现在也还住在北京的我的一些女性朋友，她们也有相同的审美观。就是在性方面存在着一个西方文化对于东方文化的入侵，存在着一个发达国家对于发展中国家的文化入侵，从性审美的角度来讲，从北京女性交男朋友的角度来讲也能看出来。北京好多年轻的小女孩包括我认识的，很愿意交白人和发达世界的男朋友。不是为了移民，不是为了学业，不是为了求职信或推荐信，或者是职业上的发展，不是为了这些。她们在中国国内生活工作得很好，从性伴侣的角度来讲，有相

当这样一个群体对发达国家或西方人的 Caucasian 白人这种好像更能接纳一点。各种原因吧，有社会、文化、教育的原因。她觉得白人更有教养，对女性更关心，更照顾。然后比如说在两性的活动上更会讲究技巧一点，不是光考虑自己的享受这些的。这是一个客观原因，再有一个原因就是文化媒体的入侵，使得这方面正面的信息更多地入侵到发展中世界的人们的审美中。

董强的说法在其他的被访者中，尤其是与白人有过交往经历的女性被访者中，也经常被提及。比如后面会介绍的文兰就是这么说的。

> 外国人他又不买房子，他又不存钱，这种男人你敢跟他吗？但外国人很体贴的，很浪漫的。这一点是中国男人比不了的。对女人体贴啊，浪漫什么的，买个花啊，这些都做得很好。就是没钱吃饭，也得给你买礼物……

换言之，董强的叙述中并没有跨国流动经历的北京女性朋友，她们对于白人男性的认识与想象与有着移民经历的文兰并没有太大的差异。董强对此有自己的解释：除了"客观上确实如此"（我理解为他也承认白人男性更加浪漫、更关心女性等），更重要的是西方文化的"入侵"。董强表述中的中国大城市女性对白人男性身体的喜好，不仅是关注皮肤干净、男性特征明显、性技巧更好，也是更能照顾女性、更浪漫的社会与文化身体，如果结合他的"西方文化入侵论"，那么身体的政治性也显而易见。在他看来，"中西方"的二元划分早已经没有太大的意义了，或者说"西方"早已经不是地理位置上的概念，类似于北京之类的大城市，早就已经有了"西方"的文化特点，性方面也早已经非常"前卫"，其影响途径则带有西方浸入东方的霸权性质。

不过，如果结合董强在其他性/别议题上的表述，那么这种认识多少会呈现冲突性与复杂性，或者说在另外一些表述中，中西方的二元色彩依然明显。比如，他非常强调东西方女性在交朋友、性方面的深层差异。

> 她们（在加拿大的中国女性朋友）有时候跟我谈的更多的是她们喜欢什么样的男的……在性的方面也会谈得很明确，想要什么什么样的。但是她所 enjoy 的那个过程，你具体一谈她还是希望你主动，这是我看到的东西方女性的差异，即使在年青一代也这样。这也是我看到的许多中国的男同学即使是从小在美国、加拿大长大的，他愿意找亚洲女性朋友，而不愿意交美国本土白人姑娘的原因。他不喜欢家里那个像动物那样凶猛，他不喜欢那样。

在我们的访谈中，对于中西方男性身体的比较式谈论时有出现，也有一位被访者提到过黑人的身体。个别男性移民或者泛泛叙述，或者基于自己的跨族裔性经历论述过白人的女性身体以及在性方面更加放得开。但整体而言，如同大部分加拿大中国移民会论及的，亚洲男性与白人女性交往的情况远远少于白人男性与亚洲女性的交往。所涉及的"身体"喜好，显然不仅仅是叙述中所呈现的肉身性身体，更是一种社会身体与政治身体。

（三）戴套文化与性教育：中西方之性的"开放"与"安全"

在谈及中国和加拿大的性问题时，在涉及性开放以及其与性安全之间的关系时，一种更为差异化和复杂化的"中西方"叙述开始浮现。

一方面，有些移民坚持"中国更保守，加拿大更开放"的论述，并因此认为加拿大在艾滋病、性健康方面的风险更大。另一方面，也有相当一部分移民，包括男性与女性，强调近年来中国的开放与混乱，表述中充满一种否定的口吻。他们复杂化甚至颠倒了"中国保守，西方开放"的认识框架，认为西方实际上没有原来所想象得那么开放（部分人强调他们对于家庭的责任，部分人提到了宗教的作用）。除了提及生意人找小姐之类的现象，有些被访者则认为，现在最开放的人是那些移民到加拿大之后的年青一代，这些人把中国和加拿大的双重开放集于一身；这些年轻人往往很有钱，而且因为离开中国家庭的管束，风险更大。虽然我们并没有更广范围的数据来支撑或者反驳这样的认识，但是在访谈中，确实也碰到过几位年轻移民，比如木子，移民到加拿大上高中，跟亚洲以及加拿大好几位不同族裔的男朋友有过性关系，而且很少使用安全套。

随着大部分人意识到"中国越来越开放"，至少这样的一种认识逻辑开始出现：加拿大在性方面是挺开放，但是他们对于安全性行为的意识很强（使用安全套），从小就有着较好的性教育，所以实际上风险不大；但是，中国的开放不一样，乱、性教育没有跟上、安全套使用意识很弱，所以风险更大。是否用套，是否有保护意识，是否有好的性教育，被认为是很重要的中西方的性文化差异。

目前在温哥华生活的文兰就详细论述过她所感知到的中西方迥异的"戴套"文化。文兰是到了加拿大之后跟丈夫离的婚。通过自己与之前的中国老公以及加拿大白人男朋友的实际交往经历，她认为西方人的保护意识是很强的，而且这极大地影响了她现在（以及将来）的认识及行为。

（你刚才也提到，你2005年就离婚了，离婚以后你就在这边找男朋友了，那在这个过程中你有没有这种感觉？——访谈者）

就后来我找了一个外国男朋友嘛……对，就现在这个。然后就有性行为了……对，完全local的。他们就很在意，他们一定要用避孕套的……你知道中国人好像还觉得你又不是跟人家性交易，还用避孕套，好像不好吧……但人家外国人就是要用……一开始上来用的，但后来关系好了就不用了。但我就觉得当时一开始挺好的话，他说不要我也不会提用的……因为不好意思嘛，人家会觉得你是跟我在性交易还是什么的，你怎么会跟我提用避孕套呢？我们是在谈恋爱吗？我们是大概谈了快一年以后，才有的第一次性行为……11个月，按理说11个月了有性行为也完全正常了，在这个地方。然后外国人他就提要用避孕套了，然后我就很震惊，外国人真是有保护意识。

文兰在叙述中多次强调自己以前如何缺乏保护意识，而外国男友如何多次"教育"她为什么要使用避孕套，甚至是纠正她对于"避孕套"的理解与意义，不是只有小姐、乱来的人才要戴避孕套，戴避孕套也不是说不信任对方，而是一种自我保护措施，是一种文化常态。

我没有想过，没有想过这个问题……然后他就提出来，他就是说怎么你们中国人一点保护意识都没有？（笑）这跟感情没关系，不是说因为我和你感情不好,我防着你,我才用避孕套,不是这个意思。那我问他们外国人是不是一直用避孕套?他说外国人人家有的结婚好几年了,也一直用避孕套。

……后来我就意识到如果他不提的话,我根本想不到要保护自己,缺一种保护意识。所以我就觉得外国人有这个意识。后来我就问他他怎么会有的?他说他们上中学的时候老师就教,老师教他们一定要有这个保护的。

(但是反过来讲,我在想,那他向你第一次就提出来用避孕套,你有没有觉得你怎么跟我提这样的问题啊?你是不是不放心我啊?)

我当时还觉得我们又不是性交易,好像弄得跟性交易一样……夫妻或感情好的人不需要用。外国人就跟我说这跟感情好不好没关系,这是保护……

(你觉得是这样,你这个男朋友当时讲的是"你们中国人"是单指呢?还是?)

他说的是"你们中国人","你们中国人"胆子怎么这么大?具体怎么说的我忘了,但他的意思就是说怎么一点保护意识都没有。

文兰不断强调跟老外男友的交往对她的改变比较大,"我就是从跟外国人的这个经验改变的",以前从来没有跟中国老公谈论过戴套的问题,如果不是跟这个外国人有过这次经历的话,她根本不觉得自己有风险。

我从来不去夜场什么的,而且我也没有性伴侣什么的。就是普普通通的,就是老公,就是家庭生活,就是过日子。不是像人家好像外面还有点"花头"什么的,我没有。所以我不觉得我会有这方面的风险。

她进而表示,今后如果再跟中国人谈朋友(她还是觉得结婚的话,找个中国人比较靠谱),也会提到要用避孕套。如果对方质疑,"我就会把外国人跟我说的话说出来,这个跟感情没关系,这个是必要的保护"。不过,在叙述中,文兰又提及:"除非你现在马上去验一个,验出来没有任何毛病，我才可以不用避孕套……"

我感觉，现实生活中，文兰的自我保护意识、戴套实践会不会真如她此刻所表达得那么肯定，这是一个待定的问题。她基于自己的跨国交往经历而对"外国人普遍戴套"的论断也不乏概化与想象①。但不管怎样，从文兰这个个案来说，她的主体叙述非常强调与白人男友的交往经历带来的影响，强调中西方戴套文化的差异，在我看来甚至是在强化这种二元的差异。

类似于文兰，相当多的被访者在提及中西方性文化时，会强调西方人的自我保护意识更强，性教育做得更好。他们在叙述中往往引用自己的孩子或者身边的朋友，以及个别人自己在加拿大上学的经历，认为加拿大在较早的时候就开展学校性教育，更加自然地谈论性、自我保护以及艾滋病的问题，把戴套看成一种常态的行为。戴套，在中国的文化里面，则经常与"夜店"、性交易等议题联系在一起，与非常态及污名化的想象联系在一起。除了有个别中国大城市来的年轻人提到在大学阶段接受过性教育，大部分的中国加拿大移民表示自己在成长的过程中没有接受过性教育，中国性教育做得很差，而且都倾向于认为这是跟西方很大的差距，认为这也是造成中国男性不愿意用安全套、女性又不好意思提出用安全套或者根本缺乏自我保护意识的重要原因。

尽管，大多数中国移民对于"西方性教育"的认识依然不乏想象的成分，尤其是容易从身边的例子扩大到对整个"西方"的认识，对于中国性教育的认识也不乏偏见，但是这并没有减少人们在日常生活中对于中国性教育与性实践之间差距的感知，这种主体建构意义上的感知是实在的，所投射的"中西方"之间的差异甚至有被夸大、强化的印迹。

（四）跨越"中西方"的身体与性/别想象？——讨论与回应

有着跨国经历的人们如何想象西方以及中西方的关系？在多大程度上，跨国的切身经历改变了人们原有的对于西方的性/别想象？跨国，跨

---

① 我们的加拿大合作伙伴之一不断质疑文兰的这个判断，认为她对于西方社会的戴套文化的理解太过武断或片面，夸大了中西方戴套文化的差异，也一再提醒我要更为批判性地分析文兰的表述。

147

越了什么？本章的个案正是从触及初级生活圈的"关系"、身体吸引、戴套文化三个性/别的重要面向回应着上述的问题。

概括而言，在身体与性/别领域，我在之前的研究中所发现的"西方-传统中国-现代中国"三维的日常解释逻辑依然存在，"中西方"的论述框架并没有随着后现代的质疑消失在人们的日常叙述中，也并不必然随着身体的物理跨界而受到颠覆性的挑战。尽管"西方"很大程度上依然是一个想象的异邦，但是，随着跨国经历的增加，中国人对于西方的想象在不断地丰富化与切身化（比如对于关系的论述），却也可能把自身经历极大地泛化，从而带来认识上的固化与新的偏见（比如戴套与性教育的认识）；某些面向的身体与性/别的中西方认识发生了比较大的变化，另外一些内容则又几乎没有改变。此外，这种想象所依据的社会学事实、所投射出的社会情绪在发生改变。这种变化，既指向移民者以前的看法与认识，也指向我以往的研究发现。

首先，相比于我以往的研究与认识，（已然西化了的）"现代中国"的"性开放"不断得到强化。而且，在加拿大中国移民们的叙述中，西方的开放，褒义的色彩在增加——并不如自己原来所想象得那么"乱"，关系的界定、约会的规则、家庭的责任等内容开始出现，所不同的只是性与恋爱、婚姻之间的前后顺序。中国的开放，则越发负面，甚至"低级"，其表述往往与恋爱的暧昧性、不知道如何处理婚姻关系、不负责任乃至贪污腐败联系在一起。此外，西方的开放，有性教育在保驾护航，因而虽然开放，但是风险并不高，中国的开放与性教育的落后并存，因此更加具有风险。这种认识，虽然不具有普遍性（比如不少被访者依然认为西方社会性风险更高），但是在不同性别、年龄以及移民特点的被访者中都有所论及。

可以说，"性开放"这个概念，在跨国背景下，在中西方的不断来回比较中，更加具体化，从而区别于泛泛的评论，或者仅仅指向"关系很乱"层面的大众化认识，人们因为自己的生活经历的不同，所侧重的内容会有所差异（比如关系、身体、性安全等），对于"性开放"的定义与情感色彩也有所不同。

跨国经历，对于性关系层面的"中西方"认识挑战比较大。在不同的被访者中，差异性叙述比较明显。而且，我的感觉是，那些认为自己在移民前后看法没有太大改变，依然坚持认为加拿大人比中国人要更加开放的人，他/她们的叙述往往更倾向于一种泛泛的社会评价，或者发生在移民到加拿大多年且回国相对比较少的个案身上。他们对于这种认识的叙述往往缺乏具体生活案例的支撑。而那些认为自己对于西方的理解随着移民发生了变化，认为西方不如原来大部分中国人（或者自己）所想得那么开放，或者惊讶于西方人对于家庭的重视的移民，往往会提出更加具体的生活中的例子来佐证。其叙事往往以"我有一个朋友""我认识的同事""我儿子的学校"打头，或者就是以自己与加拿大男朋友交往的亲身经历为依据，讲述自己经常往返于加拿大与中国之间所碰到的人及不同的感受。这在我们所引用的个案的叙述中就常有表现。换言之，在性关系这个层面，认为跨国的经历给自己带来了新的认识的这部分移民，他们的建构基础往往具有更加生活化的具体案例，是生活中碰到的事情改变或加强了自己的中西方认识。

但同时，给关系层面的认知图式带来变化的，不仅仅是在"西方"社会的切身经历，还有在移民之后对中国社会更为敏感的感知与比较性认识。周艳秋认为本国的文化无疑会持续地影响移民的性观念与性实践（Zhou，2012），但是并没有细化这种文化指的是什么。在本章中，我觉得，这种文化不仅仅是其成长环境与社会化意义上的祖国文化的影响，更是与移民们在移居他国后，在持续的流动与比较中，对中国社会急剧的性之变以及媒体放大效应所带来的焦虑与道德恐慌密切相关。相比而言，年纪稍大一些，经常因生意、工作原来往返于两国的中年异性恋移民对于中国的变化感慨更深。男性更加偏向于社会议论层面的愤慨，女性对于更为具象的自己家庭的焦虑与担忧（尤其是如果老公在国内，或者经常回国工作）则更强烈，男女对于子女成长环境的担忧则是大部分人考虑移民的主要原因之一。

还有个别人，认为自己还没有移民之前就已经对西方、对中西方关系有比较多的了解，那个时候就已经对"中国保守-西方开放"这种简化了的常见认识有质疑。比如林子和董强就很有意识地提到自己在来到加拿大之前，思想就已经挺开放，认为现代中国已经非常西化了。只是，林子是在正面地论述这种西化带来的开放（比较自然地谈性、不避讳性的议题），董强则认为那是西方文化对于中国的入侵。不管怎样，他们在本国的时候就认为"中国保守－西方开放"的二元认识有问题，也并不认为自己到了"西方"之后，思想上有大的变化，或者文化震惊。

不同于跨国流动对于"性"的关系层面带来的差异性论述与认识上的变化，在身体白净、性技巧、性沟通、戴套文化、性教育的议题上，我们的个案基本都倾向于认为加拿大（往往扩展到西方）比中国做得更好。而且访谈材料没有显示这种认识是因为跨国流动而带来的变化。但是，与我在以往研究中所了解到的中西方的"性"想象不同的是，以往想象中，泛泛认识比较多，即便因为影视文化的影响，会提及中西方身体的特点、戴套习惯，也不会涉及具体案例与细节。相比而言，在跨国的身体与性/别叙述中，多了不少细节性的、生活化的、基于亲身经历的论述。换言之，跨国空间中，中西方的身体与性/别更加具象化，只是，这种个人生活经历中的具象往往容易延展为对整个"西方"的认识。

值得提及的是，相比于我以往的研究，"中西方"这个概念本身，在不少加拿大中国移民的叙述里已经被"问题化"以及细节化了。大部分人并不会把中国扩大到东方，但是会把加拿大扩大到西方。不少加拿大中国移民在叙述中会提到印度人，或者更为笼统的亚洲人，个别人会把美国、加拿大所代表的西方与欧洲、澳大利亚的西方区别开来讲。也有人有意识地把"中国"及"中国人"也进一步细化：大城市与中小城市的区别，沿海城市与内地的区别，老一辈与年青一代的区别。

另外一点不同的是，在"传统中国－现代中国－西方"这个三维的解释逻辑中，"传统"的参照意义有所变化。跨国的经历虽然没有与人们对于"传统"的想象直接联系在一起，但是，在加拿大移民们的中西方叙述中，"传统"这个词经常出现。"传统"的界定依然含糊，可以指向比较久远的过去，也可以仅仅是相对于当下而言的过去。传统所依据的社会事实也依然缺乏根基（尤其是对于久远的历史来说），但是我感觉"传统"的对照意义指向了不同的方向。如果说，在我之前的性研究中，传统中国主要还是对话于西方，那么，在本章中，传统中国开始越来越多地用来反观现代中国、表达对于现代中国社会的不满；现代中国，也不再被简化地理解为西化的产物。可以说，在"传统中国－现代中国－西方"的三维图式中，传统中国并没有多少动摇，但是人们对现代中国、西方的认识与想象已然发生了变化。对现代中国社会中性之变的感知已经结合其他社会层面的不满，在本章中更为凸显。在表达对中国现状不满的叙述中，"西方"很大程度上又有较强的被理想化的想象色彩。

我在十余年前的身体研究中得出了"（在性议题上）如果说东方是西方的一种谋生之道（萨义德），西方则成了东方的归因之所"（黄盈盈，2008）这样的结论，而这个研究则让我看到了不一样的归因逻辑，即加拿大的中国移民不再仅仅把中国的性开放归咎于西方的（不良）影响，而是更加关系性地看到中国与加拿大的差异与联系，在"好与不好""开放与保守"之间不再轻易地画下区隔线。在跨国的过程中，"西方"也由意识形态上的泛泛概念逐步地走向生活化、日常化、细节化。

与"西方性解放思想的入侵"式归因相比，跨国移民们对于本国的诸多制度与社会问题，包括对于性教育的缺失的关注明显上升。或者说，对于中西方的身体与性/别的重新认识，不仅仅来源于跨国的经历，也透射出人们对于当下中国的认识与不满。因此，这种对于西方、中西方关系的重新认识也要置身于中国至少近二三十年来的政治、社会与经济变迁，尤其是人们对于这种变迁的感知及伴随的社会情绪。

综合而言，我感觉，在性的议题上，中国老百姓对于西化的认识，在短短十余年的时间里，至少出现了两个阶段：对于西化的简单认识以及把中国的性之变归咎于西方的影响；以及更为复杂化地看待西方，并关注到性之变得以发生的中国的变迁社会背景。第一个阶段的认识与大众传媒的垄断式宣传以及政治意识形态的宣传密切相关，第二个阶段则伴随着全球资讯的多样化与丰富化以及人们跨国经历的增加，也伴随着人们对于近二三十年来中国社会变迁的感知与体会，对改革开放以来的西化认识造成质疑与挑战。

对于西方的（重新）认识，对于中西方关系的（重新）认识，影响着人们重新认识中国社会。也可以反过来说，对于中国社会变化的感知，也影响着移民们如何看待西方以及中西方。本章中，我们很难去剖析这种影响的方向性，但是至少可以判断这种双重或多重的互构性在跨国空间中更加明显与双向，也显然已经超越了单向度的"西方影响下的……"类似论述，而呈现了重要的"跨国性"特点。

四 迈向更为日常的"跨国性"：移民故事的扩展思考

回到"跨国性"的相关讨论。相比于更为宏观与抽象层面的全球化、国际政策关系等层面的分析，本章的"跨国性"显然具有很强的日常性特点，与本书的整体意图有关。

这种日常性的第一个特点体现在议题的切身性与生活化。身体与性/别的议题在以往的社会学研究中，经常因为琐碎、私密等特点而被认为"有趣但不重要"，因而长久以来缺席于学界的讨论。即便是十余年前中国的社会科学界提出"身体转向"，但是其转向也是偏向文化与哲学层面的讨论，缺乏具身性的、经验性的社会学与人类学研究（黄盈盈，2008；黄盈盈、鲍雨，2013）。日常生活中的、活生生的身体、物质性的身体依然缺席却在场。（冯珠娣、汪民安、赖立里，2004）。在这个意义上，本章对于跨国视野中的身体与性/别的讨论也正是希望（继续）对话于这样的学术语境，推动具体的身体与性/别在社科界的显性在场。

日常性的第二个特点体现在对于人们生活逻辑的侧重。本章关注加拿大移民们在身体的跨境流动中，对于西方以及中西方身体与性/别的认识，试图理解人们在性议题上的日常解释逻辑。这种认识与逻辑并不因为学界对于二元论的质疑、对于现代性的讨论而得到反思。对其造成挑战与质疑的恰恰更多地来自生活中的经历，来自来到加拿大之后碰到的人与事，或者说来自流动过程中更为日常的经历与体会。对于大多数老百姓来说，日常生活的这种挑战性与力量，往往是纯粹的知识探讨与哲学思辨，是宣讲层面的意识形态所不能及的。从这个层面讲，在日常生活的层面关注跨国性，也有其重要的意义。

日常性的第三个特点可以稍作扩展，强调贴近经验现实与本土关怀的解释语境。跨越身体与性/别，跨越中国－加拿大的跨国空间，本章从日常生活的层面所关注的"跨国性"讨论还涉及问题意识、研究语境与知识位置的问题。

不同学者对于"跨国性"、世界主义这类议题的关注点与出发点有所不同。不管是提出另类现代性的思考（罗丽莎，2006），关注第三世界国家的性态以及本土脉络（桑梓兰，2015），实践海外民族志（项飚，2012），还是把"中国作为理论"，不仅用它来更好地解释中国，也用于解释世界，从而走出西方现代性的叙事霸权（甯应斌，2016a），越来越多的学者在不同层面挑战着欧美中心的知识霸权，参与到更为世界性的知识构建体系之中。但我觉得，中国学者的跨国性关怀，应该也会不同于其他关注中国但对话于西方语境的学者，不局限于"让世界更好地了解中国"，或者以中国为例子来对话西方语境，而是更加关心"中国人如何看待世界"，"对中国人、中国社会而言意味着什么"此类放眼世界，但立身中国且反观中国的跨国性思考。

尽管在世界主义的图式中，学者们都在强调对于"第三世界"的关注，用以反思"全球化思潮抹之不去的西方霸权与欧美中心"，但是，这种去欧美中心论的忠告依然不够。我认为更为重要的，也更具挑战的是如何建构更为中国本土（动态而非本质，联系而非孤立）的语境与知识体系。引用一位研究泰国社会"性与性别"问题的学者所做的论述：

> 除了需要关注性和社会性别领域里面的一些基本概念之外，我们还需要注意泰国研究者和研究泰国的英文研究者不同的兴趣爱好和研究动机。泰国研究者面对泰国读者所生产的泰语话语是一种自我知识（self-knowledge）和自我表达（self-representation）的努力结果；相反，英语研究者面对非泰国读者所生产的英语话语一定程度上是在表达一种"他者"，只是间接地可以起到"反思"的作用；泰国研究者所生产的英语话语则是为了"国际"（主要是西方）的读者，因此，会在西方的讨论框架下来表达"泰国"的问题。（Cook et al., 1999: 5）

此段引言中的"泰国"完全可以置换成"中国"。我的知识底蕴尚浅，对中国社会与历史的了解有限，且逞无知之勇，希望在身体与性/别这类经常被忽略、被认为"有趣但不重要"的日常议题上，抛砖引玉，促进更接地气、更具生活与历史厚度的跨国性讨论以及相应的中国语境的形成。

在此基础上,更为平等地加入到世界主义的知识讨论之中。

在此意义上,本章的"跨国性",希望跨越的不仅仅是人们在日常生活中对于中西方身体与性/别的二元想象,也包括缘起于西方语境的二元论(及其衍生的)学术框架。

最后,我也不得不反思,"跨国性"作为本章所使用的概念框架与经验研究之间的差距。一方面,我觉得较之于现有的大部分跨国性标题下的经验研究,本章更能体现其理论意涵上的特点,迈向日常的"跨国性"概念与本章的经验材料有一定的贴合度,且有助于把庞杂的材料进行归类与提炼;另一方面,又深感所能用来分析的个案材料不能令人满意地撑起概念层面的种种辨析与宣称,而个案故事自身的复杂性与琐碎性也很难贴身地置入"跨国性"的性/别思考。对跨国及"如何形塑"类的动态过程尚缺乏展现。在有限的篇幅中,总感觉故事逻辑与理论逻辑之间不尽如人意的差距。

从写完此章到回过头来修改的三个月时间里,我正好经历了被拒稿、回应英文相关主题文章的评审意见,以及重新投稿的过程。此时此刻,则在等待着另一个中文期刊的"审判"(所幸最终通过,且不需要删减)。这也正是研究类故事生产者们的日常。在这种学术日常中,失望与希望并存,焦虑中带着期待。

附4-1 《跨国空间中加拿大中国移民的身体与性/别: 跨越"中西方"的二元想象?》(原题目) 一文评审意见的回应与修改说明

原匿名审稿意见

审稿意见1:

跨国移民的身体和性/别想象是一个很有意思的问题,作者在这方面的研究应该说是比较具有开拓性的。同时作者对"中西""传统-现代"等过去认为二元对立的概念进行了消解,从一个"跨越"式的角度来讨论,是比较可取的。但读该文最大的感受是读第一、第二部分带着兴奋和强烈的期待，但到主体部分即第三部分以及第四部分，就不免失望。因为作者在实证部分所讨论的内容并不新颖，材料单薄；对材料的分析比较浅，对于从东方到西方的跨国移民的研究来讲，很多重要的面向被忽略掉了。下面评论人列出几个作者可以思考的方面。

（1）依照其中文标题，"移民空间"应该是一个动态的 transnational space，但作者在文章主体部分所呈现的"动态感"不够；同时如果 transnational space 出现在标题中，读者会期待关于这个空间的建构，但这些似乎不是作者所要涵盖的内容，所以建议在标题中不使用这个短语。

（2）即使是对身体和性/别的探讨，因主体是跨国移民，他们关于这方面的想象逃不开很重要的几个主题，这几个主题彼此也相关。一是他们对于自己/加拿大人身体和性/别的想象如何和自己的身份认同的建构有关？他们如何在跨国的境况下呈现和表演自己的身体和性/别以及背后的原因是什么？华人男性如何在西方展现自己的性能力（他们在西方如何看待普遍认为的华人性器和性能力不如西人的说法）？华人女性对此的评价如何？华人女性如何展示自己的女性特质和性特质？华人男性如何评价（尤其是华人女性和西人男性交往结婚）？另一个问题是相关的，华人关于中西身体和性/别的想象，如何和他们关于中/西的现代性相连？尤其关于中西谁"更开放"的问题，从何种程度上"更开放"代表着"更现代"？与此相关的一个重要问题是在这种关于"开放"的评价和想象中，西人的阶级从何种程度上影响着这种想象。因为根据既有研究，西方中产阶级及社会经济地位较高的阶层通常婚姻和家庭更稳定，而少数族裔和低阶层的婚姻和家庭解体的比例更高，这如何影响华人对"开放"和西方"现代性"的想象？这又如何影响他们呈现自己的身体和性/别以及对自我认同的建构？

（3）对"中西方"的跨越以及从知识论、本体论层次上的反思很重要，评论人很佩服作者在这方面做出的努力。但似乎占用了本文太多的篇幅，尤其是"第五部分"，可以单列出来成文，专门做出理论上的反思和思考，但包含在一篇实证的文章中，似乎不必要。整体上来讲，这个选题有意义也有意思，但材料分析还需要更为 nuanced 一点。实证研究背后的理论架构也比较模糊，全文被关于跨越"中西"的理论反思牵扯太多，反而无法展示该实证研究该有的魅力。

评审意见2：

从作者的行文及论述逻辑来看，作者是比较有研究经验和写作经验的，因此所讲的"故事"完整，论述线索清晰，有理论对话。这个题材也是"有趣而重要"的，性与性别议题在社会科学的研究中常被忽略，能在这方面进行学术讨论，而且关注的是性别议题中非常重要的"日常生活"层面，在此意义上，本文具有自身的重要价值。以下是几点意见，供作者修改时参考。

1. 作者开头提及"是否亲历西方，是否了解传统，在构建对于现代中国社会的性/别与身体方面，已经不重要了，重要的是人们对于西方、对于传统的认识"，既然如此，从逻辑上来说，都是想象中的"传统"与"西方"，是否真正经历过并不太重要，重要的是其如何建构，那什么东西重要？为何一定要看跨国流动？海外华人或在两国间持续流动的人口多大程度上是在"想象"西方和"传统"？作者在后文对开头提出的问题有所回应，但读来感觉论述并不太深入，得到的结论有点"不证自明"的感觉，或者说有点太"常识性"，好像并不需要经过这样的学术研究也能有这样的结论，比如其论述的"问题化""细节化""生活化"（有了生活经历必定会生活化、具体化）等。而且访谈的人总的来说受教育程度较高，有海外经验，对于这样的人群来说，就算不是加拿大移民，而是，比如，有留学经历的归国人员（目前居住在中国国内的中国籍公民），甚至高校的大学生，大概也可能得到相近的结论。所以作者应该多讨论海外生活经历或持续的跨国流动（尤其是在一定的政治、政策、社会、法制、文化背景下，而这些又与中国本土的非常不同，大概也是孕育不同的性、性别、身体观念的重要因素）在他们日常生活中的具体影响——如何影响他们的某些生活选择、如何影响他们对某些事情的解读、如何影响他们的一些具体行为等，以让读者更好地看到这个"建构"的过程，看到"想象"的方式，看到这个人群与其他人群的不同。

2. 开头的文献回顾部分学术味道比较浓厚，但读完总有点"不够"和"不清楚"的感觉，关于跨国性相对来说讲得比较多点，也有自身的批判，但"性别"与"身体"只是点到了概念，浮光掠影，没与跨国性联系在一起论述，显得很单薄，也令这一节的逻辑性有所欠缺，如能形成一个跨国性的性/别与身体的理论框架，整个论述的完整性会好很多。作者不妨参考 James Farrer 关于在上海与中国女性约会的白人男性的文章，虽然谈的不是同一个概念，但能看到他在跨国性实践的问题上的论述，另外，还有台湾学者陈美华关于台湾男性到大陆"买春"经验的文章，用的是 sexual migration 的理论，也能有一定的参考作用。

3. 文中的大段引用，虽然作者有自己的理由需要这样处理，但是读起来依然觉得篇幅太长，是否有更清晰、有条理的处理方式？既能突出作者呈现整体性的需要，又能兼顾学术论文的得当写法？比如按照作者所讲的"扎根理论"方法，呈现作者反复比较、各种主题出现的过程，在适当的地方引用原话。而66个访谈是如何"浓缩""精炼"式地分地域呈现1~2个个案的，这其中出现的重要主题、异同等，也需要作者进一步交代。

我的回应

尊敬的评审及编辑老师：

非常感谢两位评审老师对《跨国空间中加拿大中国移民的身体与性/别：跨越"中西方"的二元想象？》（原题目）一文的细心评阅以及给出的中肯意见与建议。综合评审意见，以及自己的一些再思考，我主要对文章做了如下的改动，对于未能根据意见很好进行修改的部分，我将说明我的考虑。

1. 与概念框架、研究问题相关的修改与说明

（1）同意评审意见1.1，去掉了"跨国空间"这个概念，标题与正文都做了相应修改。而且考虑到本文并不是讨论加拿大中国移民自己的身体与性/别实践，而是跨国流动背景下对中西方身体与性/别的认识，标题相应地改为：跨国视野下的身体与性/别——加拿大中国移民的"中西方"想象。综合评审意见2.2，把跨国（transnational），尤其是"跨国性"（transnationalism）的概念做了进一步补充与说明，从理论探讨与经验研究两个方面进行了文献回顾，并说明了其与本文之间的关系，以及本文在三层含义上的"跨国性"界定与应用。把原来有关概念与文献的两个小点合

并成现在第一部分的第2点:"跨国视野下的性/别思考",去掉了一些相关性不是很大的论述和文献。增加了中国大陆与台湾有关的文献,包括James Farrer、赵彦宁与陈美华的研究。此外,我在文章开头以脚注的形式(注释2)对本文所使用且经常出现的性/别、身体、移民、中国人等概念做了统一的界定与说明(原来比较散见在文章不同部分)。

(2)回应评审意见1.2中的部分内容。我在文中第一部分对本文的问题意识做了更为清晰的论述。与"跨国性"这个概念有关,本文不侧重论述身份认同、移民身份,而侧重在跨国流动的经历、与两国同时保持联系、跨国比较意识这些特点,重点考察有着跨国经历的中国人在"中西方"框架下的性/别想象,而并非移民身份与性/别的关系;侧重他们的理解与认识,而并非具体的性行为、性关系等实践。虽然这些议题有关联,但是分析与探讨的问题意识不同。我在注释2中也增加了对于"移民"的说明:"偏重跨国流动而非国族身份,是指有着同时在中国与加拿大生活经历的中国人,且与两国保持经常联系。由于被访者大部分已入籍或持有加拿大居住证,为叙述方便,暂用加拿大中国移民加以统称",在"跨国性"概念的解释部分,以及研究对象的介绍部分也有说明。在修改后的第一部分,也更加明确地提出了本文的研究问题与分析侧重点:"本文即在这样的跨国性认识与框架下展开性/别思考:具有跨国生活经历的中国人如何理解、想象中西方的身体与性/别?以性/别为切入点,透射出中国人对于西方的怎样认识,中西方的二元框架在面临跨国流动与性/别实践的日常经验时会受到怎样的挑战?"评审意见1.2中提到了很多需要结合讨论的问题,我也觉得很值得讨论,但同时感觉跟我在这篇文章的研究问题还不是太一样,我集中在讨论有着跨国经历的中国人如何看待西方的性、性议题上体现的"中西方"关系,并非涉及从东方到西方的中国移民的各类重要议题。另外,我确实也觉得一篇文章中没有办法说明那么多问题,需要另外撰文说明。我想补充说明一下,这个研究是一个团队合作项目,除了本文之外,其他研究者所撰写的文章有涉及族裔问题(尤其是跨族裔性关系)、西方社会阶级问题、男性气质问题、移民人群的性实践/性关系与性风险等。

(3)回应评审1.3中有关过多"中西方"思考与论述的意见。因为我的研究问题、"跨国性"概念,以及相应的材料中都涉及中西方的比较语境,因此,从行文上看从问题设定到材料分析,到后面的扩展思考都比较多地涉及这个方面。这是本文的一个重点。我想说明的是,在具体研究与思考的过程中,并不是先有了这个框架,再编排材料的。我自己的习惯是比较扎根的,在阅读材料之后思考相关的概念。只是,写作时顺序会有所调整,觉得应该在前文就提出概念加以说明。在修改稿中,我把问题意识和兴趣点,以及分析策略做了更清楚的说明。文章最后还是保留了对于跨国性的扩展思考,我觉得这个讨论还是有意义的,虽然对于日常性的论述理论上讲新意不大,但是我觉得在经验研究中,尤其是在中国的学术语境中,更为日常的跨国性思考与研究还是有其重要意义的。我在文末增加了一段反思与局限的说明,从理论概念与经验材料分析之间的差距,以及对"如何形塑"这类动态的问题回应的不足,指出本文的局限性。希望可以在今后的研究中进一步深化概念讨论,以及在理论脉络与故事脉络之间可以找到更好的处理方法。

(4) 评审意见2.1中有提到我既然有说到"是否亲历西方,是否了解传统,在构建对于现代中国社会的性/别与身体方面,已经不重要了,重要的是人们对于西方、对于传统的认识",那为什么要研究跨国流动这个问题。这句话是我之前针对有关中国女性的研究及对中国性现象的观察中发现的日常逻辑,在这篇文章中我恰恰想探讨:那么有着西方经历的中国人,又会如何想象与构建西方,跨国的生活经历、是否亲历西方,在多大程度上、何种意义上会挑战这种想象与建构。我也意识到本文依然偏重较为静态的多层分析,对于"如何"这类问题的动态与详细构建过程的呈现不够,虽然修改稿在呈现与分析部分,有增加一些跨国经历的例子加以补充说明,因篇幅与材料所限,个案内部的动态性、复杂性方面依然存在局限。此外,本文主要与我之前针对中国女性(没有跨国经历)的研究进行比较性讨论,以及基于被访者的叙述分析流动经历带来的影响,并没有对现时背景下其他条件类似的移民与非移民,进行严格的比较分析。后者需要更多的研究作为基础。性/别领域的经验研究,整体上比较缺乏。从另一方面看,这也是本文写作的背景与意义所在。我在文末局限部分,也增加了这种反思。

2. 有关方法与材料分析的说明

（1）主要回应评审意见2.3，也部分回应评审意见1觉得材料单薄的意见。我对方法部分进行了修改与调整，增加了材料分析策略方面的说明，包括对分析主题的提炼过程与依据，以及对重点4个分析案例的选取理由，也增加了4个重点分析案例的概述。从扎根材料以及理论目的两个方面进行论述。对于现有主题+个案式的分析策略，其优缺点都进行了补充说明。在写作过程中，我曾经希望用1个个案来进行分析，但是单个个案虽然在移民生活经历的完整性上有优势，但是只能触及我所关心的中西方性/别想象的一部分内容，而我更希望把中西方的性/别想象做进一步的细化，因此，最终提炼了三个性/别的分析主题，并以4个个案的相关叙述为基础展开分析。大体上遵循的不是某个移民的生活故事逻辑，而是整合起来的"性/别"架构逻辑。因此，虽然增加了一些相关的个案移民背景信息，但是个案的完整性依然没法体现。相关考虑与局限性认识，增加在了研究方法部分。因为篇幅关系，去掉了原来招募方法等本文不打算展开讨论的部分内容。整个方法部分并入了现在的第一大部分——导论中，这样架构更加紧凑。

（2）回应评审意见2.3和1.3部分意见和建议。本文修改稿的第二部分（偏叙述呈现）与第三部分（偏讨论与回应）都是基于访谈材料的呈现与分析。材料呈现部分的修改主要包括把原来长篇的引文进行了更加细化的处理，更多地结合个案的上下文和个案其他特点穿插了相关分析，而不仅仅是让材料自己说话。但是由于篇幅所限，没有大幅度增加材料与更为细致的分析。讨论部分虽然依然单列一节，实际上依然是在分析材料，只是偏向把三个面向的呈现与分析进行更为综合的进一步讨论，删除了一些赘语与重复语句，对于"性开放"的分析进一步层次化，虽然没能充分回答意见1.2中涉及的有关性开放与现代性、现代之间的关系，但是侧重从主体构建的视角把"性开放"的意义、含义等方面进行了细化剖析。但是我同意评审意见，有关这些论述与现代性之间的关系是值得探讨的问题，已有研究，包括Lisa Rofel、James Farrer、宵应斌等人也都有所论述（也包括对为什么一定要用现代性的西方框架的批判性反思），只是我自己对于"现代性"这类大讨论总是有点发怵，觉得把握不好，也不想只是带过而不展开，因此在这篇文章中暂时不打算对此加以分析。如何在主体表述的基础上再深化分析其背后的大背景，会是我在今后的研究中希望可以进一步在理论层面上努力的方向之一。

还有一些细节的改动，包括因篇幅所限所做的删除就不在这里一一说明了。文章总是还有留有遗憾的地方，如有回应不当或者可以进一步改进的地方，敬请再次指正。因修改地方较多，为阅读方便，没有在正文中保留修订印迹。再次感谢！

作者
2016.6.26

第五章

一位让访谈者抓狂的变性人[*]

在某个心理诊所，一个女孩向医生描述自己所遇到的问题：她想做一个男性，而且是一个同性恋男性。也就是说，她的生理性别是女性，但是她不想作为一个女人来爱男人，而是作为一个男人来爱男人。

—— 巴特勒，1990

推到最复杂的情况，扮装是一种双重的倒错，它告诉人们"表象是假象"。扮装说："我的'外在'面貌是女性，但是我'内在'的本质（身体）是男性。"它同时又象征了反向的倒错："我的'外在'面貌（我的身体，我的性别）是男性，但是我'内在'的本质（真正的我自己）是女性。"

—— Mather Camp, 1972, 转引自巴特勒，1990

分隔、净化、划分界限和惩罚逾越行为等理念，它们主要的功能是在本质为混乱的经验之上强加一套体系。只有通过夸张内与外、上与下、男性与女性、一致与违抗的差异，才能建立堪称秩序的表象。

——玛丽·道格拉斯，1966/2008

---

[*] 本章跟本书的其他章节略有不同，与学生陈信波有更多的交谈，也更多地运用了学生的成果与文姐的智慧。这个故事是我们的"共谋"。在此，谢谢学生，更谢谢文姐！

人们以为很熟悉的"性别",其复杂性与暧昧性远远超出了二元的思维框架,甚至超出了现代语言的范畴。如今广为应用的"社会性别",其对应的英文 gender 是性学家约翰·莫尼(John Money)在 20 世纪 50 年代第一次使用到与性别相关的意涵上,当时主要是为了描述那些外观上看起来是男或女但是性器官却天生暧昧因而无法实践其生理性别应有之性别角色的人。这种用法也只被一些心理学论文沿用在专业领域里描述那些"不符合性别刻板印象的个人"(比如阴阳人、变性者、扮装者、同性恋、娘娘腔少年以及阳刚女孩),并没有被主导性地用于女权主义兴起之后的男女性别平等相关的议题上(Haig,转引自何春蕤,2013:91~92)。也正是这个莫尼,在 20 世纪 50 年代开始,和外科医师协作成功完成世界上首例性别转换手术。

性别的可变议题,在 20 世纪 50 年代的欧美社会引起过各界广泛参与的大讨论。1952 年 12 月 1 日,《纽约每日新闻》公开了克里斯蒂娜·乔根森接受"变性"手术的消息。这则新闻登上了头版头条,标题是:"美国前大兵变成了金发碧眼、皮肤白皙的美女:手术改变了布朗克斯的男青年"。乔根森的故事引发了美国社会关于性别的可见性与可变性的讨论。它提出的一些问题在 20 世纪 50 年代产生了强有力的反响:我们如何决定谁是男性谁是女性;我们为什么关心这个问题;人类真的能够改变自己的性别吗;性别是否并不像它表面呈现的那样显而易见。人们开始重新思考那些他们以为自己已经明了的类别。作为回应,美国的医生和科学家开始探索性别被定义的过程。

变性手术的复杂性,不仅体现在医学的技术手段上,还包括,甚至更为主要的是触及谁决定性别是否可以变、变到哪个方向、变到何种程度等伦理议题上。大卫·瑞玛的故事也把这种复杂的社会性一面展露无遗。

我要讲述的第一个故事是大卫·瑞玛的故事①。

他是 1965 年出生的一对双胞胎男孩之一,出生后 8 个月在接受电刀包

---

① 参考马晓年纪念性文章《纪念性别研究大师约翰·莫尼》,http://blog.sina.com.cn/s/blog_472302e9010004f4.html,最后访问日期:2018 年 3 月 7 日。

皮环切时发生事故，阴茎因电烧灼而被严重损毁，于是莫尼建议把他阉割后作为"女孩"抚养，"她"到9岁时，已经成为一个地地道道的好女孩，于是莫尼在耐心等待数年后于1973年发表文章提出手术可以成功改变一个人的性别，这在当时确实引起了轰动。之后很多阴茎先天发育不好的两性畸形儿童接受了类似处置。然而，到了青春期，大卫·瑞玛开始表现出男性化的明显特点，虽然"她"并不知道当年手术事故和自己被迫变性的故事，但是"她"坚定地相信自己是男孩。本来莫尼还要替大卫·瑞玛完成性别再造手术以使"她"真正成为女性，但是大卫在获悉自己的经历之后坚决拒绝做人工阴道手术，而要切除雌激素催生的女性乳房并再造男性生殖器以恢复自己的本来面目。莫尼早就了解到后来发生的这些事情，但是他没有勇气承认当年判断的错误，有意隐瞒了这个问题。直到1997年，米尔顿·戴蒙德医生披露了大卫·瑞玛的实情，莫尼当年的观念受到广泛批评。

即便是今天，有关变性的各类故事也层出不穷，相关的医学讨论与伦理争议一直没有断过（Karkazis，2008；Hausman，1995）。性别的复杂性也在变性、换装，及其他各类性别的模糊与不一致方面越发凸显，这些生活中的性别模糊与可变也对固化的二元男女性别的框架提出了挑战与质疑。而且，这种挑战因为触及了人们最为基本的身体层面——曾被认为最为本质性的存在，而唤起各类纠结，且备受指责。

在20世纪80年代的中国，自第一例向社会公开的变性案例"张克莎"起，"变性人"屡屡进入社会视野与媒体故事之中。但是，在中国的情境中，人们猎奇与看热闹的成分要多于其在西方社会中引起的震撼与歧视。在中国的历史文化中，相对于"男女二元"的现代性别框架，性别更倾向于以一种暧昧的形式存在于广受欢迎的戏曲、文学作品、民间传说、民间表演以及一些医学记载之中（吴存存，2000；张在舟，2001）。

就现代的中国社会而言，迄今为止，对于到底有多少变性人，从几千例到几万例？确切数字我们不得而知。但是从下面一些在当时引起过媒体较为广泛报道的大事记中可以看到，自20世纪80年代起，以北京为中心，不少医院都开始施行变性手术，而且有些手术被媒体不断冠以"中国第一"（有关变性的）之称。

1983年1月10日，张克莎在北医三院整容科做了变性手术，手术非常成功，其成为中国第一个变性人（男变女）。但是由于手术的绝对保密，这次手术只是作为医院内部的研究课题，新闻界和社会对此并不知情（王刚，2003）。

1984年，北医三院整形外科主任夏兆骥教授做过一例变性手术，亦未经报道。动手术的是东莞一个19岁的男性，坚持要变成女性，夏兆骥为其切除了男性性器官，并再造了女性外部性器官，包括大小阴唇、阴道、阴蒂等。①

1990年7月，上海长征医院整容外科何清濂医生完成了我国首例公开亮相的男变女的变性手术。变性人叫秦惠荣，变性后做过大学教师、文员，翻译过英文著作（何清濂，1993）。

1990年11月，陈焕然攻读硕士研究生期间，在其导师陈宗基指导下和医院领导支持下进行了北京地区首例变性手术。②

1992年，夏兆骥为一位30岁的男性和一位22岁的女性进行性器官内部互换手术，手术获得成功，是世界首例。③

1995年，北医三院做了一例轰动全球的男女互换生殖器手术，由夏兆骥教授主持进行。但手术没有成功，国外媒体进行了报道，指责中国的人权状况。④

2003年左右，中国总共进行了约110例变性手术，其中半数是陈焕然所为。而且此时武汉、广州、成都等地也开展变性手术，但其中90%的手术仍集中在北京。⑤

2009年，陈焕然从1990年至此就已经做过200余例手术。北方相当

---

① 《修改上帝的错误——访变性手术专家夏兆骥教授》，ChinaToday，http://www.chinatoday.com.cn/china/20024/bianxing.htm，最后访问日期：2018年3月7日。
② 《变性手术在中国》，中健网，http://ladyboy.59120.com/sex/ladyboy_82159.shtml，最后访问日期：2016年10月5日。
③ 《修改上帝的错误——访变性手术专家夏兆骥教授》，ChinaToday，http://www.chinatoday.com.cn/china/20024/bianxing.htm，最后访问日期：2018年3月7日。
④ 《变性手术在中国》，中健网，http://ladyboy.59120.com/sex/ladyboy_82159.shtml，最后访问日期：2016年10月5日。
⑤ 《变性手术在中国》，中健网，http://ladyboy.59120.com/sex/ladyboy_82159.shtml，最后访问日期：2016年10月5日。

一部分的变性手术都经由他手。①

　　国内第一个关于变性手术的规范，是 2009 年卫生部颁布的《变性手术技术管理规范（试行）》。这个试行版详细规定了施行变性手术的医疗机构、人员以及技术管理的基本要求（卫生部，2009）。要求施行手术的变性人，必须满足以下五个条件：

　　（1）对变性的要求至少持续 5 年以上，且无反复过程；

　　（2）术前接受心理、精神治疗 1 年以上且无效；

　　（3）未在婚姻状态；

　　（4）年龄大于 20 岁，是完全民事行为能力人；

　　（5）无手术禁忌症。

在真正实施变性手术前，必须提供如下的材料：

　　（1）当地公安部门出具的患者无在案犯罪记录证明；

　　（2）有精神科医师开具的易性癖病诊断证明，同时证明未见其他精神状态异常；经心理学专家测试，证明其心理上性取向的指向为异性，无其他心理变态；

　　（3）患者本人要求手术的书面报告并进行公证；

　　（4）患者提供已告知直系亲属拟行变性手术的相关证明。

　　但是规定如此，真的执行起来却又是另一回事。如本章的主角文姐一样，也有相当一部分人会攒钱去泰国做手术。一方面是考虑质量，另一方面也因为省事。

　　此外，在各类报道中，也不乏变性人与医院之间的官司。比较出名的案例有李莹（变性不彻底，变性后无法过性生活）、高婷婷（未提供离婚证明，医院未履行为其免费做变性手术的承诺）。就在 2015 年，被称为国民女婿的黄海波因为其"嫖娼"事件中的对象是变性人，使得"变性人"再度进入大众（至少是媒体）的视野。而且，有别于以往的是，最近几年，随着中国 LGBT 运动的发展，有关跨性别（包括变性）的活动也以传统新闻之外的倡导类故事版本在社会上显现。相比而言，学术界再一次彰

---

① 《变性手术 20 年合法路》，新浪新闻中心，http://news.sina.com.cn/c/sd/2009-08-28/153618532895.shtml，最后访问日期：2018 年 3 月 7 日。

显了其滞后性。

我对于"变性"议题的关注，首先来自平时我们所举办的中国性研究会议及研讨班、讲座等活动；其次来自草根组织的介绍与发言。更为直接的参与则是在 2003 年，应香港朋友的邀请，我参加了在香港举办的一次小型讨论会。当时的背景是这样的：2013 年变性人 W 小姐争取结婚权利一案引起了香港法律界及社会的热议。[①] 围绕着变性人是否享有婚姻权、怎样的"变性"可以享有婚姻权、变性人婚姻与同性婚姻的勾连、婚姻法的修订、反性别歧视法的制定等议题，香港社会各界，尤其是在性与性别议题方面持有不同观点的社会团体、法律界人士、有关专家及政府官员或主动或被动地参与了相关的讨论与争议。我参与的小小的部分，则是介绍内地语境中的变性文化，因为，当时很多人反对变性是拿着"不符合中国传统文化"来说事的。也因此，尽管我一再声称自己实在是没有做过相关研究，不敢妄言，最后也不得不临时抱佛脚，从社会文化的视角切入，初探中国社会的变性现象，也借此机会，做了一点点文献检索的工作。

我发现，学术界为数不多的论文除了与媒体一样透露着浓浓的猎奇味道之外，基本把变性"病态化"，称其为"易性癖"。结合相关的社会背景（被社会新闻广为报道的变性现象、变性手术），将变性作为医疗事件的论文也有不少。当然，最多的还是法律界的讨论。与我的想象不同的是，法律界的讨论整体上比较宽容，探讨甚至争取变性人的结婚、家庭、参赛资格等权利的文章不少，反对针对变性人的歧视的论述也有不少。不过，这些讨论基本也处于零零散散的状态，没有形成争鸣或者对话。此外，比较遗憾的是，虽然针对变性人的生活与生存状况的记者采访、纪实类文章在 20 世纪八九十年代开始出现，但是除了数量上比较少，其所能体现的"主体的声音"也非常有限。首先，"变性"这个议题，在现有的学术界讨论中，并没有"显化"，也远远没有形成讨论的语境。其次，在极其有限的论文中，变性人"被显化"要远远超过主动"显化"（这里需要插播一个重要的注解，就是有关"显化"的讨论。我个人至少以为，显化，social visibility，不见得是好事。对于当事人来说，隐性所带来的生活空间不一定

---

① 有关报道很多，比如，《婚姻法修订　两面捱轰》，《明报》2014 年 4 月 24 日。

比显性要差，甚至在某些历史时点，不被人知、不为社会所议论、不受国家治理所关注反而带来更多的实践空间。但是，猎奇与客观主义视角之下的"被他人显化"则往往携带着很多偏见与歧视。而且，从历史素材的角度来说，不同声道是非常重要的，作为"边缘群体"的变性主体的声音更是多声道中不可缺的部分。这两点，恰是我坚持社会学经验研究的重要动力）。

正是在这样的现实与文献背景之下，我督促当时唯一的一位男学生以口述史的方式来开展"变性人"研究，尤其要突出变性人的主体在场，包括其生活经历、身体经历以及其与各类社会关系之间的互动。这样的议题，除了现实层面的积极意义，其与我们对于性/别、身体的关注非常契合。"变性"，凸显了对于现有性别规范的挑战，以及医学与生活的冲撞。

一 "老师，我想换主题"：初学者碰到了强势的被访者

在朋友的帮助下，我们结识了一位变性朋友，暂且称之为文姐。朋友告诉我的是，文姐刚做完手术，从男变成女，时不时会来机构（一个 LGBT 机构），很能说，也愿意参加研究。

"愿意参加研究"，当然是研究得以进行的必要条件，我觉得很幸运，也感谢朋友以及文姐的帮忙，毕竟不少人会认为那是"被研究"，对此有一种排斥感（包括我自己）。不过，这同时提醒研究者需要从故事社会学的角度分析：在一个对变性依然充满歧视与猎奇的社会背景之下，为什么文姐愿意来接受访谈。

"很能说"，是一个优势的同时也变成一个叙事分析方面的挑战，文姐很可能已经形成了一套自己的叙述，虽然我们还不知道这套叙述是怎样的，但是通常它已经受到了各类力量的规训与打磨，往往离"原初"更远。此外，在以往的课堂上，我经常不自觉地就会把访谈技巧的讨论导向：如何打开被访者的话茬，在一种不拘束、更为贴近生活自然与平等的氛围里把聊天更好地进行下去。而学生则经常提醒我：那如果被访者很强势该怎么办？如何才能做到不是完全被动地被他们带着走？

陈信波就遇到了这么一位很强势的性别边缘主体。他的研究一波

三折。

"第一折"是在"如何聊天"这个问题上自己的被动：不知道该如何接话、如何提问，文姐则咄咄逼人，不断质疑他的问法；因为自己的稚嫩与不懂，作为访谈者的学生感觉到对话的一种不对等，甚至是被被访者"轻视"的状态。访谈记录的第一段对话就是这样的。

陈：那您是小时候就觉得自己是个女的还是长大之后慢慢觉得？

文姐：你说清晰这种概念的话，很清晰的概念说我想成为女性，应该是，啊，就我个人来说啊，是17岁的时候。

陈：你怎么记得这么清楚啊？

文姐：因为那是我高考的时候。

陈：啊？

文姐：高考完了出去玩，坐火车，火车上实在太无聊，就胡思乱想，想到了这个。

陈：然后就觉得自己是个女的？

文姐：我想，这个，这个事情并不是一个字两个字就说得清的。我怎么可能有这样的想法呢？怎么会这样呢？

陈：那当时怎样的情况，在火车上，想到什么？

文姐：唔，我觉得这个说来话长，你得联系其他的基础知识。

陈：噢，那，哪方面的基础知识，你能跟我讲一下吗？

文姐：我觉得还是你，先提问吧，但是有一些……

陈：没有没有，我现在想提问也一下子不知道提问什么好，你可以……

文姐：但我更不知道你想知道什么，对吧？

陈：嗯，行。

文姐：所以还是你提问吧。

"第二折"则是材料对于原有设计框架的颠覆。在我们寻找合适被访者的同时，陈信波也开始看文献，并且着手开始研究设计。因为人大社会学系的硕士学习只有两年，没有充裕的田野时间，所以我通常都会要求他们在选题上进行初步设计，只是在研究的过程中可以变化且要保持开放性。比起其他学生，我印象最深的是陈信波在研究设计中，想得比其他学生都要"周全"，甚至都已经设想了显得很自洽的解释框架（戈夫曼的戏剧理论），决定要关注一个生理性别为男性的人在转变成一个女性之后，如何按照女性角色进行表演，之前又会做怎样的脚本准备。虽然我一再提醒，在开始访谈之前不要做这么周全的考虑，不过似乎没有说动他。这个计划，毫无悬念，在刚开始访谈了一两次就被打破了。因为，他的被访者自己说压根儿没有想按照女的角色来进行表演，连声音都没有试着去掩饰与转变。

> 陈：那您会努力呈现给别人自己是一个女的吗？
> 文姐：不会啊。
> 陈：那您是怎么做的？
> 文姐：怎样放松怎样。我不觉得我有必要跟别人装什么。我做这么多事情就是为了能让自己活得更轻松。我不想，我的原则就是不装。

这"一折"对于学生的打击非常大，陈信波不得不反思自己的"诱导式提问"存在的问题，也放弃了原有的周密的理论设想。凭借有限的参与观察，还无法去评判此时文姐的叙述是不是另一种"掩饰"，或者是怎样的掩饰（吉野贤治，2016），至少，研究者的逻辑开始让位于材料所体现的逻辑。

接踵而来的"第三折"，是陈信波的访谈策略受到的另一轮质疑与打击。当他试图从文姐的打小经历与以往情感开始说起时，文姐再一次毫不客气地打断了他："为什么要聊以前的经历？你是想归因吗？"当学生问："那，您现在是动过手术，是吧？"文姐的回答是："唔，你为什么这么猜呢？"弄得学生瞠目结舌，访谈者俨然成了被访者。下面的一段对话，可以直接看到学生的窘态，以及文姐的"谆谆教导"。读这段文字的时候，我脑海里浮现的是上研究生的时候读到的埃文斯-普理查德访谈努尔人的那个著名片段。以至于作为老师，在狂笑的同时，我不由得开始同情这个第一次做访谈的腼腆小男生。

　　陈：那你妈以前不知道吗？

　　文姐：我不知道她知道到什么程度。这个东西你沟通很弱的。你最好问我知道不知道什么，不要问别人知道什么，我预测不了。

　　陈：那您能具体给我讲一下17岁在火车上那事吗？

　　文姐：可以不要那么发掘这一点不？因为非常多的人来问，做访谈，都想把这件事找出一个成因，或者是原因，但其实不是这样的。然后，可不可以不要在这一方面，她为什么变成这个样子，这件事，根本就……

　　陈：我倒也不是纠结您为什么变成这样，我就是想知道您那个是怎么经历过来的。

　　文姐：我先暂停一下。因为，一旦你把一个人的经历写上，呃，像媒体采访我，先问你谈过几次恋爱，然后报道就写，啊，他，谈过几次恋爱，然后，就变成这样了！然后，就是，因果关系都没有，你为什么要这样，把这个放在前面……

　　陈：就是说媒体它会把你这个事用什么成因导致这样（来解释），是吧？

　　文姐：就是，你不说这是成因导致，但是，它要，你非要放一个人生经历在这，就跟那个事等价的。你跳过，怎么变成这样的。

　　陈：嗯嗯，跳过。那你高中以前有谈过恋爱吗？

　　文姐：天呐。你能不能问我决定之后的事儿？

　　这样的片段在访谈记录中比比皆是。谁碰到这样的被访者，估计都要晕过去。文姐实际上接触过很多次"访谈"，完全熟悉社会上，尤其是媒体希望听到的故事版本，以及提问背后的假设（很不幸的，这些假设往往是偏见），因此如浑身炸毛的刺猬，时不时戳你一下，让访谈者不得不反思自己提问背后的预设。

　　陈：你以前做过类似的访谈吗？

文姐：做过啊，很多。

陈：很多啊？

文姐：很多啊。

陈：我是第一次接触。是内地做的还是港台做得比较多？

文姐：做什么？

陈：就类似这种访谈，内地多吗？

文姐：多啊，很多啊。

陈：就那种非政府组织是吧？

文姐：呃，媒体啊，学校啊，都会有。

陈：媒体有人做？

文姐：媒体是最常见的啊，就像这次李银河这事[1]，就所有主流媒体都已经来我这儿访过一圈了。

陈：啊，都来你这里啦？

文姐：南方（周末），来了，然后中国日报来了，然后什么凤凰卫视、凤凰网也来了，乱七八糟。

陈：那你在圈子里面是比较有名的吧？

文姐：不算有名吧，只是说，圈子里不算有名，应该算圈子外面。

陈：××那个我也刚刚了解过，确实就是，完全就是一个男的啊。

文姐：啊，这个，这个，这个，我的概念是，轮不到别人来评价这事儿，他自己过得开心就好，关你什么事，对吧？

结合后续的访谈，文姐是自己做过研究的，了解其他变性人的情况；对于现在的话语体系，包括酷儿理论等学术话语都有一定了解以及自己的独到见解，因此，其讲述是非常有策略的，她也是很难应付的一个智慧的被访者。面对这样的老手，第一次做访谈的陈信波显得非常稚嫩与被动，

---

[1] 2014年12月18日，李银河在其博客发表声明，公布其与一位女变性人长达17年的恋爱，http://blog.sina.com.cn/s/blog_473d53360102vcjd.html，最后访问日期：2018年3月7日。

也不得不一次次改变访谈策略。

> 我是初次做研究的新手，第一次去做访谈的时候担心冷场，在草稿上列了许多主题，因此基本上采用的是提纲询问式。但是在访谈过程中，我发现文姐是一个对生活有高度总结能力，同时极具自我反思与批判能力的人。她对某些现象甚至理论的理解能力都超乎我的想象。因此，为了发掘这些方面的信息，我在第二次做访谈的时候就改变了策略，基本上采用的是讨论式的访谈，两人会针对一个具体的现象或者是某个观点进行讨论。对于一些被访者来说，当研究者试图与其讨论时，他往往会被研究者牵着走，出现研究者主导访谈的情况。这种状况下，被访者的所有回答都是研究者某种诱导性的结果。但对于文姐来讲，她的独立性很强，和她讨论问题不需担心她会被我诱导的情况。她自己的观点总是很明确，并且能够很好地表达出来，而且对任何事情她有自己固定的一套看法，不会轻易因为什么而改变，因此和她采用讨论式的访谈实际上能挖到很多有用的信息，尤其是当我想要了解她行动背后的逻辑之时。（陈信波，2015）

而当陈信波第一次跟我抱怨被访者的强势的时候，我的直觉是眼前一亮，觉得文姐对于这些提问本身的反应、为什么会有这样的反应、其反应背后的逻辑与社会力量是什么这些问题就非常值得研究，甚至比一般的变性经历故事更加值得关注。因此，讨论到最后，我们俩都觉得可以把这种对话、叙述策略本身当作重要的研究主题，分析什么力量共同参与生产了这样的叙述，也可以从中看到变性者的社会处境，以及性别边缘主体与社会不同力量之间的互动与博弈。

文姐这个个案的访谈与研究，对学生自己的触动非常大，不仅是研究策略与访谈技巧方面的转变，也包括文姐的故事讲述所透射的其与社会各界之间的互动。社会如何规制这些试图改变自己性别的人；文姐们又如何来应对这些文化规制；文姐应对"提问"的方式与情绪，投射出怎样的社会学信息。带着这样的问题，我们进入文姐的故事以及她如何讲述自己的故事。

二 听文姐讲故事

文姐，家在北京，是地道的北京人，年龄应该在 27 岁左右。大约在 17 岁（2005 年左右）的时候有"很清晰的概念说我想成为女性"。在 2008 年，差不多大二的时候她开始留长发。2010 年左右她大学毕业参加工作，在 2011 年的时候正式出柜（我理解的是向更多的、社会层面的人出柜），但是据她说在那之前她就已经开始穿女装了。2014 年下决心要做手术，并在 2015 年 3 月份去泰国做了变性手术（一般 5 万～10 万元，她的说法是贵但是质量好）。换言之，从文姐真正意识到自己想做一名女性，到最后实施性别重置手术，这中间刚好隔了 10 年的时间。

（一）媒体中的变性故事

陈：媒体就是说，它比较倾向于故事性。

文姐：当然 story telling 这件事情，传统的媒体可以做的。因为，在很多年以前，你不能说这个人群好，但是媒体可以发个人故事，明白不，挺和谐那种。但是现在，虽然这个和谐不那么和谐了，能发这种少数群体的声音的时候，没有什么需要顾忌的地方。呃，但是，它习惯了那种方式。

陈：那以前媒体的话被打压得一直以故事性为主，现在媒体的话，可能没有对这方面打压那么多，大家都是比较同情那种态度？

文姐：呃，也不一定是同情吧。话说我真没觉得媒体是同情的。

陈：那您觉得媒体是什么态度？

文姐：要不然就是猎奇，要不然就是歧视。

文姐的口中能直接说出"story telling"这样的话，足见其知识储备是一般的被访者所没法比的。文姐的表述，也会时不时地夹杂着英文词儿。在文姐看来，媒体对变性人的报道一直都是以叙述个人经历为主。之所以这样，是因为若干年以前"你不能说这个人群好，但是媒体可以发个人故事"，而到了现在，媒体也就"习惯了那种（讲述）方式"。

决定着媒体发哪种故事的幕后因素，除了"吸睛"的考虑之外，在文姐看来当然有国家力量的参与。国家力量虽然没有直接干预变性人的故事创作，但是在某些历史时刻通过对媒体报道内容的审查，实际上控制了变性人的"叙述"方式。此外，媒体人也会处处挖陷阱，带着各种猎奇性的预设来创造故事，吸引眼球。在这个意义上，"变性人"作为一个性别边缘群体，其基本没有发声的机会，至少在公众面前其只能通过媒体这么一种方式去表述自己的经验。但是这种经过媒体有意裁剪的经验究竟在多大程度上表现了变性人的"生活经验的真实"，却值得怀疑。除非如文姐一样，亲历各种被采访之后，已经能很自觉地来引导访谈，希望讲出自己的故事。不过从文姐的叙述中可以看出，她感觉现在国家对这方面的控制似乎并没有那么强了，在渐渐放开限制，在表述上似乎没有什么需要顾忌的地方。虽然是否真如文姐所说的"没有什么需要顾忌"依然是个问题，我的观察是，至少从20世纪八九十年代至今，从整体趋势上看，不光是变性人这个议题，同性恋议题也一样，国家实际上是慢慢在放开对这些议题的限制，至少给予了（新）媒体更多的表达空间。

　　国家对变性人报道的控制力度的减弱，客观上造成的一个局面就是变性人慢慢地从隐在走向显在。以前媒体的报道都是小心翼翼，很容易就触及禁忌，这客观上导致对于变性人的报道少之又少。如前所述，变性人没有其他的发声渠道，这就使这个人群处在了一个不可见的位置。但是，随着这种禁忌的逐渐放开，媒体选择空间大了以后，它比较能够报道这个现象。尤其是在经历了那么长时间的"沉默"，现在一下出现"爆棚式"增长。无论是电视上、网络上还是报纸杂志上，关于变性人的新闻也越来越多。变性人正在从"幕后"走到"台前"，从不可见走向可见。此外，还有一股性/别运动的重要推动力。

　　媒体一方面是变性人与国家之间的中介，另一方面也是变性人与公众的中介，因此，媒体对变性人的报道一方面显露出国家对变性人的态度，另一方面也反映了公众对这个群体的期待与兴趣所在。

　　当然变性人从隐在到显在也与其自身更加敢于在公众面前展露自己有一定关系。这也与最近若干年以来中国整体的性与性别领域的变化，尤其是LGBT的兴起有关。可是，以为摆脱了国家控制与媒体商业化陷阱的

"自己的故事",又在多大程度上属于"自主发声"呢?"主体"的有限性如何去理解呢?答案并不乐观,但是至少,国家、媒体、作为组织或者运动层面的"变性"群体、变性人个体,再加上隐在的读者,在博弈的舞台上、在故事创造的舞台上,比原来多了可以抗衡的牵制力量。这种力量之间的博弈与消长恰恰是我们需要关注的东西,让我们看到变化的可能。也因此,简单地质疑边缘群体的主体性而只看到结构性的制约力量,与看不到结构性的制约力量一样,都是偏颇与天真的。

且看文姐是如何评价媒体的故事创作的。文姐算是圈子内比较有名的变性人,很多媒体都曾找过她做采访。就在陈初次访谈她之前,李银河"出柜"事件刚好在网络上传开,因此又有一批媒体来找她做采访。尽管频繁与媒体打交道,文姐却一直对其持保留意见。对于其中的原因,她不止一次在访谈中对陈信波强调过。在下面的对话中文姐比较清楚地分析了这种原因。

陈:上次的话,您谈到跟那个媒体打交道,特别反感他们把相关关系当成因果关系,是吧?

文姐:对。就是没什么因果性的事情,媒体就喜欢写因果性的文章。

陈:大多数的媒体都这样做吗?

文姐:对。

陈:那您,可以具体讲一讲您是怎么跟媒体打交道的吗?

文姐:呃,怎么说?呃,来采访我,说你的情感史,说了半天,然后写出来的文章是,这个人的情感史是这样的,所以,这个人是这样的(意指现在成为一个变性人)。

陈:就您接触过的所有媒体,采访您里面,最后都变成这样吗?

文姐:一半以上吧。就是说要不然情感史,要不然是一个童年经历,要不然是什么,她认识了谁,接触了什么东西。或者是即使他没有写这个东西,然后最后请一个专家出来,然后他有一个这样的结论。

陈:一个专家呀?

文姐：对，然后说，专家出来说这些人都是这样的。

陈：那个专家是什么专家呢？医学专家还是说就……？

文姐：他拜访了什么什么专家，然后通常就是他拜访了某个专家，他也没说明白是哪个专家，或者是一个从来没听说过的专家，然后弄一个非常奇葩的盖棺定论的结果。

从文姐的叙述中可以看出，她其实是反感媒体的那种"归因逻辑"，即媒体总倾向于给她的变性寻找一个根本原因——从过去的情感史或者童年经历中去挖掘。换言之，媒体会把其过去情感的某次失败经历，或者童年时期某次不愉快的经历，甚至是小时候父母中某一位的缺席来当成她最终选择变性的一个潜在或者终极原因。这种逻辑在她看来是把某种相关关系错当成因果关系，这是不能忍受的。

除此之外，文姐特别不满意媒体的一点就是媒体对变性人人群的"悲惨叙事"。当陈问到"那他们感兴趣的，最终就是你为什么变成这样，就是想给你找一个原因，然后其他的他们都不关心吗？"时，文姐有点自嘲又有点无奈地告诉陈："不同媒体关心的点不一样，有些媒体关心的是你们这种人为什么（会这样），就是到底有多苦逼，请告诉我。"

在一次探讨电视节目时，文姐再一次做出了如下讲述。

文姐：电视啊，我以前上过节目，或者是，有电视媒体找过我，不过我后来不去了。我觉得可无聊了，尤其是那些，就是说，这种纪实性的媒体，比如新闻媒体，往往莫名地就是把你形容得很苦逼。然后呢，然后，就是说想去我家拍个，看看你这个，这里很脏，这么差，生活这么无味，然后就这种态度。而娱乐化的媒体呢，除了娱乐，其他的一切都不感兴趣。然后就是，怎么有槽点，怎么吸引人怎么搞。然后呢，也……但是娱乐化我认为是解决这个人群需求的未来一个很好的趋势，但是我的性格不是一个很逗逼的人。因为我在那些太能说的女人面前实在是张不了口，说不出东西来。抢不住话题，所以娱乐性的我也不愿意去。所以……

陈：那比如说，如果说一个比较纪实的，面对面的，类似访谈这种电视节目呢？

　　文姐：很难客观的，断章取义啊，自己下个结论，然后，我说一句话，我说的每一句话，他后面补一句他的观点。然后他的观点是完全不可直视的。

　　在文姐看来，变性人这个人群其实过得并不"苦逼"，这种"悲惨叙事"只是媒体不深入调查的胡乱猜测而已，或者说是其故意为之的一种举动。文姐告诉陈，她自己在没决定做变性手术前其实是做过一个小调查的，采访了100多个变性人，比较了她/他们在术前与术后的生活质量情况。她发现绝大多数人在动过手术之后，生活质量还是有明显提高的。也正是这个结论，促使她下定决心去做手术。因此，媒体这种"悲惨叙事"是根本不成立的，变性人远比媒体想象得要活得好，活得开心。

　　至于媒体为什么会存在这么明显的"归因逻辑"与这么普遍的"悲惨叙事"，一方面如上一部分所述，有那么一个时期，国家是不允许媒体对这个人群进行过度报道的，尤其是不能宣传他们好的一方面，因此，媒体只能选择去讲述他/她们的个人经历故事，而且得刻意往悲惨的一方面述说。尽管国家的控制力量在逐渐减弱，但是长期的这种新闻叙述实践，已经使他们习惯了这种叙述方式，一定程度上成了一种叙事惯习。

　　从另一方面来讲，媒体的这种叙述其实反映的是读者或观众对这个人群的期待与想象，媒体所做的只不过是迎合他们的口味而已。对这些公众来说，变性人是被排斥在正常的边界之外，没有秩序的、危险的象征（道格拉斯，1966/2008）。因此，只有突出他们的"悲惨"才能符合他们的"混乱"表征，也只有这样，才能给"正常"的观众群体带来安全与满足。

　　在与媒体打过这么多年交道以后，文姐自己也逐渐摸索出了一套应对媒体的方法。所有记者在采访过她并且写出稿子以后，她都会要求出版之前审阅稿件，并尽量去改成她自己满意的样子；但如果说稿子写得"太烂"，很不合乎她的要求，根本没法改，那她就会要求撤稿。因此，从某种程度上来讲，文姐有挺高的自主性，至少能保证发出去的稿子基本能合乎她的要求（此处，有些人会冒冷汗，有些人会翻白眼，有些人会不服气，另文论述）。

另外，得益于最近几年自媒体的发展，文姐也开始尝试在自媒体上发声。

> 比如说我在做的，我正在准备做的事情，比如说我去知乎，或者果壳这样的知识性网站啊，发一些比较温和的科普文章……

在文姐看来，这种自媒体不像传统媒体，话语权被单独一方所垄断。个体能在上面相对自由地发言，只要不触及禁忌，还是有更大的可能性能够说出自己想说的。虽然，这里的"自由""自主"多多少少都要打上问号，但是至少在有限的范围内，能够给文姐提供一个表达的途径，这就已经是一个很大的进步了。

（二）文姐的"主体"叙述

1. 性别态的物质身体

在文姐的叙述中，有相当大的篇幅是在讲手术后吃药的情况，就是激素对于身体与情绪带来的影响（这部分内容，也是一些变性人嘉宾到我的课堂上分享的重点内容之一，是没有切身经历的人所无法感知的）。在拒绝被问及之前的情感经历及可能做出的归因解释之后，陈信波在文姐的引导下（而不是相反），与文姐的对话进入了更为物质性的身体层面的改变：衣着打扮、激素带来的身体改变与情绪变化，以及声音的改变。

衣着：从运动服到裙子

文姐在 2011 年，自己尚未出柜也还没有动手术之前就已经穿过女装了。虽然是女装的打扮，但是偏中性：牛仔裤、帆布鞋、帽衫。后来慢慢地开始穿起裙子。按照文姐的逻辑，她是要给周围的人们一个适应的过程，更重要的是，要等气质能够 hold 住裙子、看着不是太突兀的时候再穿，"不然人们认为你变态"。除了衣着，就是发型的改变。文姐是从 2008 年开始留长发的。在文姐自己提及穿着打扮方面的变化之后，陈信波把话题移到社会反应方面。

陈：噢。那你，刚开始这样打扮的时候，周围人什么反应？
文姐：这样打扮是哪样打扮？

陈：就是说你刚开始穿那个帆布鞋，刚开始穿那个连帽衫。

文姐：周围人觉得，你终于 open 一点了。

陈：为什么？

文姐：他们不知道，因为我之前穿了 n 年的运动装，然后他们觉得我这个人真是太死板了。今天你居然穿牛仔裤来了，啊你终于 open 一点了。

陈：那你之前干吗穿运动服啊？不想穿别的？

文姐：唔，因为觉得，因为衣服都是我妈买的嘛。然后就是没有一个我喜欢的，这个还凑合一点，然后呢就，就基本上，所以呢，我有两套衣服，颜色、款式都一样。然后呢就，AB 穿，然后他们看来我已经三年没换过衣服了。

陈：那是差不多什么时候开始穿裙子之类的？你是觉得自己 hold 住了，然后开始穿裙子？

文姐：唔，总的来说，穿上，对着镜子照一照，然后问问朋友，觉得大概舒适程度有多少，我觉得不是很严重就试试。

陈：那你周围人，慢慢地，了解你穿裙子，毕竟你穿裙子嘛，然后他们原先不知道吗？

文姐：穿上去就知道了，我也没有跟他们通知过。

陈：然后他们也没有问？

文姐：他们也不问啊。

陈：嗯？

文姐：这个他们知道不知道我怎么知道？至少他们没有问，我只能看到别人行为，看不到别人想法。

虽然文姐在整个讲述中有着很强的挑战社会规范的味道（即便是以上的对话，也依然带着刺儿），但是，从前后文依然可以看出，文姐也不是完全不在乎大众的看法，"常态"与"变态"的一些认识依然会闪现在谈话之中，as normal as possible（尽可能地正常）（Yau, 2010）的期待时不时地会闪现在字里行间。从另一个角度讲，衣着打扮，对于一般大众来说都不是个事儿，顶多也就是好看不好看，而对于变性人来说，则需要更多的考量与细细琢磨，也是逐步地去实践另一个性别的重要生活环节。日常生活中"隐而不见"的性别规范与权力，在这里因为"不合常规"而开始凸显。

激素带来的身体改变与情绪变化

除了衣着打扮之外，文姐提到更多的细节是生理上的改变，尤其是激素的服用。文姐已经服用激素两年多了，激素首先带来发际线的变化，这是我们之前都没有认识到的。相关的，就是体毛的生长速度变慢。

文姐：对，就是男性发际线的轮廓形状还是跟女人不一样的。

陈：是吗？

文姐：让我来拍一张照。把你当模特可不可以？

陈：可以，可以。

文姐：我看你的发际线是非常典型的男性。（给我拍照）你看男性的发际线，这里面有个尖角，女性的发际线这边是圆的，没有这个凹进去的角。然后呢，如果你用激素的话这个位置就会长头发。

陈：那你没有服激素之前呢，也是像我这样？

文姐：差不多。没有你这么，这么明显。

陈：发际线，我还是第一次注意到这个。

文姐：还有就是说，发际线有很多地方不一样，比如说鬓角，然后，其实就是说，很多都是细节，比如说，毛的生长速度。

陈：手毛？

文姐：这里（胡须）或者是全身的毛的生长速度都会改变。

陈：变慢了？

文姐：嗯，变慢了。大概五倍左右吧。陈：变慢了五倍？文姐：原来比如说，用激素以前修剪胡子要两天一次，后来需要一周到两周一次。

陈：那现在呢，还需要刮吗？

文姐：需要，一辈子都会需要的，除非你都脱毛。因为它一旦长出来就不会再缩回去了。

除了发际线与体毛之外，文姐特别强调了情绪的变化：自己内心变得更加敏感，感知别人的情绪也更加明显，甚至是思维方式也会随之改变。在文姐看来，自己情绪上的改变比身体上的改变更大，也更明显。

  文姐：然后，是整个人的情绪会变。比如说我做一件事，被别人喷了，以前呢，我会觉得，啊，我没做好。吃药吃多了呢，感情就变成，你怎么会这样对我。

  陈：让我想到现在网上说的那个男女的思维的不同。

  文姐：然后，你会发现，同一件事，在吃药不吃药，这个……当然这个药剂量它也有影响。这是，从整体生活来说吧，有没有激素其实是，翻天覆地的。感觉是两个不同的……

  陈：那您能再讲讲情绪方面的，有哪些？除了刚才那个例子。

  文姐：总体来说，在雄激素多的时候，归因，对事物的归因会倾向于朝内因。在雌激素多的时候会朝外因。

  陈：朝内因？

  文姐：就是说一个东西没做好是因为我的原因造成的。如果雌激素多了以后我个人倾向，或者说我个人体验是会把原因怪罪在别人身上。就是，你怎么能这样对我。

  陈：那你就是服了激素之后这个对比就特别明显，完全改变了，是吧？

  文姐：尤其是激素量偏大的时候，这种，莫名的委屈感。我觉得，对于我来说，身体上的改变可能没有情绪上的影响来得更大。但是，现在就是说已经过了那个，过渡过程中情绪特别强烈的时候，会带来，搞不好的话，你乱吃的话容易带来一些抑郁。就是说，会觉得，世界怎么能这样对我，然后我好像是，生活是没有指望的，其实是你吃多了。

  陈：那那个过渡期怎么讲，现在……

  文姐：尤其是吃药吃多了的时候，因为你对那个量是很敏感的，多一点少一点，就跟来大姨妈似的，然后情绪都会变。这种情绪变化男性不太容易体验到，就是激素，雌激素。莫名其妙地哭。原来我也没意识到是激素的问题，然后曾经有一次，心理咨询师说，以前你是一个特别 open 的人，怎么和你开玩笑都不会急的，现在还没说几句，你眼泪就哗哗的。然后还有另外的一方面就是说，情绪稳定……两方面，一个是感知别人情绪的能力，原来我是那种脸盲，不知道别人那种话里的表示是什么，有没有一些意见，或者没有，或者有意见，察觉不到，因为脸盲。但是，服用激素后，脸盲就好很多，一个就是说，情绪的察觉能力有很大提高，另外一个情绪表达能力有很大提高。当时不但我看别人脸盲，我自己也脸盲。脸上说话是没有表情的。用了激素之后，这个事情就变好了。

陈：嗯？

文姐：那不一定吧，就是说，就像是表情略丰富。

陈：除了表情呢？还有哪些情绪表达方法？

文姐：语言啊，就是说光听别人说话也可以比以前获得更多的信息。

声音：尚未刻意去改变

声音的改变与否是陈信波先提出来的。因为在我们的肤浅认识中，服用激素，会带来声音的改变，而变性也会伴随着声音的改变。但是文姐似乎不这么看，她并没有刻意地去关注声音，也不觉得这会对自己的生活带来什么困扰。

文姐：忘了以前怎么说话的。因为好多东西实在是忘了以前怎么做的。

陈：那你就跟我讲讲声音和以前有什么改变？

文姐：声音，就是这样。然后，一直犯懒（没去改变）。

陈：噢，需要专门训练啊？

文姐：嗯。哪天，拖延症治好了的话，说不定就可以……主要是对于我来说，这些并没有对我生活造成什么负面影响。我比较属于那种技术宅，就是待在实验室，然后呢，就是觉得说，因为做技术嘛，你只要做出一个东西，谁也不会在乎你是人是鬼的。然后这种技术型的小企业招人，很简单，我因有一个技术问题过来，解决它我就走人。

2."变性"与"出柜"

对于变性人而言，是否选择实施变性手术是非常重要的一个决定。因为变性手术基本不可逆（或者代价很大），对绝大多数人而言，一旦动了手术就不可能再有反悔的机会。从文章开头对文姐的介绍中可以了解到，文姐从其最初意识到自己想成为一个女性到最终选择去实施手术，中间有十年的时间。在动手术前，文姐其实自己有疑虑，她不知道手术对这个人群是否必需的。因此，她去调查了一百多个动过手术的人，在确定她们动过手术后生活质量确实有所提高时，她才最终决定自己要去做手术。用文姐的话说就是"最后我（根据）调查的结果认为，有些需求是其他途径解决不了的：身体认同"。文姐多次提到了一个关键词"身体认同"。对于文姐而言，身体认同很重要，为了寻求自己的身体认同，她才最终下定决心。陈就身体认同问题进一步追问文姐。

> 陈：你是，不接受吗（自己的身体）？
> 文姐：呃，我曾经很不愉快。
> 陈：大概什么时候呢？
> 文姐：唔，初中开始吧。
> 陈：初中开始你就对那个身体不愉快吗？觉得不是自己的？
> 文姐：唔，从青春期，就是从初中之后，我再也不去游泳了，因为我觉得，会觉得有一块凸出来，实在是不能接受的。所以，所以在从前两年，就是去年（调查时），从初中到去年我十年没有游泳。就因为我不能接受这件事。

从这里可以看出，文姐一直以来就对自己的原生身体感到不愉快，为了不看见自己的身体，她甚至十年没有游泳。变性对于她来说是一个改变自己身体的机会，是一个重新让她对自己的身体感到满意，从而获得快乐的一种方式。文姐在这里多次使用了"身体认同"，而没有使用某些故事里面所常见的"灵魂装错身体"的说法。

后来的访谈中陈和文姐进一步讨论了这个话题。

> 文姐：呃，变性手术从基本上不解决这个问题（的困难），因为它做手术的地方，你不扒了裤子是看不见的。
>
> 陈：那，最主要的？
>
> 文姐：呃，有两个方面，一个是对一个人心态的影响，另外一个是你能更改证件。因为就算一个人有一点不像，但是你证件上说我是女的，别人也没有……明白不？而手术，除非你去整容，否则我真不觉得它会……一般人看不出来你这个人手没手术过。
>
> 陈：那其实，这么说的话，手术其实主要还是自己心理的一种？
>
> 文姐：如果刨除改证件这个政治问题而言，因为许多国家改证件是不需要手术的，刨除这件事来说，手术解决的问题，是一个人内心自我认同的需求，我想要在一个什么样的身体里面生活。

对于文姐来讲，动手术与不动手术其实在外表上并没有多大区别，并非就是说一个人动了手术，别人就能看得出你是个女的了。因此，她选择动手术并不是要向别人展现自己是一个女性。手术对她的意义在于实现其内心的自我认同，确保她自己是在一个她认为合适的身体里面生活。

变性手术毕竟是手术，总是会存有风险，而且在动完手术之后的术后恢复过程中，要对外阴进行扩张，据文姐描述那是她"一生中到现在为止体验过的最痛的事情"。也正因此，其实很多外科医生并不主张变性人真的去动手术，认为其对身体是一种损害。但是文姐告诉陈：

> 当事人自己的心理建设是非常重要的，或者说，手术其实也是她心理自我建设的一个过程，它在心理上的意义大于它在生理上的意义，最终它要给人的目的还是给人快乐，并不是……而很多医生不认同这点，是因为，他们认为手术毕竟还是会对身体上造成，即使是哪怕一点点的负面影响。但是，我个人认为，这些做临床的医生，他们忽略了一件事，就是，健康不仅仅是生理上的健康。就像彭晓辉他认

为，一些医生认为生理上的健康是最重要的，但是在我们看来，手术这个东西它可能轻微地降低了身体健康的程度，却显著地提高了精神健康水平。对一个人的幸福来说，它是有显著帮助的。

所以在文姐看来，尽管说变性手术在某种程度上降低了身体健康的程度，但是它所带来的精神上的快乐，让她愿意去承担这个风险。对于文姐来讲，她一旦明白了自己的基本需求，那么她的一切行动就都是在某种程度上围绕着这个需求在转。而对于很多医生或者非变性人群来讲，她这种行为似乎是不可理解的，因为主流的逻辑是，任何一个人，生理上的健康是最重要的，其他都处于次要的地位。因此，两种不同的追求，两种不同的对于生命、对于自我的认识，就导致了这种互相的不可理解。只是，不公平的是，这种互相的不理解并不是对等的，往往走向一方对另一方的规制，甚至压迫。

当然，也仍然有很多人没有选择去做变性手术。如前文提过的某些已经有孩子的人，对于他们来讲变性关乎的不仅是自身，还关乎家庭、关乎自己孩子的大事。在文姐看来，他们之所以没有选择去变性，一方面是因为"担心孩子不能接受"，怕给孩子太大压力，另一方面则可能是因为"自己放不开"，即自己可能没有那个"自信和自豪站在世人面前，或者说面对其他人"。在孩子与自身需求之间的权衡，以及在自身需求与所能承受的公众压力之间的权衡，最终促使他们做出是否变性的决定。紧接着另外一个大多数变性者会面临的问题是：是否出柜，跟谁出柜，以什么形象出柜，等等。

文姐在变了性之后并没有隐藏自己变性人的身份，也没有离开原来的交际圈，这点也不同于大多数变性人。文姐曾经说过自己的所有行为都是"自己怎么舒服怎么来"。如果说变了性意味着让她离开自己熟悉的地方、熟悉的朋友，以一种新的身份在一个陌生的环境中生活，这在她看来是不舒服、不快乐、不可接受的。文姐并不是不在意别人怎么看她，但是她认为只要别人的举动对她没有表现出明显的"不合理或者不合适的"地方，那就无所谓。因此，她以一种新的变性人的身份出现在我们的面前，颠覆了公众以往对变性人的想象。

文姐对自己这种生存模式的选择，仍旧是源于她自身对快乐与自由的一种追求。她的这种自我认识在新一代的变性人①中间越来越多，因此，才会出现文姐说的这种状况，"近三年手术的人通常手术之后，还活蹦乱跳地在原来的圈子里玩"。

对于老一代的变性人而言，最安全的方式可能仍然是经典的生存模式：他们在当初动手术前后并未选择出柜，很多人时至今日也仍旧选择隐藏自己。对他们而言，出柜面临的各种压力可能是他们承受不了的。尤其当一个变性人身在职场之中，这种突然的转变可能意味着自己职业生涯的结束。正如文姐所说：

比如说，他（她）是一个政府高官，他（她）的选择是要不然他（她）辞官不做了，回去走性别的过渡，要不然，他（她）就还留在那个位置上，以那个形象……但是其他人跟我不一样，有些认识的，他（她）们在职场是没有出柜的。比如说他（她）是，一个企业的高层，你再往上进一层，比如说，这些竞争或者钩心斗角非常微妙。然后呢，你有一些奇怪的消息传出来的话，可能会影响这个过程。比如说，可能有一种玻璃天花板，虽然大家都不说，但是……

这种是否出柜的策略也即意味着他/她们对某种生活方式的选择。不选择出柜意味着至少在他/她们看来，现在所拥有的工作与生活中的东西，比起性别的改变或者身体认同及展现来说，更加重要。这没有对错，反映的只是他/她们与文姐不同的人生态度、不同的自我认识、不同的生活策略而已。

3. "有钱就是任性"：选择的背后

陈信波在访谈中就经常碰到这样的局面，即文姐的一番话往往使他有惊讶的感觉，这种惊讶本身就表明陈原先对她的想象是不准确的，或者说

---

① 这是文姐自己的说法。这里所谓新一代的变性人，意指最近三四年变过性的变性人。文姐认为，现在的变性人观念变得很快，每一年相较以往都会呈现很大的不同。尤其是最近三四年做过手术的，其中有一批人已经完全不同于之前的人了。

是某种偏见。这些惊讶中最让陈颠覆想象的是，当陈尝试去挖掘文姐这种"潇洒"的生活态度背后的因素时，她的答案。

> 陈：那我觉得你就是，一直都是比较追求那种，按照自己的方式来，您是一直都有这样的想法，从小到……
>
> 文姐：呃，不是，呃，应该是近几年的事。
>
> 陈：近几年？
>
> 文姐：嗯。因为在我 2008 年之前是完全不敢想象这样的事的。
>
> 陈：噢，那怎么是，后来是怎么慢慢改变的？
>
> 文姐：呃，最大的影响是经济独立。我和 trans 有关的事情是因为，有钱就任性。
>
> （双方大笑）
>
> 陈：这真是活生生的例子。
>
> 文姐：因为，比如说，如果你每个月都担心，你下个月怎么付房租的问题的话，你是非常难，非常困难去选择一个挑战社会的东西，但是，如果你的生活无忧无虑，那么，挑战又有何妨。
>
> 陈：所以，你，最主要还是经济独立。别的，别的您还觉得有哪些因素吗？
>
> 文姐：呃，我觉得就是说，我认识的这个事情中，非常多强悍的人士，给我带来非常多的信心，或者说动力。然后，就是说，主要这件事根上还是经济独立对于一个人，就是财务自由对一个人的成长是最重要的。
>
> 陈：这个也是完全颠覆我想象了。因为我，对于我来讲，我觉得这可能是某些，那个你进入大学，认识一些人，可能对你影响比较大之类的。
>
> 文姐：呃，没有，最核心的观点还是有钱就任性。
>
> （停顿）
>
> 文姐：……不论是不是 trans 嘛，如果一个人可以达到财务上的自由和心态上的自由的话，他都是这样的，他的个性。除非他是精神不自由，还住在笼子里。

在文姐看来,她之所以会有现在这种生活态度,根本原因在于自己"经济独立"了。经济独立意味着她摆脱了父母的控制,不再受限于父母。在文姐的叙述中,还有很重要的一个片段是关于如何运用策略,及"一套一套"的脚本故事跟父母博弈与抗争,比如:

> 就是说一套做一套。好好好,然后下次这样了,编一个故事。然后呢,然后回家之后呢,分了(指和女朋友),然后再编一个故事,下回再问就……然后,反正就是玩多了,他们也明白了我是在玩他们。

相对于其他的社会力量与关系,家庭的阻挠与看法往往发挥更加重要的作用。在讲述中,文姐还提到了不少"经典的如何应对父母的脚本",不过她自己并没有试过。但是她不断强调经济独立能够增加谈判的"筹码"。

更重要的是,经济独立使她有资本、有能力去做自己喜欢的事,包括变性。在文姐看来,她的一些举动是一种挑战社会规范的行为,这些行为都建立在一个基础之上,即自己生活享有保障,不用为温饱担心。

故事中关乎个体原因的追寻从来都是说不清道不明的,我们也无意去探究原因,但是去探究某个现象转变的一些必要基础却是有可能的。在我们看来,"经济独立"是不是文姐追求快乐的生活态度形成的原因,谁也无法确定,包括她自己也说不清楚,但是它却确实是文姐能够拥有这种生活态度的一个重要物质基础。

三 个案的扩展及"自主"的条件

尽管,个案的意义更主要的在于其所能提炼的更为抽象的概念与深刻的认识,但是始终绕不开或者至少值得思考的一个问题是在这个个案身上所体现出来的特征,究竟哪些是个体所独有的,哪些具有更多的社会性?文姐的这些自我认同与行为模式,包括她的表述,哪些是她独有的,又有哪些是多数变性人所共有的?从我了解到的情况来看,我感觉文姐还是异于多数人的。这点她自己也讲得很明确,在她身边按照传统的生活模式生活的变性人还是占大多数。但是这种个性的独特之处并不表示她身上的特征就与其他变性者没有任何共性之处了,也不表示通过对文姐的研究只能(局部)认识到这一个个体。自我认识与经济独立的重要性,对大部分变性人来说都非常重要。因为若没有这两个条件,思想上和物质上往往都无法做到去变性。从这个角度来讲,文姐的某些特征所体现出来的逻辑还是能够有助于我们更好地了解变性现象的。

这种基础一方面是其拥有深刻的自我认识,这种自我认识包含她对自己是谁、想要成为什么样的人的思考,更重要的是她对自己的需求的认知。当然不同的变性人都有不同的自我认识,正是这种不同的自我认识导致她们各自做出了不同的选择。对于文姐来讲,她的自我认识就是想要成为一个自由、快乐的人,对于这两者的追求可以压倒一切,可以使她不顾别人的目光与压力,从容地做出自己变性的选择,并且不再向周围的人隐藏自己的变性人身份。

这种基础的另一方面就在于经济独立的意义。虽然我们都知道做变性手术需要花费大量的金钱,但是从来没有意识到经济独立会对变性人这种主体性有这么大的影响。一方面经济独立才能使其在父母亲人反对的情况下自主地做出变性的选择,另一方面对于文姐而言,只有在经济独立、不用为生计担忧的时候才能够做出一些与社会对抗的事情。

这种抗争体现在文姐的叙述中,而其叙述本身也包含对于现有"变性"叙事的抗议。文姐做了很多功课,试图创造出自己的故事,以增加谈判的砝码以及争取自由的空间,从而更大限度地挑战既有的性别规定与性别叙事。这种话语层面的抗争,不仅仅是经济独立所带来的,与文姐的实践(包括参加一些NGO的活动,以及多次被访谈的经历)以及知识储备与自觉的学习与思考是极度相关的。没有这样的思考与学习,她也不会与陈信波有这样的对话,也不可能如此有底气,如此强势。

  陈:哎对了,您有听说过"酷儿"这个词吗?
  文姐:有。听说过。
  陈:那您是,对它是?
  文姐:没有评价。

陈：没有评价？你会觉得自己是一个酷儿吗？

文姐：不觉得。

陈：不觉得啊？为什么啊？

文姐：呃，（思考）那你认为酷儿是什么意思啊？因为我并不认为，我认为它这个词和我所看到的各种，或者说 label 它的各种，label 自己为酷儿的人，我也没感觉到有任何共鸣。

陈：那您可以跟我讲一讲，您认为，您现在感受到酷儿是一种？怎样的才算酷儿？

文姐：我对这个词不了解，因为，不了解……

陈：那，我理解的酷儿就是说，不希望别人来评价，一切都是说，我的身体什么我做主，我崇尚自由。不希望别人贴任何一个标签给他，虽然说酷儿本身就是一个标签。

文姐：呃，我认为标签是有它的意义的，我不认为标签是没有意义的。而且在国内这个，酷儿并不是它的定义那么简单，然后它带来了，若干大阵营之间的政治斗争。

陈：哪些政治斗争？

文姐：唔，依照国内就是说，性少数有 gay 和 les，传统的有两大群体嘛。呃，在最初来说的话是，这些群体获得资金的方式是，gay 是通过 HIV AIDS health 的钱呐，来支撑自己运转的。lesbian 因为感染率太低（双方笑），所以你会发现，呃，你会发现 lesbian 的组织解决这个问题的方式是整体投靠了女权。所以，在这里呢，女权和 les 其实是两个阵营，处在同一件事。然后，这是两大资源，这个，选择这块能来钱，这个事情也是，对于公益机构来说，生存不能不考虑的事情。呃，还有一件事情就是，他们这个两大阵营，带有各自不同的理念。gay 这边，比如说，以实证研究，以数据，比如说，呃，就是说这个东西，到底，什么东西对什么东西有影响，它是以数据，实证数据的方式，他们就是说，在，就是，在，俗称科学派。然后那边就是，那边是，以文本分析和，社会研究这个，这个派别的酷儿派，然后，然后你会发现就是说他，他们对同一件事情，有非常多的不同的表述，比如说，呃，一方面他用性取向这个词，另一方面他用性倾向这个词。一边在说，born in this way，那边在说，这是流动的，你会发现这是，这是硝烟弥漫的战场。我不想对这个评价什么，所以，这个，酷儿这个词在这场硝烟中只是一颗大炮弹，所以，我并没有兴趣，而且这件事情，对 trans 来说，我也不觉得有特别大的共鸣。因为这个硝烟弥漫，我是这么多年看着它，各种大战来的。我觉得，我没有任何兴趣在，在一个人是否属于某种分类上面讨论。

陈：那您是怎么接触到这些公益群体的呀？是参加活动还是说听别人说，还是？

文姐：呃，当年是因为在，在×大学的论坛混，那我本来是混技术版面的，然后呢，后来在论坛里的其他版面混就找到了，这个比如说，呃，gay 的版。然后后来找到了 les 版，然后那个时候那里面一些做公益的人，他们把我带进去了。

陈：然后，跟他们接触，一直比较多还是？

文姐：和他们，我是在（？）[①] 阶段接触比较多，后来我基本上比较独立。因为我觉得，这种（？）的机构，他们做事的理念，并不是很合乎 trans 圈的需求。这是我的困扰。

陈：那国内现在就是，一直就是，形不成一个关于 trans 自己，类似的公益组织吗？

文姐：有 trans 自己的公益组织吗？

陈：现在，现在我感觉没有吧？专门做这一块的？

文姐：唔，有。

陈：有啊？

文姐：有。但是就是说，这个方向不一样，比如说针对 trans 性工作者，或者 trans 的 health 的是有。

陈：这么……

文姐：北京就有。

文姐的故事，在之前的历史时刻很难出现。早期的变性故事多是新闻

[①] 访谈者未听清的地方用"？"表示。

192

媒体的猎奇性报道，即便是个别在采访基础上的人物采访（如南风窗的纪实文学类报道），也如文姐所评论的，基本是以猎奇为主。文姐的叙事在这样一个历史与社会时刻出现，与医疗手段的发展、媒体技术的更新（之前学校的 BBS，现在的新媒体）以及 LGBT 小组的发展都是有关系的。这些变化为文姐们作为主述者的故事生产创造了技术与社会的条件。而文姐之所以会比我们之前碰到的很多被访者有更多的知识准备，且对于外来者试图了解或者创作变性故事会做出更为批判性的、反问式的反应（在整个访谈中，尤其是刚开始的阶段会夹杂更强烈的抵制情绪），显然不仅仅是其性格的原因，也不仅仅是如文姐所说的激素的作用，更是"变性人"所处的社会历史情境使然。作为社会学研究者，我更愿意认为这是作为一位逾越性别规范、通过手术来改变身体的边缘主体，如何在生活中、在社会中生存且找到自信的一种生活策略。借用福柯的论述，此刻的抵制（resistance）是一种反主流话语（counter-discourse）式的积极生产。

  再回到斯皮瓦克的著名质疑：下属群体能够发声吗？主体更为直接地参与的故事生产就一定具有主体性吗？有纯粹的、本质的主体性吗？答案显然是否定的，不管是在哲学还是社会学的意义上（我自己显然是在社会学的意义上讨论类似主体、结构、自主等概念，不想做深沉的悲观主义者，依然试图能够促进一些变化，即便这些尝试是策略的、权宜的、世俗的，甚至是肤浅的）。但是，在不做天真的社会学研究者的同时，我也不愿意成为悲观的顺应结构制约的人。"下属群体能够发声吗"，这个掷地有声的质疑在后殖民语境中无疑是有力量的。但是，当它在不断地被引用、重复、强化的时刻，却也容易滑向悲观与被动。对于弱势群体的发声问题，我宁愿持有更加乐观的想象与尝试，或者说在诉病结构性制约的同时，我更愿意创造空间去激发这种发声。即便我们也清楚，这里的自由也好，自主也好，都不是绝对的，都是受限的，但是受限的程度与空间是不一样的。文姐在对话中表现出来的强势与努力抗争，虽然让我们的访谈者如坐针毡，虽然也不免落入另外一种刻意的脚本创造与叙事套路，但无疑在现在的社会与历史时刻具有正面的意义。这种已然印刻了多种力量对抗与协作的叙述，在主体声音极度缺乏的话语体系中，挑战着既定的性别脚本，也在一定程度上改写着"变性"的故事结构。在这个意义上，我更愿意视文姐的叙述为带有积极抗争意义的主述。

在阅读文姐与学生的对话时，我时不时也在想，如果哪天我也答应了学生或研究者或媒体对于"女性性研究者"的访谈，是否也会如文姐一样，因为不愿意被动地被某种社会的期待与大众的想象（偏见）所束缚与规制，会不断让访谈者感到窘迫，成为一个让访谈者抓狂的被访者？

| 第六章 |

无处安放的情欲身体

赚赔逻辑的基本精神在于：男人无论如何都赚，女人无论如何都赔。换句话说，情欲的流动其实被男强女弱、男进女退、男爽女亏的不平等权利关系所渗透，因此只要是情欲又流动，它的运作及效果都会受到两性的不平等权力关系所左右……

那么，我要怎样才能不在这个逻辑之下运作呢？女人还有希望吗？你急切地问。

当然有，而且希望越来越大了。

因为，我们中间已经出现了越来越多有气魄、有实力、根本不用交换的女人。她们在两性关系中拒绝用赚赔逻辑来支配自己的身体和情欲，她们有些甚至不自我设限于异性恋的情欲模式，她们只追求多样性与多变性，尝试不同的伴侣和随意自在的性关系，积累各种资源来营造自主的、多元情欲的爽快生活……

豪爽女人，女人好爽；情欲解放，女人解放。

——何春蕤，《豪爽女人》，1994

我将以一则短小的"情欲身体"故事结束本书的主体部分。

女性的情欲身体，在这个社会上往往无处安放。这里要讲的这位豪放女，她备受争议，她叫阳春。有关她的故事散见在网络空间里，我在这里仅是通过若干年来的交往点滴，以一个极端个案的形式探讨女性"情欲身体"展现的可能性。遗憾的是，为了使其有在场的可能，不得不挖肉剔骨，空余框架。在本书中，"阳春"的意义不在于其言论和故事的丰富性，而在于女性情欲身体"在场"本身的意义，是作为一个被萃取的符号与一种类型的身体而存在。

很多人对阳春不以为然，或者因为其"特例"，或者因为实在也拿她没辙，忌而远之。我却觉得应该认真对待这个"异类"在当今越来越文明娇贵化（何春蕤，2011a）的社会中的意义。台湾甯应斌老师曾在一个非正式的场合说过：阳春的名字，一定会被记录在中国的性史上。这个记录的意义，在我的理解里，不是因为其在理论或学术界有多大贡献，而是因为她作为性实践家的激情豪言，即便有的地方讨人厌，或非常讨人厌，在这个社会里却如一颗炸弹，惊世骇俗，挑战底线，惹恼你的同时，却也带来颠覆性的深层思考。一个没有受多少正规教育的人，一个反社会规范而行之的人，其性/别言行的哲学批判与生存逻辑甚于绝大多数的理论批判家与运动家。

性实践家阳春性实践中的权利与多元

文本以我（阳春）的成长为主线，讲述我从童年到成年多元的性经历，特别是我从事四种不同性工作的经历

一、我童年时的性经历（5岁到10岁）。省略351字。

二、青春期从性焦虑到主动寻求性知识到自慰高潮的性实践。省略258字。

三、成年期的性成长和丰富多元的性体验。

1. 网络让我体验多性伴和多种形式的性。省略104字。

2. 逃离家庭性管制。省略106字。

3. 经历的男友。省略491字。

4. 与伴侣体验无性交的高潮。省略319字。

5. 遭遇潮吹。省略134字。

6. 作为"女性高潮独立研究人"。省略261字。

7. 桑拿小姐。省略2811字。

8. 职业SM女王的经历。省略510字。

9. 卖shi的经历。省略2980字。

这些就是我性实践的一些经历，欢迎大家讨论。

以上是我见到阳春真人之前，看到的她提交的大会论文（这里只保留提纲）。

我是在会议上认识阳春的。印象中认识她很久了，可是正儿八经查阅以往会议记录的时候，发现她首次与我有交集是在2011年第三届中国性研究国际研讨会上。那一届的主题是"权利与多元"，因而实践者比以往两届都要多。阳春作为性实践家出现了，此后成为我们忠实和积极的拥会者。她的投稿论文就是上面的"性实践家阳春性实践中的权利与多元"。投稿身份写的是广西南宁性实践家、色情艺术家、SM职业女王、技女、按摩师、情趣培训师。而现在，她更多地称自己是性教练，且不甘心于混迹商业，经常跨界叫板心理咨询师与常见于媒端的性学研究者、性教育家。

阳春的第一篇投稿论文是沿着"个人生活史"的路数来写的，以其成长为主线，讲述了从童年到成年多元的性经历，中间自然也涉及多元的、上不了台面的、置于性等级低端、挑战各类底线的性实践。其叙述风格可以作为精神分析学家的典型案例。我阅读的整体感受是，这段有"体"验、有知识储备、有思考总结、有加工提炼的生命历程式的生活经历写得过于整洁（比如幼儿经历的典型"性"表述），充满了积极的色情味儿与抵抗压制的生存策略（比如如何应对警察、如何赚钱），且处处埋雷，隐含着极具批判的自觉（秉持性积极态度的女权说法）或不自觉的理论对话（比如对于污秽的解构）。而通篇则在不断地挑战着各类性/别规范与其他社会规范，打乱"正常"与"不正常"的界分。阳春的身体之爽，搅动了社会之常态，在当下，却也封锁了这个文本见光的可能。

根据我对阳春的有限了解，这段故事在投稿之前，一定是经过"高人"指点的。每次发言，阳春都会找一些人，尤其是学术界的人来润色她的经历与文字，她会比谁都要认真地准备会议的发言，且试图对其实践进行理论化，经常借用会议上的各种空隙时间，纠缠别人用学术的语言教她写"作文"（效果不一，有的时候运用极佳，有的时候画蛇添足，有的时候也闹笑话；没有吃透某些概念的时候，她自己的语气会明显夹杂不自信）。好学之余，则反过来讽刺教她的人，其口头禅便是："这个我也会"，"我比××更牛"。除了屈指可数的几位老师，谁都入不了她的眼，我自然也没少受她奚落，从肉体到思想。

在那次会议上，原本是以"女性实践家的个人经历"为论文题目参会的阳春，在认认真真地听了一天会议之后，却找到我们说，她要把侧重点放在"shiniao 恋"方面，因为这个"更具有挑战性"，其他发言都"太土"了。是否具有挑战性，能否激 high 全场，是否够劲爆，是阳春选择议题的一个重要考虑。以至于，在第二次参加会议的时候，她选择了"冰恋"这一极具争议的话题，讲完之后则马上陷入了烦恼与思考之中："下次会议，我还可以讲什么呢？"

"shiniao 恋"的会议发言，确实激起会场很大的震撼，而且让我大跌眼镜。毫无掩饰的情色语言，加上同样没有马赛克的图片与视频，配以白色外衣盖着红色胸罩的性感打扮站在大学的讲台，这种混搭风让相当一部分人叫好，让会议主办方略感紧张，也使得在场不少参会者当场极度"文化震惊"，以至于后来我们听说一位心理咨询师若干天吃不下饭。而阳春在两年后的第四届会议上有关"冰恋"的发言，中间即兴却也是有预谋地穿插了视频，使得一部分人离场，一部分人掩脸，一部分人兴奋，以及主办方被资助方叫过去"喝咖啡"。不仅仅因为其赤裸裸的展示，也因为其所持的态度，挑战到了最为根本的生死伦理，受到的争议可想而知。

以自己的身体言行（包括各类性实践，身体打扮与发言；她用的名词是：自我民族志），挑战人的情欲，质疑伦理与底线，成了阳春的招牌。在她这里，快乐是第一位的。物质性的身体，在阳春这里，具有了从实践到理论的正当性与重要性。而她的挑战范围也越来越大，从实践者到学术界（心理咨询、性科学，也包括我们这些研究者），无一幸免。

作为人际交往中存在的个体阳春，在给你带来糖果饼干甚至滋补老母鸡的暖意时，让人讨厌的地方有不少。其不饶人的挑衅态度与不看场合的言论，对"受害者"怒其不争的挑战甚至蔑视，加之唯我独尊、以我为标准的自大，以及拜金主义的做派（可见投诉名目之多），经常得罪人，甚至招致"网络暴力"的控诉。却也不可否认，阳春极强的反思能力与好学态度，使其在把知识运用到实践中去的时候得心应手；而言行一致，或者更切确地说，身体先行的先锋做派，也是几乎任何一个理论批判家都招架不住的；在复杂残酷生活的摸爬滚打与磨炼中，在不合时宜的各种碰撞之中，所训练出来的那套谁奈我何的顽强生命力与生存策略，提醒我们训练出这套反叛逻辑的"（无奈）社会结构背景"的同时，其透射的力量也是任何一个女权主义者不应该忽略的。

前段时间在读何春蕤老师为2016年8月在人大的讲座撰写的文章时（何春蕤，2016），有一句脚注里的话让我哑然失笑："1994年一位年轻的男性学运分子曾向我提问：如果豪放女都能做进步运动的先锋，那我们这些花了那么多时间读马克思的人怎么办？"这句话恐怕也很适合替换成：如果阳春都能成为女性解放、进步运动的先锋，那我们这些熟知女权主义理论的人怎么办？

在现时的忌性文化、女人吃亏的赚赔逻辑之下（何春蕤，1994）和愈加文明娇贵化（何春蕤，2011a）与道德净化的社会之中，从一个"情欲身体"的符号意义来讲，我更愿意看到阳春作为豪爽女人对于"情欲身体"的开拓所带来的积极反叛意义。

在2015年的会议之后，阳春自己创建了一个会议微信群，聚集了90多号人（改稿时已经100多了），一如既往地时不时在里面扔个炸弹，非常偶尔且短暂地，也会谦逊一把，流露出自己的怯意；而大多数人在潜水观望，有明着或暗地叫好的，有偷着乐的，有看热闹的，也有的受不了会骂几句，若干人则已愤然退群。在我们"开会"面临资金危机的时候，阳春甚至扬言要通过自己卖身赚钱（性实践家、咨询师的工作）来支持会议的召开，并认真"预算"需要做多少年，让人惊恐之余也颇为感动。我有时甚至觉得，她比我们任何人都在积极地推动 sexuality 的进展。

对阳春而言，除了私底下"性教练"的工作室，会议、网络等就是她的展演空间。现在的阳春，自诩中国最牛的性教练，她的广告，边借用知识界（包括大学的会场及讲台）提升自己的思想水平且产生经济效益，边贬损专家的做派，一如既往地雷人与聪明。逾越了种种规范与界限——精神与物化、个体与社会、理论与实践、美与丑、洁与污——的活生生的、有力量的身体，融合于阳春的情欲表述之中。不过，在2017年的最近一次会议上，我们也略感成了"明星"、被寄予了"挑战底线"与 high 翻全场厚望的阳春，发言有了压力……

"人们的日用而不知的所言、所行、所思和所感之规律常常是论述权力运作的效果，我们在习焉不察的情况下，它通常早已深深地镶嵌在我们的身体律动和语言陈述当中,以至于我们会在生活实践中不断地重复再制这个规律而不自知。"(周平、蔡宏政,2008)就挑战隐藏于日常运作且处处蕴含权力关系的社会规则而言,阳春的言行,也可被视为"蓄意破坏实验"的一种,不乏常人方法学的意义。

可是,这样的情欲身体,在中国能有几个?在商业化之余,又有多少社会空间,可以让其立身且辐射出积极的意义与另类力量?是我们缺乏这样的情欲身体,还是缺乏发现及正视她的眼光与生产此种论述的空间?在一个忌性的社会文化中,何处安放女性的情欲身体?

以上所述,尚不及阳春"情欲身体"之一角,阳春的故事,也还在不断地创作之中。本文显然也只是阳春故事的(严重)残缺版。权且作为新版性/别故事的一个序幕吧。只是,由衷地希望,这个残缺版的序幕,在此时此地依然可以拉开其绚烂的一角……

第七章

会议的性政治*

我在参会与办会的间隙，开始梳理自己的办会经历，并思考办会的政治，以及会议作为性/别故事的生产与展演空间的意义。

我从研究生开始，借助人大性社会学研究所的平台，就跟着潘绥铭老师参与各类性研究会议的策划与会务安排工作。2007 年正式进入人大工作，恰逢新一轮的福特基金会项目加大了对提升中国性研究能力的支持，因此我们科研之外的实践活动，从规模与形式上都有了较大的改变，也开始更加有意识地策划"中国性研究国际研讨会"以及"性社会学的理论与方法"研讨班。直至今日，已经举办了六次国际会议、八届研讨班，中间还穿插了各类小型主题讨论会。办会，是我学术生活中的日常。

办会辛苦、烦琐且容易得罪人。而且对于学者来说，会务"浪费"了不少时间。但我乐意为之。在我看来，这是重要的田野现场，也是重要的学术实践。办会不仅促使我更为切身地体察性/别领域的变化及多彩呈现，也多少有一份亲历历史、参与变革的动力与自豪，此外，还有窥探台前幕后各类八卦的恶趣味。会议，绝对不是简单地作为信息交流与成果发布的一种形式，更不（应）是为了花钱而举办，其本身就是一种重要的知识话语的生产实践，记载且创造着某类历史。作为学术制度的一部分，与评

---

* 本章部分内容在 2016 年 11 月访问台湾"中央大学"性/别研究室时在课堂及内部会议上做过分享，部分内容纳入 2017 年第六届中国性研究国际会议（在哈尔滨举办）的总结发言里，但整个章节有大幅度的内容增加与修改。

审、评估等活动类似，会议本身就应该被作为分析的对象，检视其在知识生产与传播过程中的作用（Brenneis，1999；2009）。

此时此刻，作为办会者，在反思、书写会议的同时，我的脑子里依然时不时闪现 2017 年的国际会议（两年一次）该如何筹划，大到会议主旨的思考，小到研讨会时间与地点的确定，兴奋与焦虑共存，反思与行动并进。就具有某种禁忌色彩的性/别议题来说，在各类性/别边缘主体可以竞相登场的重要聚会场合举办的此类会议，对于我以及大部分国内性/别圈子的人而言，更是具有了某种狂欢的性质。

我们为什么要举办这些研讨会？试图与谁对话？研讨会在怎样的政治、社会与经济背景之下举办？本身又体现了怎样的政治、社会与经济背景？我们运用怎样的办会策略来展开对话，并应对可能的阻碍？我们如何与圈外的各方人员（资助方、政府及学校管理者、财务报销人员、酒店经理、学校会议中心的服务人员等）打交道？又基于什么考虑邀请圈内的主讲嘉宾、筛选摘要、安排日程？办会的动力是什么，张力又有哪些？挑战是什么，前景又如何？十余年的时间，会议作为一个重要的学术实践，反映且促生了性/别领域的哪些变化，投射且构成了怎样的社会变迁，又如何印刻了我自己作为办会者的某段人生轨迹，包括情感卷入、学习与反思的心路历程？会议，又可以如何更为积极地发挥其作为（新）性故事的生产空间的意义，甚至如普拉莫（1995）所言，能够促进更好的生活世界的生成？

这一系列问题激发了我把"办会"作为一个动态的研究对象的兴趣，对会议所体现的性/别生态与历史、所蕴含的性政治的兴趣，也直接构成了本章的写作动力。只是，我在此不会一一回答所有的问题，而是择其二三进行分析与回应。

在本书的导论中，我曾涉及 20 世纪 80 年代以来，尤其是最近十余年中国大陆性变迁的背景以及性/别领域学术语境的变化，以作为本书的写作语境。在此，我将更为聚焦地分析在不断变迁的背景之下，我们试图与之对话的社会与学术生态的特点及变化，以及这些变化如何影响了会议的具体策划；同时，会议又如何在知识话语的层面强化或者促生新的性/别生态。

一 2007年之前的性话语：讨论的起点与补充[①]

20世纪80年代以来的性研究是在"文化大革命"时期对性的高度政治化以及话语层面的"无性文化"的基础上起步的（潘绥铭、黄盈盈，2008）。在此后的近30年时间里，伴随着社会层面的迅速变迁——包括单位制的解体与社会控制的减弱、居住环境的改变、社会流动的增加、互联网的迅速发展，以及新婚姻法和独生子女政策的实施（及新近的二孩政策）等因素，中国人的"性"无论在行为、关系还是观念层面，都有了革命性的变化，围绕着性与婚姻、家庭、性别、生育等基本生活要素之间的关系而构成的初级生活圈发生了大的变革（潘绥铭，2003，2008；潘绥铭、黄盈盈，2008，2013）。

与此相随，20世纪80年代以来的中国社会主要流行着四类性话语（黄盈盈，2008）。对这些话语的分析，也构成了我对于2007年之前性研究的状况以及对话生态的基本判断。在性话题越来越聚焦、争论越来越凸显却又窄化的今天，重新回顾当年的对话生态是有意义的，也可以以此为基点来分析近年来对话语境的变迁与延续。

第一类占据统治地位的话语来自医学和性科学领域。延续着20世纪初从西方（经由日本）传进来的性学话语（sexology），20世纪80年代中期到90年代早期，性科学研究又重新开始占据显要地位。突出的例子是阮芳赋于1985年出版的奠基之作《性知识手册》，以及吴阶平的《性医学》。医学话语受到了多种主体的推动：性科学家、医生、性教育工作者，以及商家。起初，作为反对中华人民共和国成立初期"无性文化"的一个工具，这种话语被认为体现了一种看待性的健康和积极的态度（比如80年代对于自慰、性教育的讨论）。不过，这类话语带有强烈的科学化与医学化特点，如今则进一步与商业化联手，构成了"性学"的主要话语成分。

[①] 之所以选择2007年，不是因为2007年是一个重要的性变化的时点，而首先是因为本书的写作，主要关注最近十余年的变化。之前的观察与分析，已有过分析，具体可见黄盈盈，2008；潘绥铭、黄盈盈，2008。2007年，也是潘老师开展性社会学研究20余年；就我个人而言，是我留校正式进入人大性社会学研究所的时间点。

还有一类医学话语需要单独列出,这就是性的艾滋病化。自2000年以来,艾滋病的流行以大量的资金为动力,极大地拓展了"性"的空间。不过,以艾滋病为切入点同样使"性"面临着这样的风险,即将"性"和身体病理学化,把它们刻画成因为受到疾病和紊乱状态的干扰从而需要接受"治疗"的东西,而不是从幸福安康(wellbeing)的角度看问题,所关注的往往是"性"所造成的"危险"和"风险"。

第二类话语关心的是女性的身体和"性"所处的从属、被压迫的地位,更多的是女性研究对"性"保持的缄默。这类话语的主体是中国的女性主义者,关注的是女性相对于男性的从属地位。尽管这类研究具有不言自明的重要性,但它们倾向于将女性刻画成"受害者",缺乏从积极和正面的角度表现女性的自主权和"性"。但整体而言,这类话语在2007年(甚至是2010年)之前,比较零散且弱势。

第三类流行话语与性革命有关。这类话语由学者和大众媒体推动,体现在多个方面:①观念上的变化,从性的唯生殖目的论逐渐向性的快乐主义转变;②个体性行为实践和关系方面发生的巨大变化;③大众舆论及学术界就与性相关的问题展开的讨论,以及新术语和新概念的相应增多;④女性之"性"发生的变化,例如,对"性"所持的更加积极的态度,多样化的性行为实践,以及日益提高的婚前和婚外性行为比例,也包括多元性别的日益显见(潘绥铭,2008)。不过,在大众媒体中,性革命话语常常遭到歪曲,被描绘成中国事实上是一个"性的天堂",鼓吹无限度的个体"自由",或者说已经完全"西方化了"。近些年来,这些歪曲增加了大众对性革命的抵触心理。

第四类话语强调的是"洁身自好",以作为对第三类话语以及所涉及的"性开放"的抵制。在这类话语倡导者的想象中,中国在性态度、行为和实践方面已经"西方化"了。为此,他们主张恢复"传统",以此来抵制"西方化"所带来的恶劣影响。在针对中国青少年开展的性健康和教育项目中,这类口号体现得极其明显。它强调的是行为端正的"传统"意识形态,主张避免"不成熟的"爱情和性行为,提倡自尊自爱、自我保护,尤其是针对女孩子。同样的道理,为了预防性传播疾病和艾滋病,某些团体宣扬ABC政策(禁欲、忠贞和使用安全套,abstinence, be faithful and condom use），主张通过道德对"性"进行管制。

  总体而言，20世纪80年代以来，中国社会对于性的讨论以及有关性教育的项目并非禁忌，但是也远非作为医学化背景下的"性学"这一个脉络可以涵盖。更为重要的是审视研究者和项目的实施者从哪个角度来看待"性"，秉持的是怎样的理念与态度。

  上述的第一类话语是乐于谈性的，试图以科学的态度与忌性文化对话，甚至可以说是秉持积极的态度正面地看待性行为，只是对"性"的理解过于医学化与简单化，而且经常与商业化共谋。第二类话语在反抗父权的压迫上是有进步意义的，只是是以强化女性的被动地位来彰显父权制的压制，且往往把父权制、女性之性简单化。第四类话语则更为直接地基于道德的立场主张对"性"进行约束，不管是直接地反性，还是借助疾病控制强调"性"所带来的"疾病"、"屈从地位"和"紊乱状态"。相比而言，第二、第四类话语都体现了一种针对"性"的负面和消极的态度；而第一、第三类话语在当下中国，具有更为积极的意义，只是在反思与警惕医学与商业的方面有所分歧，以及在面对性与性别及其他社会因素的交叉性方面出现差异。只不过，很多人并不清晰第一、第三类话语之间的区别，经常统之以"性学"，尤其是当他们站在反性的立场之际，这种"一棍子打死"的混淆就更为常见。

  与第三类话语更为类似，或者说是从第三类话语中发展而来的一些论述，例如主张尊重"性"的多样性的话语、主张对快乐和性的身体抱以积极态度的话语、在对"性"的理解中强调人权及强调个人的能动性的话语，则支持从更加人文、积极、乐观和肯定的角度来看待"性"。比如，从正面的角度向我们展示中国的女性在日常生活当中如何理解和实践"性"和身体。比如，重新考察表现女性在"性"方面的能力的俗语、俚语，如"女人三十如狼，四十如虎，五十坐地吸尘土"。如我在导论中已经分析的，这也是我们极力推动的理念。

  相较于近年来的变化，以上的四类话语的总结，在现在依然基本成立，或者说影子都在，只是有些越发浓厚，有些日趋淡化；各自的表现形态与衍生话语、参与主体、相互之间的对话关系及论战性质在发生改变；其所在的境内外社会经济与政治背景，包括新媒体的技术发展也更为复杂地与各类性实践及话语产生交互作用。更为重要的，就迈向积极的性研究这个方向上，如果说十年前我的判断是乐观的与令人振奋的，称其为"权利与快乐的兴起"（潘绥铭、黄盈盈，2008），那么，在最近的短短几年时间里，这种乐观的认识正在不断地受到质疑与挑战。

从对话的角度来讲，我在博士论文写作期间对于性话语的总结与分析，基本还是停留在静态的表述，并没有触及各方之间的力量消长。我对于以上话语类型的分析也偏向一种概括，更接近于"理想类型"，以便看清某种时态下性研究的生态。换句话说，不必然一一对应于某些人的论述。有不少人的论述，恰恰很有可能同时触及几类话语（而不自知），或者在不同阶段、不同语境，其意识与立场会有所改变与转移。也因此，纯粹的"性学家"或者"性积极论述者"，在不断发展、变化的性/别论述里，尚不多见。对于大多数人而言，清晰自觉的立场与论述，往往是在更为聚焦的对话与论战中逐步形成的。这个判断从逻辑上讲，同样适用于反性人士，只是，基于现实的观察来看，反性的力量因为更为贴近主流、更容易引起情感共振，而往往在一开始就比较坚定，只是发声与力量的强弱在不同时态之下，有所改变。当然，这个论断，也有待进一步观察。

在研究与对话的过程中，我开始更加有意识地选择性积极的视角，并秉持性的社会历史建构与人文立场。作为性社会学研究者，我们的对话主体，在很长一段时间内主要是性的医学化，某些方面的高度政治化，以及某些方面的过度商业化，还有社会上对于性的否定态度。而女性主义在性议题上基本上没有形成力量。刘达临、潘绥铭、李银河等学者主要是通过研究以及媒体文章的形式来立论式地发声，甚至具有某种"启蒙祛魅"的色彩，涉及的内容与议题也较广，可以说没有明确、聚焦的"论战"对象，也没有受到太多的社会抵制。在"无性文化"之后的二三十年里，虽然也有若干次比较聚焦的社会大争论（围绕着婚姻法的修订、性教育的开展等），但基本而言，性革命与性解放的话语，在20世纪80年代以来很长一段时间里并没有遭遇很强的对手；对性持有正面态度的话语，也没有像今天这样，在论述上被笼统甚至错误地归结于"性学派"而被二元地对立于"女权"，并在身体上遭遇反性大妈们的攻击！

潘绥铭老师曾经总结说，中国30年来的性变化已经不能用"革命与反革命"的二元思维来分析，目前出现的抵制并没有针对性，因此对于 21 世纪的"性之变"的阻力已然"零散化"（潘绥铭，2013）。可是，最近几年的观察却如何春蕤（2016）老师所担忧的，大陆这种零散化又有逐步聚焦的趋势，所投射出来的背后的进步理念与若干话语，与台湾社会惊人地相似（至少在媒体上呈现出来的事件与趋势是如此）。

在这短短的几年时间里，"性"的语境，到底发生了多大的变化？正在发生着什么变化？即便是在敲下这句话的此时此刻，政治、商业文化、学术环境之间不断变化着的博弈或共振关系，中国与全球其他地区日趋复杂的关联与互动又如何影响着我们这个社会的性/别生态，影响着我对这种生态的认识与（难以）把握，影响着我此刻改稿时的措辞与表达？

二 对话生态的复杂化

以上述对于 2007 年之前的分析为起点，在近十年里，我明显地感觉到在性/别议题上对话生态的变化，至少在表象上是如此。变化中的性/别生态，使我难以在此敲下定论，不妨就着墨于几股新兴力量与需要认真对待的新的对话点，并分析其与以往性话语的延续与断裂，及各方之间的合力与张力。

（一）LGBT 的显性化以及运动形式的改变

第一个特点是男同的 MSM（男男性行为者）化及艾滋病化，或者称艾滋病的男同化日益凸显。

回溯到改革开放这个起始点的话，中国的同志活动，在 20 世纪八九十年代就已经存在，只是尚未浮出水面，主要以城市中各类隐蔽的"点"的形成（以公共浴池、公厕、公园、公共阅报栏、公共车站为空间的交友活动等）、家庭聚会以及热线的形式展开。对于男同组织而言，社群组织的显性化始于 21 世纪初期，尤其是在 2005 年之后，在国内外艾滋病防治项目的支持（甚至可以说是资金轰炸）下，各地纷纷组建针对 MSM 人群的"防艾"志愿者工作小组。据不完全统计，2007 年左右，具有组织名称的社群志愿者组织，在全国已经超过了 120 个（北京纪安德咨询中心，2007）。大量资金及利益关系的搅动，也使得社群内部的复杂性开始凸显。

这种搅动效应一直辐射至后艾滋时代（一般指2010年之后，国际项目撤出中国之后）。

与FSW（女性性工作者）类似，MSM这个英文缩写进一步成为公共卫生乃至性/别圈子的日常用语，却缺乏溯源性的认识与批判性的思考。中国的艾滋病防治重点经由卖血、静脉吸毒、女性性工作者等人群，转移至男男性行为者。在不断报道的新发感染率的数字治理下，艾滋病的男同化特点更加凸显，在混淆认同与行为的情况下，男同也越发被"MSM化"，而高校年轻MSM则更是公共卫生治理的重中之重。公共卫生与各类新媒体（近年最为凸显，也是极大影响性/别对话生态的技术变化与社会变迁之一）的合谋，带来了新一轮的道德恐慌。即，家长们担心的不再或不仅仅是自己的孩子是否早恋、发生婚前性行为，而是因为年轻无知受诱惑或赶时髦而成为（男）同性恋，感染艾滋病，毁了一生。

第二个显性的特点是LGBT活动的国际化。

后艾滋病时代，在主流社会的公共卫生与道德恐慌之余，LGBT组织与国际社会、国际NGO的联系更加密切。国际社会，已不仅是西方（美国及若干欧洲国家），也包括与中国港台、东南亚等地的联系。国际组织的日益"粉色"进步（甯应斌，2013），加上国内政治管控的加强，促使大部分文化活动开始以电影节、文化月、骄傲节等形式在使馆、联合国的机构里面展开。全球酷儿化的口号、国际联动的加强也进一步反映在跨国交流、美国、中国台湾等地的同性恋婚姻合法化的进程对中国大陆同运方向的影响。中国的LGBT，在国际社会也越来越被看见。此外，同性恋议题也在"进步与否"的标杆上以更加"政治化"的姿态与广为宏观的政治、国族主义等议题绑架在一起（陈逸婷，2017；福永玄弥，2017）。

相较于十年前，LGBT的权利诉求、反歧视行动的具体形式更为多元，与主流社会的碰撞也更为直接。通过行为艺术、个案诉讼（状告教育部、新闻出版广电总局，职场歧视，同性恋婚姻维权）、友好厕所的倡导等形式，在社会上产生了较大的影响力。拉拉组织，除了以往的沙龙与杂志，也更为宽泛地通过把研究作为倡导策略（如同语开展的口述史项目、反对性别暴力研究、生育领养意愿研究，以及支持青年人做研究，翻译相关文章与书籍），通过走进校园系列活动、法律咨询与倡导等形式在社会上产生影响；而且与女权主义的发展有了更为复杂的交叉关系。2012年以来，一系列引起社会关注的争取女性权益的活动（光头行动、占领女厕所、地铁性骚扰等，以及阴道独白的排演、各类反暴力剧场），大部分是以年轻拉拉为主体。在反暴力、反对性别歧视等问题上，拉拉与女权走在了一起；只是在后期，在性/别议题上又有了更多的分歧。因为性别议题的加入，男同与女同之间的张力也更加凸显，体现在有关本质与建构的争论、同妻问题的立场、LGBT内部男女性别的不平等等方面。

另外，商业与技术的高速发展，也带动了中国的粉色经济。与LGBT有关的心理咨询与各类性教育培训的合作发展得如火如荼。性与性别的医学化（反对矫正治疗，可是又在心理健康的意义上笼罩在新的治理术之下）与商业化（借助商业发声以及创造更多的活动空间，或者依然是以性/别的名义赚钱），以另一种更为进步的面貌开始出现。这种进步的面貌，在挑战了原有带着强烈歧视色彩的医学体系与异性恋霸权、扩展情欲空间的同时，其所隐含的新的治理术可能带来的新的控制，并没有引起足够的警惕。压制性的正统权力观，法兰克福学派所批判的商业化与资本主义带来的绑架以及福柯式的权力观，在当今的中国社会同时存在。这种并存召唤的不再是谁好谁坏的简单判断与某种单向的抵制，至少更偏向一种三国演义式的政治图景（借鉴甯应斌早期对于台湾性/别生态的说法）。

总体而言，通过多种表述形式，LGBT近期的运动重点，除了在社会上发声、反歧视、出柜问题，还触及婚姻平权、家庭关系与收养孩子等议题。亲友会、以孩子为策略获得家庭认可成为新时期的热点与策略（魏伟，2015）。家庭，也因为越来越受到国家的重视，被视为社会治理的重要主体与对象（朱雪琴，2016），并逐步在与其他研究领域的对话中占据一席之地。

可是，在各类行动风起云涌的时刻，相对于主流的同运方向，又有哪些人群与现象是显得格格不入的？在整体的内部政治环境对于各类运动保持警惕及新一轮道德治理来临的时刻，我们如何思考同运内部的性等级？相对于日益洋气的LGBT做派，那些土了吧唧的性/别少数、低阶层的MB、自称卖淫的妖的异类、对戴套和告知有疑义的艾滋病病毒感染者、满口脏话与各类性别政治不正确的男同们、被标为性乱的LGBT们，是否依然有生存的空间？台湾社会主流同运的日益高大上与纯净化之风，多大程度上已经飘进了大陆（或曰共振、联动）？① 在争取权益的同时，是否会带来其他领域的性污名？社群内的身份政治是否已经形成？主流酷儿化，如何警惕其酷儿主流化的风险？在中国大陆，如何理解"酷儿"，如何实践"酷儿"？在"酷儿"日益时髦化的同时，是否有另一类"酷儿"论述的可能（比如2017年我们在会议上听到的若干学者与实践者的另类论述）？

这些都依然是有待讨论或者发展的问题。时至今日，LGBT的政治性及内部的复杂性与权力关系，不容忽视，卢宾的性等级划分标准的变动与日益细化不容忽视（在2017年性研究会议及研讨班上何春蕤老师、丁乃非老师、游静老师，以及我自己的发言都对此有所强调）。而在全球化的当下，在境内外、国际联动越来越及时和加强的当下，仅仅用"中国不同于其他地方"的"本土"话语来拒绝反思，只能是自欺欺人。

这些新时期中国大陆 LGBT 的发展特点，提出了新的挑战与思考。这种挑战与思考，因为指向性/别内部，具有反思新道德进步主义的意涵与自我批判的色彩，相比于批判主流文化、国家权力来说，更为不易，更容易带来内部的紧张关系，也更需要对话的策略。

（二）新女权，激发了旧论战

2012年以来的一系列青年女权行动："占领男厕所""受伤的新娘""上海地铁反性骚扰"等带来了"女权元年"的称号（魏伟，2015）。2015年女权五姐妹因为准备在3月7日反对公车性骚扰的行动而被抓捕，却也因此在国际上赢得了名声。这股新生的以年轻女性为主体的女权主义者，被称为女权行动派，或者被简称为新女权，以区别于以往的国家女性主义。后者发生于国家主导下的共产主义运动，又在市场化转型的不同阶段不断面临新的议题与挑战。相比于有着较强体制支持及学院特点的主流国家女性主义，当下青年女权行动所发生的政治、经济与社会背景更加复

---

① 有关台湾社会的性/别论述，参考台湾"中央大学"性/别研究室的网站。台湾学者与实践者们于2016年8月27~28日在中国人民大学性社会学研究所举办的"性/别理论与运动的台湾经验"也有很好的论述与反思。详见何春蕤，2016；甯应斌，2016；王苹，2016；高旭宽，2016；吕昶贤，2016；赖丽芳，2016。文字稿也可见"性研究 ing"的微信公众号。

杂与多变，与国际女权的联动性也更强。她们的行动力强、与性少数（尤其是拉拉）互动更多、更积极迅速地运用（新）媒体、影响力也更大，其"社会运动"的特点以及与西方背景的关联也导致其在国内的政治敏感性更强。

更为重要的，在性议题上，主流的女性主义只有零星的论述，基本处于消声的状态，但是新女权却宣称"性很重要"，重视女性的性自主，对于跨性别、拉拉议题有更多的交织与支持，在对待性工作、性骚扰等议题上有着直接的介入，也更为主动地挑起与性权派的论战，积极地塑造一类掺杂了强调女性性自主的论述（在谈论女性性高潮、身体自主，肯定同性、跨性别议题方面），同时又基本只看到男权社会、性别压迫，容易以结构性、女权来压倒个体自主与性权（在性骚扰、性暴力、性工作的议题上）（何春蕤，2016）。在更为主动地质疑性权（或者被斥之为性学）的问题上，往往透露出很强的"受害者"情结、希望国家力量介入性管制的麦金农式话语体系。任何对性骚扰扩大化的质疑、对性工作的肯定，都容易被扣上缺乏政治经济学分析、缺乏性别与阶级视角的新自由主义的帽子。

这些新女权的论述，通过厦大教授被控骚扰学生而发酵的惩治签署事件、柳岩事件、东莞扫黄等性/别事件（宋少鹏，2014a，2014b；朱雪琴，2016），在新媒体的作用之下，来势凶猛。在性/别生态里，是一股不可忽视的新兴力量，也将是我们对话的重点之一。只是，在中国大陆新出现的论述与论战，在20世纪80年代的美国（Vance，1984），以及90年代以来的中国台湾（何春蕤，2010，2011b），都已有过多次论述；尤其是中国台湾女权主义对于性权派的指责与相关论述，相似性多于差异性，全球联动大于本地生产。在这个意义上，我称之为旧论述。

即便不去回溯20世纪80年代美国的性论战，下面这段台湾学者对于90年代以来台湾女权主义在性议题上的典型看法，几乎可以完全不变地被移植到大陆新女权的有关论述中。

……除了提倡女人与政府合伙、北欧福利国家式的公私融合之外，刘毓秀还力陈以教育和法律介入改革两性不平等之迫切需要，因为现行的两性关系在刘毓秀看来，深刻地被充斥台湾的色情交易文化所扭曲。因此,"去工具化"和"去商品化"为实现性别平等社会之关键,而根据刘的说法,在这样的两性平等社会里,人人才得以自在享有欢愉的亲密关系。值得注意的是,刘文在下面一段话,指涉了自20世纪90年代中期以降由何春蕤与卡维波等女性主义异议分子所倡导的性解放/酷儿运动,以进一步申述亲密关系的意义。

性应被视为亲密关系的一环,应受强调的并不是毫无条件的性,而是性的正面力量,与欢愉自在的亲密关系。因此,压抑性固然不对,但是只强调性,或过度强调性,以致忽略性与其他因素的冲突或共振,也不足取法。我们应该了解,性和身体牵涉着整个人,以及整体社会;性和身体的解放措施,必须放在整个人和整体社会的大架构中来看,才不至于顾此失彼,以致越解越结或导致解体。

刘毓秀对性的顾忌显然盖过了她想展现某种有别于禁欲式女性主义的开明立场。在将酷儿运动对性公义的追求化约为"只要性"的情况下,刘毓秀强调,"性"必须被她所设想的整体所统合,否则"过度强调性"会引发崩解文明社会秩序之大灾难。(黄道明,2012:183~184)

这段有关刘毓秀对性自由派的评述,跟大陆新女权最新对于性权的批判如出一辙。我越来越觉得,在这些议题的争论上,大陆与台湾,以及其他地方的差异也没有想象中那么大,只是会出现时间差。而缤纷复杂的各类现象,其争议的背后却是万变不离其宗,越来越集中在"女权-性权""结构-个体"的论述上,甚至更为狭窄的,对待"性"的态度上。

台湾学者何春蕤,在《破除死结:从女权与性权到结构与个体》(2017a)一文中,更为聚焦地从历史社会脉络来回顾台湾当年"女权-性权"的概念以对峙在台湾女性情欲议题上的浮现,以及这些议题在最近大陆的发展;剖析女权-性权,结构-个体这类二元框架的局限性以及试图以女权代替性权、结构压制个体的逻辑思维所存在的问题;更重要的是,"我也想看看事隔20年后,在新的社会情感和国际现实里,'女权-性权'和'结构-个体'这样的二元思考框架正在凝聚起怎样的人权道德命题,又如何让这些道德命题堂而皇之地上升成为全球称霸、无可挑战的意识形态和制度"。而在这些论争之中,"受害者"话语又如何再次得到彰显。

这样的观察与论述,提出的问题与质疑,同样适合今天的中国大陆,一句"政情不同"远不能抹杀在性/别的议题上,出现的相似性与连续性。所不同的是,如我在导论中提及的,台湾的妇权派与性权派的论争,首先出现在女权主义内部,而且妓权派基本是从主流女权主义的阵营里被剔除出去的(何春蕤,2016;王苹,2016),而目前大陆的相关争议,却主要不是来自女权主义内部,基本上来自不同背景的两股力量。

就大陆女权/女性主义内部而言,尽管在认识到性的重要性、强调女性性自主等议题上,新女权与老一辈的主流女性主义差异很大,但是,在对待性骚扰、性暴力等议题上,在认为性别不平等涵盖性议题,结构性压力之下个体自主(尤其是弱势女性)无从说起等论题上,在判定性工作者非罪等同于阶级与性别的盲点而提倡罚嫖不罚娼等论述上,迄今为止,我看到的也依然是相似性多过差异性。新女权,开始更为主动地建设性领域的论述,创建自己的"性自主"认识,而这种认识,显然不适合处于弱势的女性(比如小姐、受骚扰的女性),在有些学者的论述中,这种"性自主"实质上也是一种对性的表象甚至假象的肯定,以彰显自己的开明与进步。而对于"只有男女平等的社会里,只有消除资本主义的社会里,才存在真正平等的性关系"此类论述,在我看来,也只是不接地气的乌托邦式的想象。想象也无可厚非,甚至是必要的,但是如果是以忽略、压制现时背景下的某些边缘群体为代价,如果走向跟某些权力机制的合谋,从而加剧性等级与性压迫,则显然是有问题的。只是,"受害者"类的话语,为何如此容易获取造势,与左派论述如此无缝衔接,又如此不容置疑,恐怕是肯定性的研究者与实践者不得不正视,不得不认真与之对话的问题(何春蕤,2016)。

(三)年龄的性政治:青少年的崛起

相比于十年以前,年轻人在性/别领域越发凸显,在被治理的同时,也逐步成为治理者。即,这里不仅仅是指青少年议题如何再次进入大众的视野,成为道德治理的主体(通过公共卫生的话语、对多元性别的恐慌,以及近日里校园欺凌的各类报道),也指向年轻人如何成为性教育的实施者、扩散者,以及性/别论述的生产者。这两个面向所涉及的"年龄的性政治"，既有20世纪80年代以来性话语的延续，也有新近出现的发展与变化，与前面两部分的内容（LGBT发展以及新女权的发展）既有交叉，又有不同，我且把它单列为第三股重要的新兴力量与对话点。

年轻人，尤其是青少年与儿童，经常被作为"无辜者"而纳入被治理的对象范畴，以作为反对性自由的利器。这已经不是什么新鲜的认识了。在中文文献里，最多的也是有关性教育、大学生的性议题（黄盈盈、张育智，2016）。我在前面也已经论及近年来，公共卫生的关注点聚焦在大学校园的MSM行为和新发HIV感染率，以及在此基础上被放大的性与多元性别相关的道德焦虑。

此外，大约从2014年开始，反对校园霸凌，争取友好校园的紫色行动已经在国际组织的带动之下，飘进中国的大学校园。而这股紫色之风，就在写这段文字的时候，在广为报道、广受评论的有关中关村二小的学生欺凌事件中再次发酵升温。针对青少年的暴力、安全校园等议题，因为更为广泛地触及社会的主体人群，在新媒体的放大之下，迅速地引起关注。时不时炸出来的"恋童"事件，更是挑动大众的神经，几乎任何些微的质疑甚至迟疑表态，都会被"乱棍打死"。尽管个别人提出"过度保护"的风险，但是社会的娇贵化趋向在中国大陆正在加快步伐。如何春蕤等学者所提醒的，与台湾的少子化相比，20多年的独生子女政策所带来的影响也在如何育儿、如何对待青少年的安全等问题上更为凸显，更容易迅速聚焦焦虑的情感与政府介入惩罚校园暴力的呼声（何春蕤，2011a，2017b；赖丽芳，2016）。而这种治理的呼声可能带来的风险，尽管台湾学者不断地在思考、反思、警示，但是在大陆显然还没有引起足够的警惕。这也是我们在今年8月举办"性/别理论与运动的台湾经验"论坛的主要意图之一，也是筹备2017年第六届中国性研究国际研讨会会议的重要对话背景之一。

另外，早期经由艾滋病防治项目以及各类国际发展项目所引入的"同伴教育"，在国际组织的推动下，在最近几年有了迅猛发展，青年人作为性教育的主体，借用新媒体的力量，运用夏令营、培训班等形式，更为显性地出现在社会上，成为一股不可忽视的力量。在北师大刘文利教授所带动的流动打工子弟小学的性教育项目、方刚等人所在中小学以及社会上所开展的性教育培训班如火如荼地展开之际，玛丽斯特普的青年性教育系列更是不断地发动了青年人的力量,在全国各地(包括高校与社会上)巡回开展。尽管,各方的主体与背后的推动力不一定一致,但是,不管是非营利的 NGO 模式,还是商业化的运作,在总体上形塑了一股逐步以青年人为主体的"性教育"运动力量。

"年轻人自己组织的活动",在很大程度上具备了一种先进性与年龄身份的正当性,这也是国际组织努力推动与扶持的理念之一。在挑战权威、青年人"被治理"的话语体系之下,"年轻"人的主体参与非常重要。可是,在感受到激情与行动力的同时,"年轻"的资本与年龄政治所带来的隐患并没有被足够意识到。在把性教育做成运动与项目化及商业化的时候,历史沉淀与复杂思考也很容易丧失空间。"年轻人自己发起的性教育",在缺乏反思与自我批判精神的背景下,往往会忘记自己也是被社会规训的主体,反映的到底是哪方的立场与政治性,其背后的知识图示以及与国家力量、性医学与性商业为主导的性学流派的关系如何,也将是一个问题。这种警示,如果不被正视,或者将其仅仅视为"为反思而反思"或者"找茬",将会成为放大而不是质疑我们试图与之对抗的话语体系。另外,这种提问,也因为涉及更为进步的意涵,而远比挑战权威来得艰难。但是,两边不讨好的话也总得有人说,我们不得不"未雨绸缪",做好认真对话的准备。

(四) 反性大妈们的奋起抵抗

在性/别的舞台上,还有一股力量不容忽视,那就是近年来奋起抵抗的反性大妈们。

大妈们以中国反色情网为大本营,以网络新媒体为主要平台,连续制造事端,更以 2014 年西安性博会门口的砸场式演讲以及大连"砸鸡蛋"事件为高潮,吸引了众多网友的围观与介入。这已经超出了闹剧的范畴,而需要被作为一股抵制力量并入性/别的对话生态内加以分析。

在这些大妈们的演讲中,除了情绪与词语的激烈,言语及行动背后渗透了三个核心论调:西方阴谋论、传统纯洁论、色情祸国殃民论(黄盈盈,2014b)。这些论调以及背后的逻辑并不新鲜,但是在沉寂(或者被弱化)了 20 多年之后,在时下重新兴起,而且是以"反性大妈们"的形态兴起,却需要引起新的关注。

"西方阴谋论"这个意识形态的老论调,体现出那种"把西方资产阶级腐朽生活方式阻挡于国门之外"的思维的死灰复燃。只是,这个论调得到的大众反应已经今非昔比,觉得可笑者居多。

相比之下,"传统纯洁论"的附和者更多一些,认为性博会有违中国"严肃的传统性文化"。但是,如以往那些希望"回归传统"的话语一样,这种"传统"依然停留在一种想象。对于传统是什么,哪一种传统,哪一种性文化,都缺乏最基本的了解与论述。房中术、春宫图、秘戏图、妻妾成群、断袖余桃、磨镜自梳、青楼文化、明清艳情小说,这些显然都没有被纳入"传统"的视野。当西方学者试图以中国丰富的古代性文化来批判西方近代性压抑的时候,这些大妈们却构建出这样的"传统的性纯洁"来批判"西方传来的性自由"?这里面的深意确实值得反思。相比于大妈们对优良传统的口号式呼唤,近年来试图以康有为的思想为基点的新儒家对于"传统"的关注以及相关的性别论述(尚未有清晰的对于性的论述)可能更需要引起警惕。

"色情祸国殃民论"的市场更大,而且典型地反映了大部分人的反性逻辑,与手淫有害论、色情毒害青少年(以及成人)、卖淫破坏家庭、同性恋阻碍人类发展等类似,最终都会导致家庭破裂、道德败坏、社会不稳定,甚至文明退步,人类毁灭。"如果……就会……"的无限推论在这样的反性逻辑里,再一次强化了性/别的魔鬼学。

更加重要的是,这些大妈的行为越来越有组织。在反对"性博会"的论战中,她们自称是"平民百姓、女性、母亲",把"性博会"则定性为"政府、商家、(性学)专家"是后台。这样一种建构在当下中国社会是很讨巧的,而且很容易赢得正当性,能迅速聚集社会上某些人群的同理心与反性情绪。可是,她们背后的推手又是谁,经费是哪里来的,是否有宗教力量或者其他政治力量的介入,却在道德呼吁中被忽略与"纯洁化"。

"性博会"的问题在于其所彰显的强烈的商家趋利化和消费主义,在这点上,反性大妈们并没有说错。可是,这不是"性博会"独有的情况,而其他市场化现象却并没有引起大妈们的质疑与攻击,其实质是反性,还是反市场?有人指出,生殖健康和性知识的展示、消除性/别歧视的讲座,也都穿插于"性博会"之中,这恰恰可以削弱甚至消解"性"的被神秘化，有助于促进学校、家庭、社会的性教育。可是有支持大妈者又连连发问：我们有必要扯掉"性羞涩"的那层面纱吗？有必要打着文化的旗号去为性用品商家鸣锣开道吗？有必要以政府的名义去变相为色情松绑吗？这样的发问，其实质又是什么？

这样的咄咄逼问，透射的是民众对于政府、市场、性之间的关系的认识，其背后是忌性的立场。更进一步，肯定性自由的言论，被认为过度地肯定市场化，从而被冠以"新自由主义"帽子，而被抵制。参与抵制的，除了反性大妈们，还有之前提及的部分新女权。当女权加上左派论述的时候，几股反性的力量很容易汇聚，不仅具有道德的威力，更具有性别的、阶级的论述。而政府，则被认为在纵容这些过度市场化的行径，从而纵容色情的泛滥。也因此，在相关联的性/别事件中，呼吁政府对于色情的管理。在这种论述逻辑里，政府、市场与性（西方）自由派的共谋，导致了中国的性问题。在这种认识之下，政府主导的 2010 年以来的大规模扫黄、2014 年以来的净网行动，政治挂帅的性治理，似乎完全被抛出视野之外。

三 学术、政治、经济三方夹击下的性/别研究与运动

20 世纪 80 年代以来，更为宏观意义上的性的政治经济学也在发生变化，涉及学术、政治与经济的互动，也涉及国内与国际不同力量（至少包括政府、国际组织、国内 NGO、研究者、商业机构等）之间的博弈。

整体而言，从我的观察来看，性的政治经济学呈现三个阶段的大致趋势。

20 世纪八九十年代。这是一个政治环境相对自由，但是经费（不管是国内学术体系、企业，还是境外组织资助）缺乏的时期。刚从"文化大革命"走出来的研究者中，关注性议题的非常少，而在"走向开放"的整体背景之下，具有破禁区意义的性相关的文章与书籍，非常卖座，也很容易引起社会的反响。

2000~2010 年。这个时期性相关领域的资助经费开始增加（尤其是国际资助，包括艾滋病项目经费，以及中后期福特基金会加大对于中国性与

生殖健康活动的资助力度），研究开始多样化，成果发表也相对容易，可以说是性研究的黄金时代。这个时期的挑战主要来自社会科学界的整体学术水平。随着国际交流的加强，学者们对于"西方学术"霸权的认识也开始出现，也更加有意识地强调扎根于"本土"的研究，构建中国的性话语体系与研究语境也成了我们努力的重要方向（潘绥铭、黄盈盈，2007）。

2010年以来。这段时间，中国政治环境的变动：审查制度与扫黄的加强，对于高校意识形态教育的强化、境外资金与组织管理条例的发布、境内社会组织管理的加强，无不意味着政治氛围的强化以及由此带来的国际经费的缩减（这部分也与国际政治的变化有关）和性/别研究成果出版的困难。

但是近年来，不管是性的政治经济学，还是性/别领域的内生力量，都无法一概而论，或下简单判断。从经费上看，缩减的主要是国际资金（比如福特基金会对于性与生殖健康项目的资助调整及即将取消，乐施会对于低收入小姐人群资助的撤出以及一些境外组织对于LGBT的资助困难），政府提供的防艾经费以及政府购买服务的经费则有所增加（当然是有条条杠杠的）。学术资助在经费方面实际上也略有增加（比如双一流、社科基金对某些性与性别议题的资助），当然政府经费的分布显然是不均衡的（流向重点院校与学科），而且意识形态的导向也是明显的（比如有助于国家治理与社会稳定），对支持的性与性别议题也是有选择的（比如校园性霸凌、一些性教育与同性恋议题、流动妇女、家庭育儿类的研究）。学院外，除了个别国际组织依然对于性/别议题（比如LGBT，性教育）有部分赞助，商业的色彩进一步强化（不仅涉及商业赞助，也涉及粉红经济以及部分以性教育、提升女性性自主、增强社会性别意识与理论水平为主体的商业机构）。而政府购买服务，在以项目的方式来提供服务经费的同时，相应的一整套管理方式、评估及审查制度也限制了很多活动的开展。性/别相关的社会组织，作为被治理的对象，也作为治理的主体，显然需要面对以及更加策略地应对新形势下的资助管理制度，避免社运NGO化之后带来的问题（何春蕤，2015）。

近年来，触及国家法律（如扫黄）以及被认为威胁到性道德治理的内容（比如包括赤裸裸的色情描写、"宣扬"婚外恋、同性恋等内容），更容易被"毙掉",但是有关性教育、婚姻家庭相关的文章却比以往多了不少(这几年同性恋相关议题的文章与书籍也有增加)。从学术上讲,除了出版审查带来的挑战,主流学界对于性研究"有趣但不重要"的判定,也使得性研究话题很难进入主流话语体系,除非涉及被认为"重大社会问题"的相关现象,比如家庭婚姻的稳定、性别比失衡、阶级/平等等议题。

这个阶段,政治、经济等因素对于"性研究"及相关出版的影响,也需要被进一步分解为什么质量的性研究(有的时候不是因为议题的敏感,而是学术质量确实太差)、什么议题的性研究、什么态度/立场的性研究而加以分析。不同的性研究,其政治经济学的面向与命运也会不同。但是,不管是研究、发表,还是会议,在具体的生活世界里,总是可以找到一定的弹性空间,只是需要更为策略地创造支持性的生存"小情境",更为辩证地看待"沉默"的力量。

此外,国际局势的变动,包括整体上保守力量的增强、福特基金会总部的变化、全球 LGBT 的影响,以及国际性流动的加强,也更为直接地影响着中国大陆的性/别生态。在全球的格局下,在跨境的空间中,如何思考中国大陆的性/别议题,也成了新时期的另一项挑战。

就性研究而言,除了研究范式与具体方法方面依然有待批判性地辨析与发展(Huang, 2012; 2017),对"传统"以及"本土"的认识不足,加上对于复杂的西方学术生态又缺乏系统性了解,双重缺陷所产生的危机感在最近几年也越来越强。反之,如何构建扎根于中国历史与社会的性/别研究,也成为今后重要的挑战与发展的方向。与此同时,又要警惕"本土"的过度政治化以及被作为拒绝反思与拒绝学习外来经验的借口。

现实比以上的综述更为复杂、微妙。学术、政治、经济之间的博弈无不形塑着中国大陆性研究的生态。作为研究者,我们如何在这种种博弈中,把握局势,认清各自的优势与局限(不管西方的,还是本土的),如何保持作为学者应有的"独立性",变得越发艰难与挑战重重。

我们的研究以及办会,也正是在这样不断变动、复杂微妙的学术、政治与经济环境之下展开的。这个复杂环境如何影响了性/别的研究与实践,性/别领域的变化又可以如何反观更大的背景,也是我今后的重要课题之一。能力有限,暂且搁置。在一个更为微观的层面,如何以具体的策略来应对具体的生态环境,展开怎样的对话,体现的正是办会的微观政治经济学。我也将带着这样的思考与对话,正式进入"会议"的主题。

四 2007~2017年中国性研究国际研讨会:一个案例

(一) 会议作为一个变化着的性/别事件

我所在的人大性社会学研究所,从1996年开始,基本上每年都会举办一次小型的学术研讨会(分别以性教育、性工作、性革命、性与互联网、多样化婚姻等为主题)。2007~2017年,筹划并举办"中国性研究国际研讨会",两年一次,迄今已经6届。

会议的直接动力,是学术理念与钱的共谋。潘绥铭与李文晶(以及后来的福特基金会项目官员苏茜女士)更是直接的推动者。一个在性领域享有盛名,20多年的学术积累与人脉是聚集个人与组织的重要号召力,可以打破小群体之间的壁垒,搭建平台以展开性/别内部的对话;一个在资金上提供保障,在国内资金不足的情况下能以国际项目资助的形式鼓励中国大陆性/别领域的研究与实践工作。而且,他/她们双方都希望中国不仅仅是提供原材料的田野点,不仅仅是帮助国外学者收集资料或者提供本土咨询,更应该成为发声主体活跃于国际舞台。因此,在上述两股力量、两位重要个体的努力撮合之下,人大性社会学研究所策划了包括研讨会在内的系列活动。

研讨会的主旨是提倡更具有人文社会科学含义的sexuality的研究,挑战性的医学化与商业化。"研讨会"的最初,也是最主要的目的之一是把握中国社会的性现状,并提供一个平台,促进国际学者与国内学者、学者与活动家之间的对话与交流,以提升中国性研究与实践的能力。从另一个角度讲,我们也希望性/别领域内部的不同小群体之间可以加强了解与沟通,从本领域内部开始消除相关的歧视以及壮大自身的力量,逐步扩大对多元性/别友好的人群。虽然因为中国社会性/别背景的变化以及一些现实因素的考虑,每届研讨会的主题会略有不同,但是这些基本主旨并没有变。此外,受资助方的影响,同时与自己的理念相一致,尤其鼓励年轻人、性/别少数以及社会资源比较缺乏的研究者与实践者的参与。

2007年到2015年之间，五届的会议主题分别为："中国性革命研讨会"（有些场合也写成"中国性文化国际研讨会"）、"'性'与社会发展"、"权利与多元"、"走向性福"、"沟通与汇聚"、"积淀与反思"。每届的主题设定都跟举办者对当时中国性/别情境的观察与认识有关，同时，也受自己的知识格局与偏好所限。

从形式上看，几届会议的变化主要体现在：会议的发言人从最初的44位到现在100来位；从以学术为主，演变到半学术半实践的状态，尤其是第三届"权利与多元"的主题设定，更是吸引了大批社会运动领域的实践者；从1/3左右的英语世界参会者，到目前以大陆为主，以中国台湾、澳门、香港以及在海外学习的硕士、博士生为主；从较为单一的学术议题，发展为各色人等的纷纷登场，其中当然也包括我们会刻意去邀请的某些性/别人士，比如SM小组的成员；从两天半的会场，过渡到三天的主-分会场；从短时间的发言，过渡到主题发言与小组发言并存的形式。尤其是2017年，主题发言增加为六个，为在场的参会者提供了更为深层的思考与启发。因为理念，以及对摘要质量的筛选和所涉领域的平衡与选择，每次会议都会主动或被动地走掉一些人、吸引一些人，迄今也凝聚了若干核心力量。会议，也从刚开始的缺乏系统策划（没有届，办一届是一届的临时感），逐步过渡到更加有意识地展开策划与对话，并逐步成为聚拢中国各类性/别领域的研究者与实践者的一个主要场所，一个互相支持与凝聚力量的空间，也是一个观察中国性/别动态的重要场域。同时，十年之余，在感受到成绩与意义的同时，也深感会议在深度上的局限，改变各类既定性/别叙事结构方面的挑战，以及性/别对话与联盟的困难。

这些变化，以及六届会议的具体议题及编排，在本书的附录2中有更加细致的展现（也作为一份重要的历史记录），不再赘述。也借此再一次感谢参会者以及支持者，大家也是各类性故事的积极创作者。

（二）会议的"酷儿性"及其局限

在2007～2017年这个历史时期，在中国大陆这样一个具体的政治社会背景之下，如何思考会议的"酷儿性"？性会议，作为一种性实践与变化着的性/别事件，哪些方面呈现"酷儿性"，又存有哪些局限？

1. 讲台的性政治

运动是什么？学术与行动之间应该、可以形成怎样的关联？这样的问题，在涉及边缘人群研究时尤为凸显。我一直觉得高校是一个性/别运动非常重要的场域，而高校里面或者以高校为平台的活动，包括授课、研究以及会议，其作为性教育的意义，在一个快餐化、追求短期效应与影响力的时代，却因为"缺乏时效性""运动力""社会影响力"而被大大地忽略了。性教育，也被过狭地聚焦于针对校内青少年的性科学知识的教育，或者冠之以性教育之名的项目催生下的短期培训活动。

我们的会议依托于中国人民大学。虽然不知道还能够持续多久，在很长一段时间里，人大比较宽松的氛围是吸引我的一个重要因素。这种宽容尤其体现在我所在院系的小氛围里面。因为我们的专业就是性社会学，长期以来也是以学术为主业，且最大可能地保持了一种低调的行事风格（既是策略，也是性格所致）。因此，尽管需要报备，在以学术之名申报会议的时候（比如：中国性文化研究），并没有受到多大的阻碍。其结果是，会议得以顺利展开，但是也并不为圈子之外的大多数人所知。因为，被看见的同时，也可能是消声的时刻。这里孰轻孰重，自然是仁者见仁。我自己将其看成一种积极的策略。在某些历史时点，沉默或者说低调的力量，促发了不同性/别主体可以在逸夫会议中心的讲台上展现自己的可能性，而这种可能性在现时段无疑是重要的。讲台，对于不少性/别边缘主体来说，其积极意义也是我们这些"日用而不知"的老师们容易忽略的；她/他们扭着腰肢走在人大校园里的那份自信与自豪，也是认为只有对抗性的街头行动与政策倡导才是运动的人容易轻视的。讲台的意义，可能是被尊重，可能是借此找到了合作者、资助方，也可能是得到了自我展示，甚至可能是直接提升了身体价码……

除了尽可能在校园里面召开会议外，在不得已的情况下（比如会议室装修），也需要利用宾馆的空间。与宾馆经理，以及会议服务人员打交道也变得非常重要。还记得有一次会议，因为人数比较多，宾馆经理被上头询问，经理自己就为我们正名：他们是搞正儿八经的性科学研究的，你们也知道的啦……经理，尽管是出于赚钱的目的，在此时与我们达成了一种共谋。尽管我们质疑过度的科学化与医学化，但是在政治压力的面前，却也是科学与医学之名帮助了我们！也因此，科学化、医学化、商业化即是需要被警惕与反思的范式，也有可能是一种保护伞与策略。琐碎的会务与安排，尽显现实世界的动态与复杂，以及办会者与各方人士打交道过程中所蕴含的人情与世故。

在一个并不乐观，甚至日趋紧张的大环境之下，与各方周旋，寻找积极的发声空间（包括正视沉默的力量），努力聚集性/别力量，并且不以学历及常规的社会等级来进行界分（恰恰是打破社会认定的阶层区隔以及性等级的划分），让不同背景的人站上讲台、交流经验，从这个意义上讲，会议具有一定的"酷儿性"。换言之，会议的"酷儿性"，首先体现在其与政治和社会环境的对话方面。

2. 语言的性政治

对于本土的强调，以及对于主体的强调，使得研讨会具有了自己最主要的另一个特点：用中文作为会议主要语言；要求国外的学者以中文发言。我们当时的想法有如下几点。首先，既然这些国际研究者是以"中国人（社会）的性"为对象，也做过一定的田野调查，那么懂中文就是应该的基本训练之一。其次，大部分中国学者及实践家的英文水平非常有限，用英语交流会非常困难，翻译通常又会大大降低对话的效果。再次，苦于以往国际会议上中国学者因为语言上的劣势而遭遇的难堪，主办方认为在中国举办的性研究国际会议就要以中文为会议语言。最后一点，这居然被一位参会的国际学者在其他国际会议上大加称赞，甚至认为是中国学者自信心增强的重要表现之一。

中文的使用，当然也挤走了不少英语世界的研究者。在后面的几届，我们更为主动地希望加强与台湾地区的交流，并积极邀请台湾"中央大学"的何春蕤、甯应斌教授来做主题发言，除了因为两位的学术成就与丰富的运动与论战经验，也因为台湾经验在地域、语言以及文化层面的亲缘性。而对于我以及相当多的人而言，从她/他们身上学到的东西，远远要多于以往与英文世界的交流。

在一种以西方学术为膜拜的社会科学背景之下，对话于"西方的学术霸权"，而强调本土、强调语言以及连带的文化的重要性，在我看来，是会议的另一种"酷儿性"体现。

不过，在强调本土的同时，我也在一直警惕自己是否过于强调本土与西方的划分；也深感有些人虽然说英文，但是能带来更大的启发，也更加接地气（中国大陆的地气），有的人虽然说中文，却仅是英语的另一个版本，甚至是不中不英的更差版本。

3. 挑战底线，为杂音保留一个空间

第三个可以称之为"酷儿性"的地方，在于会议对性等级中各种底线与社会规范的挑战。这个特点尤其是在第三届之后开始凸显。受益于台湾地区的经验，也基于自己的观察，我对于性/别内部的复杂性有了更多的认识，对于"多元"表象下所掩盖的不平等也有了更为深刻的认识，更加刻意地把不同的性/别少数人群纳入同一个对话空间，希望"多元"之间可以加强认识，其间的歧视/权力关系也可被看见，而不是小姐一个圈，同志一个圈，跨性别一个圈，做性教育的又是一个圈……各自不被看见，或者不愿意看到别人。我依然清晰地记得，一位小姐在我们会议上大开眼界："我终于看到有比我更变态的了"（指向跨性别）；也记得，听到SM实践者的讲述时，大家张大的嘴巴；更记得阳春的"黄金圣水"以及"冰恋"如何颠覆了大多数人的三观，使得曾经认为自己已经"很开放"的人吃不下饭；也有一位中年的小姐，在听到阳春介绍自己为性实践家的时候，在底下不服气地嘟囔：我才是性实践家呢……

我们尽量希望可以让一些即便在性/别圈子里也属于"政治不正确"的人有展现的空间。在挑战规范、底线、扩展我们的性/别想象，在不断挑战以"边缘自居"且因此具有某种身份政治的正确性的性/别少数自身而言，会议具有"酷儿性"。至少，可以带来什么是"酷儿"的进一步讨论与思考。甚至，是否要用"酷儿"这个词的进一步思考！

但是，性/别联盟的可能性有多大？听见别人的可能性有多大？反思自己的可能性又有多大？这，恰恰也是日益凸显的局限与挑战。很遗憾，如我在前面所提到的，性/别内部的分化、性阶序的进一步划分是近年来需要警惕的一个新现象。

4. 反转各类主流与边缘，创造另类性/别故事的可能

会议，作为一个整体，在把各种不可能成为"可能"的方面具有积极的力量与意义。它让我们更多的人看到了在中国大陆做这类事情的可能

性,看到另一类"性教育"的形式,挑战了"运动"的常规界定与想象,看到了另类存在的社会空间。更为重要的,主流与边缘的关系在这样的会议场域里被不断地反转与挑战。异性恋世界的主流,在这里成了被人质疑与挑战的对象;性/别里的边缘,在这里又可能不断圈粉,成了被仰视的对象。边缘人群也被进一步地复数化,其内部更为微妙的宰制与权力关系得以更为细致地展现,边缘中的边缘也开始凸显。也是在此类会议场中,我们看到了有些性/别主体的成长,反过来成为会议的主力不断鞭策我们继续前进……这种反转与挑战的最大意义,在于它们使得主流与非主流的界限变得模糊,甚至有了颠倒的可能,至少拉出了更长的光谱线。

正是这样的会议氛围,使得被其他场域的社会规范所压制的另类性故事的生产得以可能。从情感上讲,正是性/别议题的边缘、性/别少数的弱势位置,才使得此类会议,在现时的历史阶段与政治社会背景下,具备了聚会与狂欢的意义。正是在这些意义上,会议具有了"酷儿性"。

可是,反转的力度如何呢?新故事创作的空间有多大呢?口号与宣称之后该怎么办呢?狂欢之余的思考呢?批判的学术思考与狂欢可以如何并存呢?在日益复杂的性/别生态之下,我们更需要进一步的积淀与反思,更需要开启"深度思考"的模式。我们正面临着新的、复数的、多方向的转折点。

五 新生态下的困境与思考

综上所述,日益复杂、多重、多变的内外部环境,为会议的筹备以及更为宽泛的学术实践带来了直接的挑战。这些挑战突出地体现在以下方面。

第一,政治环境的缩紧与多重性/别力量的崛起加大了对话的难度。

如前面所言,除了审查制度的严格化,国际资助的缩减以及政府购买服务的开通,使得资金申请渠道开始转向并依赖国内科研系统或者政府购买服务系统,也促使研究与运动都不得不重新思考定位,更为策略地开展活动。

对话生态的复杂化也让我们在论述与措辞时,更为谨慎,顾此及彼:

从挑战医学化与商业化、历史无关的本质主义视角，到应对日益强势的反性或者以结构与性别压倒个体与性的女权论述，警惕性/别少数身份政治以及纯净化运动，警惕针对青少年的性/别治理；挑战社会科学领域"有趣但不重要"的认识，以及面对反性力量的回升潮；等等。而近几年，其他领域的讨论，比如对于新自由主义的批判、新左与女权的结合等，又不可避免地进一步复杂化对话的语境，尤其是性权派在面临"新自由主义"、忽略结构因素的指责之时，也要不断学习、完善自己的知识结构，以更好地开展论述与对话。学界及新媒体对于"影响力"（10w+）的追求，轻易站队、随意扣帽甚至谩骂的焦躁气氛，更是加大了复杂思考与论述的难度。

挑战也带来了新的思考点。我们对话于谁？有没有一个现阶段需要优先对话的对象？如何策略性、权宜性地联盟，同时要保持一种独立的批判态度？

第二，会议活动本身的瓶颈/局限也带来了新的挑战。

最近几年，我们越来越感觉到一个个转折点的来临。深感热闹容易，反思难；口号容易，分析难；简单容易，复杂难；被看见容易，希望如何被看到，看到之后又如何，以及能否看到别人则并不容易。如果说前面三届的研讨会，我们都是信心满满、干劲十足、轰轰烈烈、热热闹闹，那么从第四届中国性文化国际研讨会的策划开始，就已经感觉到困境与挑战，致使我们希望能够停下来思考：随着时代与对话生态的变化，此类会议的意义何在。这个困境，不仅来自对于运动界的观察，还来自对于学术界赶时髦、制造明星式的、争当"第一个吃螃蟹"之人的浮躁之风的体会。

针对这些挑战，我们也做出了一定程度的回应：有意识地增加主题发言的内容，希望可以多一些深度的讨论、批判性的认识、狂欢同时的沉淀与思考。也正因为此，2016年夏天，在台湾"中央大学"性/别研究室的帮助下，我们邀请了六位有丰富的研究与运动经验的台湾学者与运动家到人大来开展系列讲座，分析与反思台湾的性/别经验，突出性/别的在地历史。这种尝试，也延续到2017年的一系列活动的筹备之中。

第三，举办者，以我自己为分析点，自身的特点与局限，也是显而易见的。这里不仅关乎态度与视野，还涉及整个知识结构与研究能力。就我自己而言，现阶段面临至少三个方面的困境。

其一，自身知识结构的短板。当对话生态越来越复杂的时候，我需要更多的知识储备。从学科方面讲，性/别的团队本身力量比较薄弱，有限的研究者基本来自社会学与人类学、法学，以及个别历史学（在美国）背景。我个人的本土的学术背景及国际交流的经验，使得在意识到"西方话语霸权"的问题之时，缺乏对于西方学术以及其他地区的各派脉络的系统了解。虽然对现时段性/别的生态与情境有比较接地气的认识，也努力朝向构建本土的认识与知识结构，但是与整个社会科学界的问题类似，我们整体上又都存在一个"历史无关"的缺陷，对历史上的性与性别相关现象以及论述的认识远远不够。在这样的知识结构下，如何对话于西方，如何建立自己的知识体系？这当然不仅仅是性/别领域的问题，更是整个社会科学的挑战。

其二，新老更替之际，如何更好地联盟与布局的困惑。性研究领域的老一辈学者如刘达临、潘绥铭、李银河等诸位老师都已经退休。在性/别缺乏建制的背景之下，一个人的退休，经常意味着一个领域的消失，至少是在所在单位这个方向的消失。对我个人来说，很直接的、急迫的挑战就是如何把人大性社会学研究所继续发展下去。在向前辈学习的同时，必然需要思考如何连接新生力量，继续前行。

其三，如何处理学术与社会实践/运动的关系，对于一个在高校的人而言，又是一个挑战。在精力有限的情况下，在应付各类考核的情况下，在媒体信息轰炸的情况下，我要怎么处理研究与实践？作为研究者，也是活动组织者，如何保持与运动界的联系，但是又不失批判性？如何把不同性/别的边缘人群聚集到同一张会议桌，展开有效的对话？兼顾独立性、批判性与对话、联盟，在中国社会可能吗？如何更好地发挥会议作为新故事的生产空间的作用？如何以学术研究为平台，促进更为美好的生活世界的生成，而这种美好不以净化异类，不以踩着边缘中的边缘上位为代价？而所有这些，在现在的意识形态之下，可能吗？

这些，都是我以及我们在不断变化的性/别格局之下所面临的困境与不得不面对的问题。带着这样的挑战与思考，我们把2017年的会议主题界定在"积淀与反思"，也增加了更多的主题发言。希望在风起云涌、急速前进与口号式的风气之中，可以驻足思考；也将继续提醒自己以接地气的学术活动促进更好（兼具本土与历史性，有内容讲方法，有批判有建设）的性/别故事的生产。

也正是因为"办会"承载了以上诸多种种的观察、思考与挑战，我将其称为"会议的性政治"，并在实践中认真策划、倾心尽力而为之。

| 结　语 |

身体如何记忆，性/别如何叙事？
——方法学的讨论

很高兴可以在 2016 年的最后一天，敲下"结语"。

在导论中，我提出了本书的研究问题，即在变迁的中国社会中，在研究场域里，"身体如何记忆，性/别如何叙事"；并借力普拉莫，爆出了一连串"故事社会学"的问题。

在一种研究的语境中，被访者以及访谈者们讲述了怎样的性/别故事？为什么要对我们讲，或者不愿意讲？怎么讲？什么因素影响了这种讲述（或是不讲）？讲述发生在怎样的历史与社会时刻？什么样的力量在推动或者阻碍着某种讲述？私密故事的讲什么与不讲什么，连接着怎样的社会生产？对这种社会生产的剖析，对于理解当下中国社会中的性/别政治，以及更为宏大的社会、文化又有什么意义？

对此，我将在结语部分做出回应。

很大程度上，我把这本书定位为"方法书"：作为社会学研究者，如何去听故事，如何分析故事，在倾听、分析、写作的过程中如何再造故事。

经血与性感、女性 HIV 感染者的身体与性、乳腺癌患者从"疾病"到"残缺"的身体、"中西方"语境与跨国流动中加拿大中国移民的身体与性/别、跨越性别界限的变性身体、豪放女的情欲身体这六类性/别与身体故事，可以看作我和学生们的具体尝试。

纵观我自己的研究，兴趣点大致游移在"日常生活中的边缘身体"与"边缘生活中的日常身体"之间。日常与边缘，从常态-非常态的维度上讲，在这些身体类型中交织闪现。所谓主流人群，或我们所熟悉的常态人群，亦有其被忽略的边缘的身体面相（比如被忽略的经血与情欲）；而所谓边缘人群，我们往往又猎奇于其"边缘性"（比如感染了HIV，变性），而忽略她们生活中日常的一面（比如走出医院之后的生活空间，包括情感与亲密关系）。这些忽略，虽然不必然是坏事（沉默的力量），但却显现了隐藏其中的规范与权力；其重新在场，则也彰显了生活的智慧与生存的策略。这些，在我的理解里，都属于"日常生活"的研究视域。

在每一部分，我对于各个小研究的具体方法已经有所介绍。穿插于其中得以展现与反思的，也有我们作为研究者的思路历程与写作轨迹。对于我们自己卷入其内的研究类故事生产过程的关注与思考，包括研究设计、资料收集、分析过程、写作与发表，也包括举办会议，这恰恰也是在审视我作为研究者的日常。

在全书的结语处，我希望更为综合地从"研究"的角度出发，探讨平时不容易在前台被呈现的故事枝节，这些枝节或者被我们所忽略，或者被有意切割掉，或者不曾被记起。相对于身体记忆与性/别叙事，我更关心，身体不被记忆或被掩盖/压抑的部分、性/别无法叙事或不愿叙事的部分。在社会学（而非精神分析）领域，如何通过被呈现的故事图景去想象不被呈现的部分？这样的想象，需要怎样的基础？这样的讨论，意义何在？更为重要的，这可能吗？如何借此来审视最为直接地卷入其中的被访者、研究者、编辑及审稿者、略微延展开的社会科学界，以及更为广义的社会与政治背景？最后，作为积极的研究者，作为批判的建构主义者，我当然也希望讨论且实践：在某个具体的时空中，如何更好地倾听、生产故事。

叙述，总是与记忆有关，反之亦然。有关社会/个体记忆的研究，已经逐步进入中国社会学与人类学研究者的视野，相关的讨论与梳理也已经不少（钱力成、张翻翻，2015）。经常被提及的比如郭于华（2003）对骥村女性的记忆研究，方慧容（1997）对西村农民土地改革时期社会生活记忆的研究以及提出的"无事件境"，王汉生、刘亚秋对于知青生活的研究及其对于记忆与遗忘的讨论（王汉生、刘亚秋，2006；刘亚秋，2016），马丹丹（2010）对于女性作为次属群体的诉苦文类的论述，及刚刚翻译出版的贺萧（2017）对于西北劳模的记忆与口述史研究，并在性别记忆（gender memory）的标题下进行叙事。这些研究都涉及有关记忆的社会与个体之关系，涉及性别与身体的某种日常，也在中国的情境中对记忆及叙述的社会与政治影响因素进行过比较深入的探讨。

在我看来，有关记忆的讨论，是任何社会学经验研究都会碰到的方法学问题；尤其是任何访谈类的研究，都需要严肃面对如何对待被访者的口述的问题。如果说我的研究有所特殊的话，那么这种特殊性不仅仅在于"日用而不知"的琐碎的日常生活特点，更是性与身体的"私密性"文化建构所带来的"秘而不宣"（黄盈盈，2017），以及硬币的另一面——猎奇式故事套路或管制型话语爆炸。

现有的有关社会记忆的讨论，更多的是指出记忆的不可靠性、记忆所受到的社会政治因素的影响等，对于我们如何理解记忆、如何对待记忆提供了很好的洞见。但是，目前除了口述史研究触及比较具体的口述方法的讨论（定宜庄、汪润，2011），以及研究者如何对待生活中叙事的讨论，比如方文对此有详细的讨论（方慧容，1997）。其他文献还较少论及如何在更为具体的方法层面去积极应对记忆与表述的局限。我的兴趣不仅仅在于补充式地分析性/别与身体议题的记忆与故事表述的特点，也希望能在具体的方法层面，思考如何听到更好的或者不容易被记起、不被表述的故事，即期待把性/别故事与身体记忆落实到社会学研究具体方法层面的讨论。

一 "不可说"与"记忆的微光"

> 就是有那么一些经历，它们是无法交流和无法传达的。我们虽然能将它们加以互相比较，但只能从外部进行比较。从一定经验自身来看，它们件件都是一次性的……原始经历知识的不可交流性，却是无法超越的。（赖因哈特·科泽勒克，转引自刘亚秋，2010）

每类故事,显然都有一些不好说或者不可说的部分。比如,方文中所提到的,农村社区的饱受苦难的被访者"无事可述""无苦可诉",或者村民对于那些公共仪式与活动"记得","但是那没什么可讲的"的反应(方慧蓉,1997);而我和学生经常碰到的问题除了有顾虑、不愿意讲"隐私"这个层面的"不能/不愿说",更多的则是,"性不就那么点事嘛,有什么可说的"。

第一个层面的"不可说"比较显见,涉及权力、文化对于隐私敏感类议题的限制,那么如何建立关系、打消顾虑、打破隐私屏障使其可说则是应对的重点(潘绥铭,1995;黄盈盈、潘绥铭,2009);第二个层面的"不可说",既包括身体的感受、性的理解不知道如何被表述,也包括(暂时)没有被记起。① 我将首先讨论第二层经常容易被忽略的"不可说",然后再从"隐私""敏感"出发来论述第一个层面的"不可说"。

针对这种"不可说"的挑战,我的认识是首先需要借助批判性视角,或者在一个极端的个案、被边缘化的另类历史里,或者在一些片段的角落中去发现这些记忆的遗忘物的存在;接着,才有可能去分析"说不出来"背后那些因人而异的社会学因素;再接着,才能论及如何破解这些"不可说"。

(一)"没什么可说的"

就我们的研究而言,所遇到的"没什么可说的",这其中既有女性个体性经验缺乏的因素,也透射出背后的谈性文化以及女性之性的禁忌。正如性人类学家 Carole Vance(1991)所言,"性"不仅在两腿之间,更在两耳之间。这些文化禁忌根植于两耳之间,形塑着人们的性脚本,也使得性的故事、性的感受很难在一个交谈的场合中被表述,甚至很难被记忆。相

---

① "不知道怎么说"与"没有被记起"这两种情况还是有所不同的,应该分别进行分析。但是一则我还没有思考得很清晰,二则明显感觉自己的知识储备不够,觉得对于"没有被记起"的社会学讨论还没有把握,其与精神分析、被压抑的潜意识之类的关系如何,也有待进一步分析与讨论。暂且先提出问题,浅尝辄止。当然,这两种情况与第一个层面的不愿意说,虽然有区别,但是也都有联系,尤其是拉入时间概念,从一个动态变化的视角来看。比如(有些)不愿意说的事情,时间长了,也容易变得不知道怎么表述,或者慢慢就被遗忘了。

比而言，同样的人群，另一些故事（比如痛经、HIV 感染者的吃药及医疗身体），虽然在公开的场合也"不可说"（以至于 2016 年傅园慧面对媒体谈及"经期"都会成为新闻），却更容易被女性主动地记起。在性的领域，似乎身体之苦更加容易诉，身体之乐却反而更难被叙述。这里面显然也透射出有关身体记忆的权力范式，尤其是涉及性的文化与社会规范，这种规范，就女性的身体与性而言，首先是压制性的。

随之而来的问题是，面对这些"不可说"，如何使其"可说"，哪怕是有限度的可说，即如何挑战压制了这种可说性的文化与社会规范。

刘亚秋在分析记忆的各类范式时，提到"记忆的微光"：

> （我们可以）转而从生活的层次，对权力范式提出挑战，也就是那些不依存于权力而展现的姿态，在权力范式下成为"不可见的"部分，而在非权力范式下，其可能展现出另一种记忆形态，暂且称之为"记忆的微光"，其地位之"微"与集体记忆及其权力观的强势形成了鲜明的对比，或许其对于认识类似西村妇女自我与周遭世界的伦理学意涵具有重要意义。（刘亚秋，2010）

这种"记忆的微光"的社会学关怀，从生活层次出发的视角，也更适合对于涉及隐私类议题以及边缘性身体的探讨。且，与下属群体能否发声的争议相比，对于记忆微光的积极找寻，在某种意义上更加有建设性。

具体到我们自己的研究，对于"记忆的微光"的找寻，首先涉及以什么立场、选择怎样的生活个案。我的努力与自我告诫是：秉持着接地气以及生活逻辑的理念，看向生活的复杂性与多样性，并在其中寻找挑战既有社会记忆模式与常规故事讲述套路的那些"个案"。比如那些与我们的主流想象（甚至是我所认为的常识）不一样的绝经故事（老年女性的"性的身体"），某些豪放女的情欲故事，挑战二元性别规范的变性故事。这些故事，不因为数量取胜（相反，数量上显然是失败的），而是因为她们相对于主流论述的独特性与挑战权力规范的力度而被选择，是因为她们所凸显的积极的、更加富有生命力的性意义而被叙述。

朱静姝（2016）在研究同妻议题时，也提出了"不方便抽样"的重要性；或者更确切地说，是有意地关注那些不一样的同妻的声音，在大众论述中因为某些"政治不正确"而受到压抑或者被遗忘的声音（比如生活过得还相当不错，并不谴责其同性恋老公）；并讨论这些"杂音"在质疑主流论述以及认识"同妻"现象中的重要性。这个层次的找寻，首先挑战的是研究者的立场，即我们是否有足够批判的视角去看待主流，是否有足够的勇气（甚至是自我挑战）去正视异类。

另一个层次的找寻，不在于"个案"的另类选择，而是即便是同一个个案，如何激发另类论述的可能。这里除了立场与方法论，更多地涉及具体的访谈方法与研究策略，即积极地去尝试可以创造另类叙事的空间，包括具体的对话场景与对话策略。在我的研究中，这个层次的探索也可进一步细化为三个方面。

首先，我会选择让被访者处于舒适及自在的生活情境中，比如在红灯区压马路的时候，或者发廊里坐着聊天，而不是在访谈室，更不可能是在劳教所展开"询问"；在工地上或者工人们的宿舍里访谈，而不是请到学校或其他让人拘束的地方。在有条件的情况下，会尽量以时间的付出、空间的扩展，来捕捉记忆的微光。比如在红灯区里混了几个星期甚至更长的时间之后，才得以结合发廊内外的旁听、观察与聊天，以及对于多重环境的体验，获得一些平时不被表述的信息与感受（比如那些笑声与做生意的竞争状态，某些妈咪与小姐们之间相互关照的状态）；在介入小姐研究十来年后，才得以在某一次会场上听到"我其实还蛮享受做小姐的"这类不一样的声音，以及说完之后那长长的舒气："今天终于可以这么说了。"换言之，在一个领域里面，以一定时间长度与空间广度为必要条件的学术积累，不管是一个田野点、同一批人，还是就某个议题的经验积累与思考沉淀，都有助于捕捉那些被主流规范所压制的"记忆的微光"。

其次，如我在研究女性艾滋病病毒感染者的身体与性时所提到的，日常生活的规范不仅约束着被研究者，也约束着研究者，因此研究者自身的反思与自我挑战也是去获得"不可说"的故事片段的重要面向。很多时候，不是被访者不愿意说，而是我们访谈者难以启口，尤其是在面对其他被认为更加重要的议题的时候，比如对于 HIV 感染者来说用药的问题，对于乳腺癌患者来说,疼痛与社会关系的问题,等等。如何说出"性"这个字,如何把性的快乐议题带到与这些饱受疾病之苦的人群的讨论中,是艰难且充满挑战的(黄盈盈,2017)。

以上两个层次的探索,不仅在研究中有所尝试,还体现在我们所举办的各类会议,以及对于这些会议的积极策划上。希望以这类会议为平台,为异类的、平时不易被听见的、积极的性论述,创造得以展现与生产的空间(具体见第七章)。

最后,在意识到社会文化、政治因素对于性/别故事与身体记忆的影响之后,才涉及具体的访谈技巧,如何与人交流、如何提问等方法书上多会列举的那些细节的技术问题。这也涉及"敏感类"议题与"隐私类"话题的具体调查或访谈方法。

(二)不愿说:"隐私"与"敏感"的建构与存在

都说性的议题触及隐私与敏感,而这两个特点也成为性不容易被调查、"不可说"的重要屏障。那么,我们就有必要从方法学的角度来辨析作为历史文化建构的产物,在一定的时空中,议题的隐私性具体体现在何处,又敏感在哪儿,以及在研究领域如何对待、如何破解之。

敏感与隐私,这对概念显然是高度叠加的。只是,就研究而言,敏感是比隐私更大的范畴,即隐私的问题,往往都比较敏感,而敏感的问题,不一定涉及隐私。对于我们所接触的身体与性/别人群,敏感性主要体现为三种类型的情况。

第一类,研究主体的"边缘"性,比如小姐人群、变性人群。不同人群的"边缘性",显然不是天生如此的或固有的一种特性,而是一种社会与历史建构的结果,而且是有着明显权力机制作用的结果。人群边缘性的特点对研究方法提出了要求与挑战。

"小姐"人群的特点是面临社会、道德、法律(扫黄)三重边缘,再加上性别边缘。边缘位置的特点使得小姐们在面对主流社会来的外来者时会心存戒备,使得研究者与被研究者的权力关系进一步彰显。相应的,我们在方法学上首先需要考虑的就是"田野如何进入"的问题,如何建立诚信的关系、拉近距离,减少各类被歧视甚至被曝光、被抓的顾虑。这点从小姐们最担心我们是便衣以及媒体记者上就有很典型的反映。唯有以诚意消减顾虑,才有可能打破"不愿说",或者随意编排个故事骗你的"善意"拒绝。

这个类别里,还有一些人群,不一定如小姐人群一样面临如此之多重的边缘性,而是可能面临另外的边缘性。比如变性人群,主要面临社会与道德的规范及由此而来的社会歧视,他/她们自身并不直接身处法律边缘(但是相关联的法律边缘性又是有的,比如当涉及就业、婚姻、家庭的议题时)。他/她们的担忧有着与小姐人群不同的特点。社会歧视与不理解往往是第一位的,相应的,对于理解、尊重的需求也是第一位的。他/她们的故事,所挑战的社会规范的重点也会有所不同——跨越非男即女的二元性别规范。

我们以小姐人群与变性人为主体的研究,虽然涉及其"边缘性",并且基于此来进一步探索打破屏障、共同叙事的可能性,但是谈论的话题往往可以很广泛,不一定涉及性的话题。因此,首要任务是跨越边界、进入田野、建立信任关系,而不是面临"性作为隐私,不可说"的挑战。其次,则要面对大众对于这些人群的好奇心所引起的"策略性叙事"。即,她们更有可能会形成一个叙事的套路来应对大众的好奇,这种应对与其说是故意撒谎,不如说是在其生活或日常工作中长期形成的对抗污名的重要策略。

相比于"不愿说",后一种叙事套路与糊弄打发才是更大的方法学挑战。边缘特点以及相随的社会污名,会使得小姐们、变性人在对话中形成一种策略性叙事或者习惯性撒谎,那么,我们如何分析这种策略与撒谎,如何以更为综合的旁听、聊天、体验、观察相结合的方法来收集更加贴近生活的资料,如何在不同情境的"谎言"与"真实"中,串起更加贴近被访者生活现实这个意义上的真实故事,则变得尤为重要且有意义(潘绥铭、黄盈盈、王东,2011)。这一点我会在下文集中论述。

第二类,研究涉及敏感议题(主要是性的隐私),而非人群的边缘性。

比如,我们针对普通人群的性调查、大学生的性访谈等,都涉及"主流人群",但是访谈的议题是敏感议题,其敏感性主要来自社会以及个体所内化的对于"性"的隐私建构。这种建构在研究者与被研究者之间设立了隐私屏障(潘绥铭,1995),即每个人都有一些不愿意告诉别人的私人的东西,而"性"作为文化建构的结果,在现代社会往往成为隐私的重要内容之一。

借用福柯的视角,我们当然可以以谱系学的方法来追溯"性"的隐私建构,分析为什么性在中国社会会成为一种隐私,从什么时候开始,在什么力量的作用之下建构而成(显然不是自古以来所有社会都是如此);并且进一步质疑、解构这样一种历史文化建构,及其背后的用意和产生的社会后果。这些本身就是非常值得探讨的研究问题。这是一种重要的历史分析。

除此之外,从更为具体的社会学研究方法层面来讲,作为一种现时背景下的存在,在展开具体的实地研究时,我们又不得不正视在现代社会"对于大多数人而言,性作为隐私"这样的一种建构结果,并积极思考如何去应对与破解。在我们的研究实践中,这种涉及隐私的研究又可以分为定量与定性两种基本情况进行分析。

就我们 1999～2015 年四次针对普通人群的全国随机抽样调查而言,除了一般调查问卷需要注意的问题,更多的是需要考虑在问卷设计中,针对有些词语的不常日用的特点,如何提问性的问题,包括用词以及一些要测量的概念(比如性高潮)如何表述;针对不愿意告诉实情的文化顾虑,如何设计关键的测谎题(比如以多性伴数量为测谎题之一);针对保护隐私的需求,在一个没有干扰的环境中、(大多数情况下)同性别的访问以及敏感题目的自答,等等。在整个调查过程中,更是需要考虑如何跟别人介绍我们的研究、如何论证我们的人品(可信度)以及对于隐私的保护(包括法律责任)。我们在《论方法:社会学调查的本土实践与升华》(2011)一书中详细介绍过这个部分的方法与伦理考虑。如果没有针对"隐私"的各种考虑(涉及各个环节),以及相应的技术措施,我们完全有理由去怀疑数据的质量与研究结果。

在访谈类研究里面,如何与大学生谈性、如何与普通女性谈性、如何与加拿大的中国移民谈性,也需要首先考虑话题的"隐私"特点,及其可能给访谈带来的挑战。总体而言,研究者的脱敏训练,因人因境地挑起话题、进入谈话的能力,平常心地回应研究对象的性故事等,都是可能的破解之道。而在访谈之前对于隐私保护的措施的详述以及研究意义的论述,也变得更为重要。其中当然也包括研究者的声誉与诚信。

当然，这个部分的考虑涉及的主要是"面对隐私，不愿意说"的假设与认识。这种假设，并不能涵盖所有的人，甚至也不一定是大部分如此（比如在合适的场景里，基于不同的目的，有些人很愿意分享自己的隐私，且不乏炫耀的成分）。只是说，相对于其他的非隐私类话题，基于我们在目前为止的研究经验，这种假设存在的可能性更大一点。

第三类，兼有第一类的人群边缘性与第二类的话题隐私性。比如我们对于女性 HIV 感染者的性研究。

作为边缘人群之一，我们所接触的女性感染者人群的边缘性主要体现在三点："艾滋病"的不可治愈及其"传播"恐惧带来的社会歧视并因此造就的边缘地位；传播途径的"不道德性"带来的道德边缘地位；以及相较于男性来说，女性相对弱势的性别地位。身处边缘地位的人群，其与研究者之间的权力关系、对研究的顾虑更加凸显。相应的，如何进行伦理的思考，如何去化解这些顾虑，如何去分析这些顾虑对于叙述的影响，则是研究者要去尝试的。

另外，敏感性还体现在"性"的隐私。谈"性"，因为触及了人们的隐私屏障，不管是研究者还是参与研究的对象都面临更多的难以启口的尴尬。

两类敏感性的叠加——"女性感染者的性"蕴含的至少双重的道德压力，加上"故意传播性病"的法律威慑，使得与女性感染者谈"性"本身就是一个具有多重挑战性的方法学课题（黄盈盈，2017）。我在正文中已经具体地展现过我们的各类尝试及其局限。

总而言之，就性故事的讲述而言，首先需要拆解相关人群以及性议题所涉及的边缘或隐私，或兼具边缘地位与隐私话题的特点，然后才能谈及如何有针对性地进行方法学（从方法论到具体技术）的尝试，当然也包括伦理困境的考虑。而更为广阔范围内的敏感与隐私的社会文化建构，性故事相关的历史与社会情境（包括为什么说与不说，在什么历史社会背景下容易说或不说），自然不能被忽略。有关大时代与小田野的问题，不仅仅需要在理解的层次上被诠释，更需要一种批判性的视角去建构促进（更好的）故事生产的社会条件。

二 "我要讲"与叙事套路

有一个影片非常有意思，它开头的片段就是在讲一个小姐是如何应对大众提问的。这里的大众是借嫖客之口发言。不少嫖客在嫖完之后，为了显示自己的人文关怀，往往会跟小姐聊，问小姐为什么要干这行。影片就是这样开始的。换成中文版，大概场景是这样的：小姐边穿衣服，一边不经意地说家里太穷了，因为弟弟要上学，我要供他上学，所以就出来赚钱。嫖客听到后，顿了一下，从衣服口袋里多拿几张票子给这个小姐。接下来小姐又不经意地说父母很小就过世了⋯⋯这时候嫖客就又多拿出几张票子⋯⋯片头的表现有一种不经意的调侃味道：小姐非常清楚嫖客想听到什么，也很清楚怎么说可以满足他们，多拿到小费。

——某影片观后感，且我只记得这个场景与印象

以上的这个观后感，在我的记忆里，模糊（就细节准确性而言）而又印象深刻，且多次在我的方法课上被提及。它敲打我的是如何看待叙事，尤其是涉及如小姐类边缘人群的叙事，要如何分析。

不仅仅"不可说"会触及叙事背后的社会规制，与"不可说"相对的，是那些主动来谈型的或者"太能说"的情况，后者同样也会触及另一些层面的社会规范与亚文化的影响。这个社会，让有一些话不被说出、有些经验不被记起，也让另一些故事不断被复制，另一些经验不断被强化。"不可说"与"我要讲"共同构成了叙述的两大陷阱。那么，社会如何抑制或激发了某种研究/表达？社会如何构建了某种"期待的回答"？除了无法表述/发表的故事，我们又如何看待过度表演的故事？让我们从这个角度来进一步审视（研究类）故事讲述与时代的关系。

（一）学术与政治

从更广的范围来看，社会科学的调查研究从一开始就烙上了鲜明的时代特点。比如，20世纪初，相当多的人类学家是在殖民的大背景之下被官

方背景的机构派往殖民地进行文化考察、了解当地风俗，以便更好地理解当地文化，当然也是为了更好地为政府出谋划策，对其殖民之下的社会进行更有效的管治。因而，有学者称早期的人类学是殖民主义的一部分（克利夫德、马库斯，2006：6）。即便是在现代社会，社会科学研究者作为政府的智囊而开展的研究也不乏其数。对于研究背景的这种政治性认识，在学界已不新鲜。

自 20 世纪七八十年代以来，人类学界盛行的"写文化"思潮（克利夫德、马库斯，2006）更是掀起了一股反思之风，深刻地冲击了社会科学研究中"价值中立"的神话，也警惕我们成为"天真的经验研究者"（周平、蔡宏政，2008）。研究者的政治、社会、文化背景是如何影响研究过程及文本写作的，也逐步得到更为广泛的社会科学界的重视与分析。

普拉莫的故事社会学的提出及相关思考，显然也是站在第四次民族志浪潮之上。

> 我不是一个人陷入这种困境。当我正站在"第四次民族志浪潮"之上时，以上这些问题很容易被提出来。当人类学家第一次进入田野去研究部落，他们带回相对自然而缺乏反思的描述，关于当地人是什么样的简单故事。尽管依然有许多轻率的、缺乏批判思维的社会研究者，在 20 世纪，这种缺乏反思的知识越来越难以取得正当性，研究中渗透着伦理问题、种族中心主义、解释、政治。研究记录不能被简单理解为对假定现实的直接复制。所以，再一次，从研究中收集的性故事不仅是资源，还以其独有的方式成为调查的主题。在寻求真理的过程中，它们不再被视为透明的或是没有问题的。反而，社会科学家成为被观察、分析和最终被写作的过程中的一部分，我是这个过程的一部分，这个过程是社会性的。它可以被看作社会科学家日益增长的自我意识与反思性的某种表现。所以，我——事实上包括任何社会科学研究者——到底在做什么？过去几十年的性学研究中数以百计的调查故事不仅仅是性生活的反映，也在建构此类性故事中扮演着积极的作用。（Plummer, 1995：12）

我从研究生阶段的学习开始，就对研究过程、田野过程保持持续的关注、记录与思考。在《大时代与小田野——社会变迁背景下红灯区研究进入方式的变与不变》一文中我曾分析过学术活动、研究过程与社会及政治情境的几层关系（黄盈盈，2016）。

首先，田野点的社会与政治情境无疑会直接介入到学术研究中，不仅会作为被研究的内容加以呈现，也会影响研究的过程。

其次，学术与政治的另一重关系，表现在田野资料收集工作所发生及依托的行政机构设置以及当地的政治与社会结构特点。具体到中国情境，比如，户籍制度、居委会、社区建设会影响到社会调查的随机抽样过程；城镇化建设、社区建设、人口流动直接影响到初级抽样单位的数量、抽样框的设定与准确程度。而陌生人社会的形成、社会信任机制的破坏则增加了入户的困难与拒答率。整个财务制度，具体行政体系中办事人员的态度也会直接影响调查的过程（潘绥铭、黄盈盈、王东，2011；边燕杰、李璐璐，2006）。也有国外的研究者更为敏感地意识到在中国做田野调查所面对的政治与文化特点，尤其是遇到的困难，并提出应该把田野调查过程作为了解中国社会的一面镜子（海默、曹诗弟，2012）。这也是在中文语境中，为数不多的涉及社会政治背景与社会调查过程之间关系的学术论文。

可以说，社会调查的政治性，或者通过国家意识形态、直接的资助背景发挥显性的作用；或者透过社会规范对研究者的价值观与知识图示的日常嵌入得以隐性地体现；又或者透过社会结构因素，包括财务制度、行政设置与管理体系等在实践层面具体影响调查过程。前两个方面的内容在方法论及理论层面得到学界比较多的认识，而第三个层面，即从更为具体的调查过程入手讨论研究方法与政治及社会背景之间的关系则在整体上是比较缺乏的。虽然，每个认真做过调查、跑过田野的人都对此深有体会，但是将其发展为具体的研究问题进行分析的论文寥若晨星。

在这种认识之下，我以红灯区研究中的田野"进入方式"为例，讨论了大时代与小田野的关系，具体回应了如下的问题：我们所选择的方法，研究的过程如何受到当时社会背景的制约或者推动；反之，我们的研究过程及调查方法的变化又如何透射时代的特点及其变迁；大时代与小田野之间存在怎样的关系（黄盈盈，2016）。

大时代，显然影响着我们的身体与性/别的故事讲述，影响着叙事架构以及故事社会学框架里的各个要素的内涵与相互关系。

（二）"让我来告诉你我的故事！"

在导论中我已经比较式地讨论过性故事的不同类型，比如媒体故事与研究类故事的区别，即便是研究类，也涉及不同情况。有些性故事的讲述者，不是我们艰难寻访而来，而是主动来访型的；有些性故事的讲述者，并不是"不知道讲什么"，而是太能说了（比如阳春、变性朋友的案例），或者如那个影片所显示，小姐们已然形成了一套熟练的叙事方式，以应对包括媒体、研究者在内的大众的好奇心与期待。我将在此集中讨论这一类的情况。这些情况引发了另一类方法论议题，即如何结合时代背景，倾听、分析这类叙事。

首先，对于主动来访型的被访者，我要问的是：在一个整体忌性的文化里，她们为什么愿意主动地来谈性。

为什么来，这既跟一定的情境设置有关，与研究者的特点有关（比如性研究者的资质与权威性），也与被访者自己希望表达的意愿强度有关（比如，有些人可能还带有咨询的目的来接受访谈，希望讲出自己的故事，希望有人倾听，希望得到肯定，也包括有引介者的人情以及"教导学生"的成分在内）。更主要的，也涉及社会环境，包括媒体环境，甚至运动氛围对这类故事的促发效应。

金西在20世纪40年代开启的性的社会调查之路，虽然影响深广而且意义深厚，但其被后人诟病的重要原因之一，即是来访者并不具有随机性，大多数或者因为压抑很久、有话要讲，或者因为好奇，也可能因为其他的原因（很多的调查还涉及访谈费）应招（招募被访者的广告）而来。对于定量调查来讲，这样的做法面临着严重的样本失衡、缺乏代表性的问题。在金西所在的年代，就"性"这样一个自17~18世纪以来就逐步被建构为隐私的话题，愿意主动来讲的往往是有着特殊经验或者经验丰富的，或者在性方面存有困境/障碍希望得到咨询的人。这样的样本没有代表性，因而其调查结果，不能够说明当时美国人的整体情况。正因为此，《金西报告》里高达40%以上的同性恋比例，没有办法说服读者（金西，1989）。

结语·身体如何记忆，性/别如何叙事？

即便是定性调查，如普拉莫在《讲述性故事》中所分析的，与其看重故事的"事实部分"，不如首先来分析性故事的讲述这件事情本身。这也使得他从刚开始试图研究不同性经历与性认同的人群的情况（性故事的内容，或性的真相），转而研究性研究的方法（包括形式及故事生产机制），构建出了"故事社会学"的框架。普拉莫在书中这样描述自己的研究历程的转变。

十年前，我有幸收集了一些自认在性方面与众不同的人们的生活史。我招聘了一位研究者和一位录音誊写员，我们充满热情地动身去采访和研究有异常性经验的男女。我们发现自己身处那些被称之为（通常是自我认同的）"恋童癖者""施虐受虐狂""性欲旺盛的女性""异装癖者""跨性别者""性功能障碍者""妓女"等人之中。自阿尔弗雷德·金赛于20世纪40年代在美国做的著名研究"男性女性的性行为"之后，我们的研究确实只是不断增长的浩大的研究项目中的一部分。

最初，我们的研究看上去进行得很顺利。目标是收集生活史以及检验过去被视为个体的、临床的、医学的经验，考察它们的社会方面。然而，逐步地，整个项目在各个方面都出现了麻烦，不管是实践操作层面、个人原因，还是政治上而言。最后，这些资料并没有迎来公开的那一天，反而是被封存与丢弃。但是它们保持着一种萦绕在心头的存在方式，也将在这本书的几个部分被提及。它们是这本书的出发点，它们迄今为止帮助聚焦了人们有关自己的性故事的各类问题。只是，这项性研究事业，事实上还有其他类型的性故事的讲述，它们到底是关于什么的？

……

每个访谈各有特色，从被性追踪而跑出屋子，到访谈若干喜欢被橡胶包住的男性，穿着制服的，在衣服上撒尿的，穿着女人内衣的，在车库和酒窖里为"厚皮革"举办聚会的；到为了和阉人在一起而环游世界的；到与许多絮叨他们无尽挫折的人生愉快地邂逅的。我们听到了许多故事,但这不是我的重点。他们的讲述内容很重要,但现在,也就是十年过去之后,对我来说更为重要的是对整个性故事讲述事业的性质以及其中相似的部分提出疑问。即,这些使性研究者好奇的故事是关于什么的?(Plummer, 1995: 9~10)

这些访谈到的故事,以及其他媒体上盛行的故事,都是关于什么的?是真相,还是其他?个人的私密故事为何会走向公众?是环境变宽松了,是人的性/别知识多了,是性/别主体性有所增强,还是社会鼓励这样的故事被讲述?还是媒体以及商家希望这样的故事被讲述,是社会运动需要这样的故事进行倡导?是因为这些故事不仅带来自我的解压与表现,甚至也能带来听众与利益,或者达到某种运动效果?这些因素往往掺杂在一起发生作用,只是在商业化的社会里,商家的利益促动可能比重更大;在运动风涌云起的时代,倡导类的故事可能会不断涌现;在刚刚经历过严厉管控的社会,可能环境的包容与人的主体意识的增强会激发此类故事……而在当下,大众媒体的发展,尤其是互联网(微博、微信、直播等),更是使得最为个人和私密的叙述,如今成了公共的财产。公与私的界线已经崩塌,"大众媒体以一种三十年之前看起来不可思议的方式,成为我们私人性生活故事的主要讲述者"(Plummer, 1995: 9)。

对于主动来访型、媒体上自我表现型的故事讲述者,首先,恐怕就是要分析驱动讲述者来讲性故事的上述(以及更多的)这些可能的动力;然后才涉及下面要谈的叙事策略与特点(这类故事讲述者也区别于另外一些经常需要访谈者提醒,或者在访谈提纲的指引之下略微被动式回应的类型)。

其次,不同类型的故事讲述者,其叙事特点是什么?是否形成了某种套路?作为研究者,如何应对这种策略叙事与套路式故事?

对于这类形成套路的叙事,比如我们耳熟能详的有关小姐"家里穷"的故事、同性恋者小时候的经历、性暴力实施者缺乏爱的家庭背景的故事、经历性侵者的悲惨人生等,普拉莫(1995)的书里面给出了很多20世纪八九十年代,以及更早的发生在美国与英国的生活例子与媒体故事,并在故事片段后面提出了自己的分析重点。比如下面这段个人经历。

在 60 年代中期，我还是一个年轻人，经历青春期的小伤痛。只不过与其他人相比，我的痛苦更深一些。一个夜晚，我回忆起那痛苦的经历：我正在跟我的父母坐在一起看电视，我朝他们扔了一本书，哭着说"这就是我"，然后离开了房间。那本书是英国犯罪学者唐纳德·韦斯特（Donald West）写的，叫《同性恋》。这本书一定影响了当时英国自称为同性恋的好几代年轻人。时距同性恋解放运动还有五年或更久，这本"科学的"书至少没有那么赤裸裸的敌意，并且某些地方确实是明显激进的。

我亲爱的父母既困惑又伤心，像那时候的大多数父母一样，这对他们来说不仅是一件坏事，也超出了他们的理解范围。我父亲去看了家庭医生，医生安排我去看心理医生。心理医生问了我一些敷衍的问题，我告诉她一些我的故事，她安排我去进行脑部扫描；幸运的是我的脑电波是正常的！她问我是否我能接受成为同性恋者，我说我可以。于是她说，那就没关系了。我认为我是幸运的……（Plummer, 1995：7）

这个删节版的小故事是普拉莫自己的"出柜故事"中的一个。还有许多其他类型的个人故事，如普拉莫所言，人们滔滔不绝地讲述他们的性生活：因为缺乏性或过多的性而婚姻破裂，性冷淡，性无能，或各类性快乐……但普拉莫认为这个小小的"出柜故事"就足以提出他的问题与希望着力分析的点了。

什么因素把我带进自己的同性恋故事中去？它是一个真实的故事吗？什么力量让我决定告诉我的父母？我依然记得告诉父母时我的内心经历的巨大的感情挣扎，那么什么使"告诉父母"变得那么重要？为什么我以仅仅扔一本书给他们的方式告诉他们？它如何反映我看待世界的方式？如果我的心理医生以敌视的心理看待我的故事，将会发生什么？如果我没把我的故事告诉自己、父母或心理医生，将会发生什么？我私密生活的个人经历叙述在我的人生和广阔的社会世界中扮演了什么角色？（Plummer, 1995：7）

245

回到我自己的研究。在我们的研究中，研究主体通常不会是那些已经有过多次叙事经验、形成叙事套路的"老手"或者"专业被访者"。我会尽量避免"主动来访"及倾诉欲非常强烈的被访者，其目的就是尽量避免碰到已经成型的故事、已经受到过度打磨与修饰的性脚本（Gagnon and Simon, 1973），除非这本身也是我们的分析重点之一（显然"原初"的故事是不可知的，但是这不影响我们对于其形塑因素的讨论，以及对于"别有用心""多度渲染"的故事套路的挑战）。可惜的是，很多试图涉足性研究的研究者或者媒体记者，往往都不加选择与批判地把各类故事当成"真相"来对待；更为可怕的是，讲着讲着，大家也就信以为真了；最为可怕的是，信以为真的叙事套路逐步变得不容置疑，不愿意看向任何其他的可能。

当然，因为被访者比较难找，在有些情况下，主动来访型的被访者，我们也不会拒绝（这种情况还是很少见），只是一定会对其故事讲述保持警惕，或者在访谈技巧上，或者在分析方法上会更有策略性。

在本书所涉及的故事里，变性人文姐是朋友推介的，也是比较能说的、主动叙事型的人物。但是有意思的是，这个个案本身有很强的批判性，她恰恰是在长期被访之后，形成了挑战这种常规提问、常规叙事的批判精神与能力。一定程度上类似我们研究者在对待此类叙事时的做法。不过，她之所以愿意接受我们的访谈，也有"让我来告诉你我的故事"的一面，即要挑战常规叙事、展现自我的知识构建甚至教育包括访谈者在内的主流社会的目的。这样的目的，加上朋友的推介，或许也有对我们研究所的信任，也是文姐愿意接受学生访谈的促因。

那么如何应对这些叙事套路呢？除了首先在立场与态度上保持警惕的态度，还关乎具体的提问与分析策略。比如，我们自己的研究，会注意通过反问、追问细节等手段来尽量找到某些矛盾与冲突的说法，或者辅助以旁证（包括文献、其他研究方式）来刺破某种单一固化叙事的表象，或者通过多重情境的设置，来更为多面、立体地了解某一主体。我经常举的例子之一是关于阿凤希望被包养的故事（黄盈盈、潘绥铭，2011）。

> 高鼻子女孩要给阿凤介绍香港人，阿凤很高兴，马上就猫到她身边问："真的？介绍成了我给介绍费。"

结语·身体如何记忆，性/别如何叙事？

高鼻子女孩说："那个香港人很幽默，5000块一个月，不包括房租之类。但包了之后不能出去做事。"

阿凤说："那也好，5000块，不出去做事也行。"又说："聪明一点还可以平时出来赚点，他反正一个星期才来一次。"

"他有电话的。"

"那把人带到家里做不就得了，叫那人（男客）别出声。"

"要（香港人）刚回来怎么办？"

"哪会那么巧？"

阿凤很高兴，也很热心，一个劲问这问那。问："老不老？"

"33岁。"

"是工地的还是公司的？"

"公司职员。"

看来阿凤很满意。高鼻子女孩又教她怎么讨他（香港人）喜欢："不要把自己搞得很低调。"

阿凤忙问："怎么叫搞得很低调？"

"好像文化素质很低的样子。"

这时笔者插了一句："比如说讲粗话。"

阿凤忙说："我不会讲粗话。"又对高鼻子女孩说："你就对他说我不是发廊的，告诉他我是到姑姑这里来玩。过年姑姑不让回去，我们俩是偶然遇见的。"

高鼻子女孩说："我就说你是我老乡，他也不清楚情况。"

"好好，我来了也才1个月嘛。"

"他下次来了我呼你。那个人素质挺高的，你跟他聊聊报纸上的一点东西。"

阿凤很认真地说："我也知道一点这些。"

"那个男的以前包过一个女孩，后来那女的走了。"

阿凤："听她们说香港人有时喜欢包不漂亮一点的，怕太漂亮了，会call仔。"

这个情节的重要性恰恰在于它与十来天前我听到的另一个叙事片段的

247

冲突。

从上述对话中可以看到,当高鼻子女孩要给阿凤介绍香港人包养的时候,阿凤就"猫"过去了,而且喜形于色、情不自禁。她首先想到的是:必须说自己不是小姐,这样就会比较"纯洁",被包养的可能性就会更大。可是,就在刚刚几天之前,我在自己的房间第一次与阿凤长聊,她说她很讨厌香港人,"腰上挎着腰包",基本上是比较低阶层的人。在谈到不少女孩子被香港人包养的时候,阿凤很不以为然,说自己就不喜欢被包养,不自由。所以我的感受是与这次跟高鼻子女孩之间的谈话简直是天差地别,判若两人。

这次"冲突"给我的最大收获,并不是测谎,或者带来"真相",而是同样的主体,在不同情境中的表达差异会如此之大。这使得我对于某些小姐经常出现的"社会主流化表述"或者说习惯性叙事有了一个切身体会。对于不同情境下的矛盾论述的分析,则可以加深对于阿凤这个人的理解。

此后,随着在红灯区的时间越来越长,随着对小姐们以及"卖淫嫖娼"这个现象的了解与理解越来越深,随着对社会态度与禁娼的历史演变的知识积淀,随着与其他社会主体(包括女性主义者、法律界人士、健康干预者)的对话越来越多,对于策略叙事与"套路"的把握也越来越有自信,也越来越可以不拘泥以某一段单薄的"叙事"本身,更不会以"她们自己是这么说的"来理解"主体"、解读"发声",也得以能在更广的层面更加复杂地对其加以解读。即,不同场合的、直接间接的故事听多了,可以帮助我们学会如何去窥视与想象表达之外的东西,去揭示束缚甚至扭曲叙述的规范与权力。这,需要时间的积累、材料的积淀与多维的了解。这,也是贴近"真实"的必由之路。这,也触及我们刻意去打破,或者批判地分析这种故事套路的意义所在。

对套路的警惕,往往涉及对叙事表象(区别于故意撒谎)的警惕。表象,不一定是虚假的,但也不一定是(经常不是)"性的真相",往往是为了符合社会、媒体、商家、研究者所期待的答案而给出的,或者是片面的。其风险也不是因为真或假,而是容易带来一些固化的、引发新的歧视的叙事(比如把变性归因为天生的,或者家庭背景问题等)。剖析种种"套路",是为了更好地理解促发此类叙事的相关因素,尤其是权力关系的卷入；挑战此类叙事，恰恰是为了寻找更为复杂、至少更贴近被访者的生活事实的那些叙事。

还是以我对于文姐变性个案的分析为例。我已经指出，这个个案的讲述特点是个案主体在非常有意识地，乃至过度敏感地挑战媒体的常见变性叙事（归因为小时候的经历；男变女之后，希望按照女性角色行事或者有一个女性角色的范本）。整个对话充满对主流规范的各类挑战，包括对于"常见提问"及其背后的规范与假设的各类挑战，以至于访谈者觉得非常被动，只能更多地以请教的方式，以"倾听者"的身份参与对话（都谈不上是对话）。这，恰恰也是其值得书写的意义所在。相比于媒体所反射出来的主流社会对于变性人的某种想象与归因类套路叙事，我们的个案在经历过多次被访、自我学习之后显然具有更强的批判色彩。但是，在多次叙述之后，文姐也已经逐步形成了另一类"套路"，从自己的立场及目的出发（不乏反对歧视、运动与倡导的目的）形成新的叙事路数，这一种套路，一方面挑战了主流的性/别论述，另一方面也容易陷入另一种既定的与生活渐行渐远的故事框架。

换言之，这种故事框架的形成可能受媒体以及听众的猎奇心理所驱动，可能因为某种运动的需要被生产，也可能是因为某些研究者的有意介入……其共同的问题，往往是远离了生活，简化了复杂，切割了暧昧，乃至增加了新的污名与偏见。这些，恰恰是我们辨析及挑战既定故事"套路"的目的与意义。虽然，这里的"度"很难把握，研究的"真实"也永远无法触及，但是保持着对既有故事套路的挑战，保持着对切割生活的警惕，保持着一种批判且独立思考的态度，永远是必要的。对故事套路的追问，也可以更好地去发现及生产那些不被表述、不被听见的杂音，看向生活的角落。

三　再论"真"与"假"：迈向更为积极的身体与性/别叙事

最后，对于我在这本书里所呈现的故事讲述，对于我作为研究类故事的生产与讲述者在中国此时此刻的社会情境与学术语境中的身体与性/别叙事，做一个概括与反思。

身体是什么，性是什么，性/别是什么？可能还是难以下一个定义，至少没有一个固定的定义。重要的（或者我更感兴趣的）依然是我们看向它们的视角，在其所处的具体情境与语境中，思考我们所期待的是怎样的社会，怎样的世界，以及为此所需要逾越的身体界限与社会规范。十年前写博士论文时如此，现在亦然。所不同的是，本书更侧重在方法学的讨论，而非对于身体、性、性感等日常生活概念的社会语义学探讨。相比于十年前，脑子中的问题不是少了，而是更多了；相比于十年前，态度更为坚定了，下笔却更加犹豫了。

经血与性感，带着HIV生活的女性，身患乳腺癌的身体，跨国空间中的身体，变性的身体，女性的情欲身体，这六类身体的编排，如我在导论中已有解释，基本沿着从平常的身体，到因为疾病进而残缺而凸显的身体，到跨越各类边界、挑战二元框架的身体，到无处安放的女性情欲身体。这当然有我的立场与意图。即便是每一部分，我也会去找寻一种更加积极的身体观与性/别表述，以挑战现有的否性、悲情多于快乐的身体与性/别叙事。最后对于会议的性政治的介绍，除了更为详尽地勾勒社会变迁背景下对话生态的变化，也侧重于分析在现时中国的社会、经济与政治背景之下，会议的"酷儿性"，以及会议在展现及生产各类边缘身体、不被听见的性/别故事过程中的积极意义。

但是，本书显然也不希望仅仅是一种积极立场的口号式表达。我也有分析这些身体与性/别具体挑战了怎样的社会规范（老年无性的假设，性别二元的固化等），在多大程度上挑战了这些社会规范，挑战过程中又有哪些困境，身体与性/别的复杂性与多重性以及各类身体之间存在着哪些重叠或冲突。在整个行文中，我对包括自己在内的性故事的直接讲述者与生产者保持着不断反思与挑战的态度。

这些身体与性/别故事也被置身于更为宏观的十余年来的情境与对话语境之中，以便更好地理解：我为什么要如此编排；为什么要喋喋不休地提出这样那样的问题与思考；为什么要从方法学来定位这本书；为什么借鉴普拉莫的故事社会学分析框架；为什么在最后驻足于有关身体与性/别的记忆与遗忘的讨论，以及基于我们的研究经验，从一个更加建构的角度讨论如何在研究领域里更好地理解此类故事,并促进更好的故事生产。

这些"为什么",在我的故事编排中,都是试图对话于最后一个章节所提及的"性/别生态"的改变及其提出的新挑战。这些"为什么",在别处也许并不新鲜,在其他领域也不乏反思,但研究从来不是单纯的"发现",知识也难有绝对的"创新",更多时候是在某个具体时空中某种有意图的"对话"。我也是在这个意义上定义本书在中国大陆性社会学界的价值。

我所想象的更好的社会学故事,不在于其对真相的揭露,也并非情节的引人入胜与文字的优美(重要,但是不是我所长,也暂时不是我的兴趣点);而首先是能尽量不受(少受)各类媒体、政治、经济以及包括学者与运动者在内的各方力量的(绝对地、有意图地、肤浅地)左右与牵制。或者更确切地说,能更好地看清这诸多因素在故事塑造中的共谋,更深刻地剖析嵌入到日常生活中而不自知的那些规范与权力。因为恰恰是这些规范与权力,刻画着种种性/别与身体的边界,制造着种种性/别与身体的等级,其隐而不显的特点则参与制造了各类看上去"平等"的假象。这些规范与权力,也通过某些根深蒂固的或别有用心的叙事结构,不断得到复制与强化,使得强者恒强,弱者更弱。就我而言,如果说社会学研究追求真实,也是试图追求这种贴近我们想要研究的人与事的生活逻辑的真实,以及更宽泛地、更有洞见地体察社会现实的真实。我所谓的更好的故事生产,也是能够让各类边缘身体与性/别主体可以登台表演而不用过度担心被歧视、被压制甚至被压迫的故事。这类故事生产,具有跨越身体边界与社会规范的勇气,具有审视与挑战性等级的力量。这类故事生产,也一定是多声道的,为生活的复杂与暧昧、智慧与策略、边缘以及边缘的边缘留有余地的,而最终,是能促进各类身体与性/别主体更加性福快乐地生活的。

这类性/别与身体故事及其社会生产,存有我的美好想象,但绝不是无谓的乌托邦。如何促进这类更好的身体与性/别故事的讲述与生产,如何创造更加积极与支持性的环境与语境,涉及宏观的社会文化与政治环境的改变(当然也面临倒退式改变的无奈),涉及身体与性/别边缘主体的努力,也是研究者、读者、编辑以及出版商的微薄之力可以插足,更是应该插足的。这种插足不仅仅着眼于认识论与方法论层面,也应该体现在具体的研究方法层面。在整体性原则的鞭策之下，在时间的积淀之上，在对变换着的情境与语境的持续把握之中，增进材料的厚度与广度及对材料/人物/事件/生活/社会的综合理解。这种插足是智识层面的，也是具身实践性的。我们都是故事生产过程中的一个重要环节。我以及我们的研究团队，还有很多研究与实践领域的朋友，也正是这样为之努力的。

最后，我最大的遗憾依然停留在"时间"上。十年，依然只是一个时间点，撑不起身体与性/别故事的历史性；对变迁社会中多种身体与性/别叙事情境与生态的分析，依然不能解决"历史无关"（赵刚，2016）的困境。这是我意识到的最大弱点与缺陷。身体与性/别的历史性以及其所扎根的"生活逻辑"（包括这个概念本身的非逻辑性），连同研究类叙事更接地气、说人话、少拽空洞概念，当然，更为简练、平实的语言表达也是我重点努力的方向。

最最后，检视本书是否达到了既定的目标，预期下个阶段的努力是否有可能达成，或者程度如何，这是涉及研究能力的问题；但是，是否有提问与自我挑战的勇气以及对生活、社会存有怎样的想象，则不仅仅关乎能力，更关乎研究者的学术志向与人文精神。与我，就前一点而言，年龄越长，越感觉自己视野狭窄、下笔乏力；不过，至少在后一点上，我是"诚意可嘉，又不避瑕疵"[1]。

---

[1] 改稿的2017年暑期，正在云贵高原游窜，手边拿着游静老师的赠书《游动的影》（2017，文化工坊出版）。行文至此，恰好看到这句游老师对许鞍华电影的整体评价（该书第233页），觉得跟我的自我定位差不多，虽然厚颜了点，姑且借来一用；改无止境，不如就此收尾。

| 附录一 |

呈现与感受：转向日常生活中的女性身体*

一 注意"身体"：问题的理论背景

本文探讨的是女性日常生活中的一个基本概念：身体。研究最初的问题意识来源于欧美社会科学界有关"身体"（body）[①]的研究。

"身体"的渊源在于哲学上的认识论探讨。几乎所有的有关"身体"的综述都会提到笛卡尔、柏拉图式的身心二元论。因为在这种身－心的二元分割下，身体是相对于灵魂而存在的肉体，是下等的，是被压抑的，乃至是被遗忘的。身体作为意识、知识的对立面在西方哲学史上存在了很长时间，直至尼采、德勒兹等对于"身体"的重新肯定（汪民安、陈永国，2003）。"有三个伟大的传统将身体拖出了意识哲学的深渊"，一是梅洛-

---

* 本文根据黄盈盈 2005 年博士论文《身体、性、性感：对中国城市年轻女性的日常生活研究》的部分内容修订，原文发表于《中华性/别，年龄机器》（赵文宗），2012：36~48。

① 英文中有关"body"的研究在一些译著中被翻译成"身体"，本文也不想创造出另一个词来翻译"body"。但是，需要强调的是，"body"这个概念与中文的"身体"概念不是完全重合的。翻译行为必然要介入某种语言的述行性（performativity）（刘禾、宋伟杰，2002：4）。本文主要是通过情境与语境来区分英文的"body"与中国的"身体"。从这种意义上讲，body 也可以说是西方语境下的"身体"。而本文着重研究的是相对于西方理论背景中的"身体"，中国的日常情境与语境中的"身体"是什么，中国现代的女性对于"身体"的主体构建是什么。因为语境的不同，这里两个"身体"的内涵已经发生了变化。

庞蒂的身体现象学,二是涂尔干、莫斯、布迪厄这一人类学传统的社会实践性身体,三是尼采、福柯的历史、政治身体观(汪民安、陈永国,2003:21)。这些研究大多是围绕"身心""主客""个体-社会"等基本问题而展现出来的不同的研究流派(Lock,1987)。这些研究或者是在批判笛卡尔的身心二元对立的过程中重新确立身体的地位;或者强调个体的身体体验、身体感受(Merleau-Ponty,1962);或者强调身体的社会性与象征体系(Mauss,1973;Douglas,1970;Turner,1980;Strathern,1996);或者强调对身-心、主-客、自然-文化诸多二元对立的超越(Lock and Scheper-Hughes,1987;Lock and Farquhar,2007)。隐含于这些研究流派背后的理论思潮分别有:唯心哲学、现象学、象征与结构主义、建构主义、后现代思潮等。这诸多身体研究的不同流派至今并存于西方学界,也在不同程度上构成了本研究的问题意识产生的理论背景。

更加概括一点,如果对欧美的身体研究做一个粗线条的梳理,那么其至少存在四种身体:个体的身体(现象学思潮)、社会的身体(象征与结构主义思潮)、政治的身体(后结构主义与女性主义思潮)以及一种逾越了规矩与诸多二元对立的、强调日常生活的身体(比如冯珠娣和洛克等人的思想)。

那么,在中国有没有"身体"?中国社会中的"身体"是什么?在2004年1月的《社会学研究》上有一篇关于"身体"的对话录。冯珠娣(Judith Farquhar)在里面提到:中国是没有"身体"的。"在中国不可以像笛卡尔那样把身体看作与精神完全分开的那种纯粹的身体。这样的思想来源于对中医的研究与理解,身体是动态的结果,是气化的结果","在中国是缺少'柏拉图'式的哲学传统背景的。中国面临的问题是,西方哲学背景下的问题放到中国环境下是个什么样的问题"(冯珠娣、汪民安、赖立里,2004:108~109)但比较遗憾的是,这些话并没有引起更多的讨论。

在我的理解中,中国不是没有身体,中国也不是没有与身体有关的哲学思想。但是正如冯所说,中国语境与西方语境是不一样的,中国语境中的身体与西方语境中的身体概念也是不一样的。中国不但存在有关身体的哲学传统背景,也存在对于这些哲学思想中蕴含的身体观的人文研究（周与沉，2005；黄俊杰，2002），但没有像西方哲学界与社科界分析笛卡尔的"身-心"二元论那样，把"身体"作为一个问题摆出来，也没有形成一定的研究框架与文本供我们去探讨与批判。对于日常生活中的身体观的社会学或人类学的探讨则更是少见，"身体"在社会科学领域中是缺席的，或者更确切地说是"缺席在场"（absent presentation）（Shilling，1993，转引自李康，2001：35）。散见于中国哲学史中的身体思想构成了怎样的一个理论语境？在现时日常生活中，人们所理解的身体是个什么概念？中国传统语境中的身体观以及西方语境中的身体观有没有、在多大程度上有差异？这两者又是如何介入了中国现时情境中的民间身体观的构建？

可以说，在"身体"的媒体话语充斥人们的生活的同时，在中国的社会科学界，具体的"身体"依旧是缺席的，更没有形成身体研究的学术语境。

在这样的大理论背景与问题意识下，本研究把对于"身体"的关注首先集中在一个小点：在日常生活中，中国的城市年轻女性作为主体是如何想象与定义自己的"身体"的；这种想象背后的具体的社会文化情境是什么。

本文期望通过这样一个具体的小研究，呈现在中国的现时情境下、女性日常生活中的一个身体侧影。

二 研究对象与方法

本研究的主体是20世纪70年代出生、目前在北京工作/学习的工薪阶层女性。研究主体的选择除了考虑年龄因素以外，还主要考虑职业与婚姻状况两个变量。具体考虑到四类职业：研究、专业人员类（各级教师、研究者、医务人员等），媒体类（记者、编辑、策划等），公司与事业单位职员（各类公司工作人员或经理、公务员与事业单位职员）及其他（自由工作者，如自由作家、学生等）。每类各选择8～10个个案进行1～2次深入访谈。婚姻状况主要分未婚（从未结婚）且没有伴侣，未婚有男朋友/性伴侣，再婚，离婚、丧偶等四种情况。

我们（我和其他四位女性朋友）[①]一共访谈了38位女性，她们的具体背景见表1。这些背景在一定程度上构成了主体生活于其中的具体情境。这些背景与主体对于身体、性、身体和性关系的理解之间的关系也是我要分析的内容之一。本文所出现的"中国城市年轻女性"指的也是具有这些社会文化特征的女性，讨论的是这部分女性对于身体的理解。

表1 被访者的背景资料

编号	年龄	受教育程度	职业	婚姻/性伴侣状况	月收入（元）	在京年限（年）
D1	26	硕士	研究人员	已婚	4000	8
D2	28	硕士	教师	未婚没伴侣	2000	5
D3	27	硕士	研究人员	未婚有伴侣	4000	8
D4	30	大专	护士	已婚	3000	—
D5	29	中专	护士	已婚	3000	—
D6	34	大专	幼儿园老师	离婚	2500	—
D7	27	本科	企业职员	未婚无伴侣	2000	8
D8	28	硕士	某房地产开发公司咨询专家	未婚无伴侣	8000	—
D9	28	本科	护士	未婚无伴侣	3500	—
J1	27	硕士	编辑兼某女性杂志撰稿人	已婚	4000	9
J2	27	本科	某时尚杂志编辑	未婚有伴侣	5000	—
J3	26	硕士	某大型国有上市公司行政人员	未婚曾经有伴侣	3000	8
J4	30	本科	某儿童科普杂志编辑	已婚	3000	10
J5	34	本科	某报纸编辑	已婚有一女	4000	0.5
J6	35	本科	某影视制作公司的翻译	已婚有一女	5000	13
J7	25	硕士	某出版社编辑	未婚无伴侣	3000	—
J8	30	硕士	某教育类杂志编辑	已婚	4000	6
J9	28	本科	公司秘书	未婚无伴侣	5000	6
J10	25	本科	公务员	未婚无伴侣	3000	6

[①] 除了我自己之外，另外四位参与访谈工作的人（蒋宜辰、马冬铃、董研和王洁）也都是20世纪70年代出生的女性。她们有着很强的社会学背景以及定性访谈的能力。而且，她们目前的工作或者生活圈子与本研究所涉及的几类职业相关，有利于寻找不同类型的被访者。我们在前期准备以及访谈过程中经常交流、修订访谈提纲。对于她们的帮助，本文需要特别提及。

续表

编号	年龄	受教育程度	职业	婚姻/性伴侣状况	月收入（元）	在京年限（年）
M1	27	硕士	律师	未婚无伴侣	—	—
M2	28	本科	事业单位职员	已婚	4000	—
M3	28	本科	软件工程师	未婚有伴侣	4000	—
M4	27	本科	翻译家	未婚	3500	9
M5	24	本科	（IT）职员	未婚	3000	2
M6	34	本科	（IT）职员	已婚	6000	13
M7	30	本科	会计	未婚	6000	
M8	34	本科	编辑	已婚	8000	14
M9	38	本科	网络编辑	已婚	7000	22
W1	28	硕士	大专教师	未婚无伴侣	3000	3
W2	27	硕士	自由职业者	未婚有伴侣	0~10000（不定）	4
W3	30	硕士	在职博士/教师	已婚	2500	1
W4	31	硕士	公司管理人员	已婚	5000	6
W5	26	在读硕士	学生/兼职推销员	未婚，曾经有伴侣	不稳定	2
W6	30	MBA	人力资源部总管	未婚无伴侣	6000	1
W7	32	硕士	在读博士/老师	已婚	3000	3
W8	27	本科	国家机关科员	已婚	2500	1
W9	28	本科	在职硕士/老师	已婚	3000	3
W10	26	硕士	在读博士	未婚无伴侣	400	4

本研究主要采取定性深度访谈的方法来收集资料，辅助以日常观察和体验。在访谈策略上，我的做法是在一定访谈提纲的指导下，尽量多采用讨论式、较开放式的提问，并注意追问。我会首先了解女性在没有引导的情况下，对于自己的身体的第一反应与理解。用一些看似很笼统的问法，尽量让她们自己说出对这些问题的理解。比如"你怎么描述你的身体"，如果回答不上来，再加以引导：你会用漂亮（或者有气质、身材好、性感……这些形容词）来描述你的身体吗？为什么？另外，会抓住被访者在陈述中提到的一些关键词加以追问。比如她如果用"有气质"来描述她的身体，则追问她对于"有气质的"这个词的理解是什么，怎样就算是有气

质了，等等。

本研究在征得对方同意后采取录音的方式来记录访谈，研究结果也是基于录音的原始文本进行分析。主要采取两种方式来整理所得的访谈材料：个案式整理（把访谈材料按照每个个案来整理）与主题性整理（把材料按照各个主题来整理）。

在资料分析方面，本研究主要采取扎根理论（Miles and Huberman, 1984）的方法来处理资料分析与理论之间的关系。力求把具体的访谈资料视为制定新思想的原材料，把开始的理论资本作为灵活的和适应意外情况的简单工具来使用（考夫曼，2001：7）。在这种理论视角下，本书注重在日常生活实践中来理解女性的身体观，注重：①边收集资料边分析；②侧重以一定的理论为背景，从材料中总结出某些"类型"和概念；③注重女性作为主体的声音与感受，倾向于从正面和积极的角度来呈现女性的身体，并结合具体的情境因素对其影响因素进行细致的分析。

三 身材、健康和气色：女性身体的三种自我镜像

概括而言，中国城市年轻女性的自我镜像（女性对于自己身体的理解与想象）里反射出来的"身体"是一种实体的身体，这种实体身体[①]是以"身材"为焦点，辅助以健康、气色的整体化身体。

（一）身材：呈现式身体

女性身体的自我镜像首先体现在"身材"这个词上。下面将以 D1 为主要例子，结合其他女性的相关陈述，来分析"身材"的含义与特点。

D1 今年 26 岁，硕士毕业后在一家研究所工作。家在武汉郊区，1996

[①] 在《身体至关重要》（*Body That Matters Bwtler*, 1993）这篇文章里，朱迪丝·巴特勒曾经用"物质身体"（material body）来对应文本、话语中存在的身体；提出把身体从后结构主义的语言唯心论中重新找回来，重新确立物质身体的重要性。但是，在巴特勒的论述里，物质身体与生理身体基本上是一致的。基于本研究的访谈材料，我在这里所总结的是一种与生理身体密切相关，但是又不局限于生理身体的女性身体；这种身体又区别于我们后面会提到的文本、话语式的身体。鉴于这些考虑以及中文的习惯，本书采取"实体身体"一词来综合表达身体的生理特征、对于健康的感受等内容。

年来北京上学。到我们做访谈的时候，她刚刚领了结婚证。D1 对于身体的理解在我们的访谈群体中具有一定的代表性。

问：你怎样描述你自己的身体？

答：我以前觉得自己的身材不够好。我觉得身材比较好的女性应该是胸部丰满，乳房比较挺、不下坠、有弹性，腹部平坦，腰部没有赘肉，臀部大小适中，这些也就是曲线好吧。

问：那我们说女性身体，你认为只是包括身材吗？五官、气质等，算身体吗？

答：算。因为对于一个陌生女人，我可能首先关注的会是她的身高、长相、气质，然后才是身材。对于我自己，我最关注的当然就是身材。因为气质那些东西，看不到，比较虚，基本也就这样了，还是关心身材。

问：你觉得别人会怎样描述你的身体？比如同性朋友或是你老公？

答：男生，如果不是特别亲密的，他不会描述你的身材。那么，一般也就会说我个子小巧，胖瘦适中。但是我以前一直觉得自己有点胖。是 W 改变了我的看法（W 是她老公）。比如他就会觉得我瘦。我觉得女人在婚前和婚后，对于自己身体的感受会有很大的差别。

问：那你的意思是，女性对于自己身体的看法，在婚前和婚后会有明显不一样，是受到了丈夫的影响？

答：是。我觉得，一个女孩子，尤其是我们这种受传统教育的女孩子，可能一般不会关注自己的身材，就是说，不会怎么打扮自己，吸引异性的注意。那么，这种女孩子，在有了男朋友，在结了婚以后，异性对你的要求，会在很大程度上改变你的审美观。比如说我以前会觉得女人胸部不应该太大，清瘦一点好。可现在我知道男人并不那么看，这样就对我的审美观发生了影响。

问：比如孙××（一个演员）？

答：对。以前我也喜欢她的，感觉她挺好看。但后来发现没有男的喜欢她。我和一个以前的高中男同学聊天，他说，你说谁好看都行，就是别说她好看。我想可能是因为她太瘦了，就像一个没有发育完全的小孩，几乎没有女性特征，只是从脸上看是一个女人。所以我现在对孙××也没兴趣了，从身材上看，觉得她一点儿也不好看。因为我感觉男女有别，女性还是要有女性的特征，从男性的角度，他也是欣赏这个（指女性特征）的。

身体的自我镜像比较强调身体的整体性。这种整体性可以从 D1 还有其他大多数女性对于"身材"这个词的理解与强调中得以体现。

D1 是用"身材不够好"来描述自己的身体。对于为什么偏重身材而不是五官、气质等内容，D1 首先是从"陌生人"和"自己"的不同角度来进行分析。她认为对于陌生人，她主要可能会关注身高、长相、气质之类的东西，但是对于自己，最关注的"当然是身材"，因为"气质那些东西看不到，比较虚，基本也就这样了，还是关心身材"。可以说，D1 身体的自我镜像为什么聚焦在身材上面，很大程度上是因为她认为五官、身高、气质这些东西的可塑性并不是那么大，或者具有一种"先天性"的特点（五官、身高等），或者比较虚（如气质），都不是一时半会能改变得了的。对于"气质"这个词，我在后面还会具体分析，有的女性还是非常看重的，但至少在 D1 这里，气质不如身材那么实在。

具体来讲，D1 认为一副好的"身材"是这样子的："胸部丰满，乳房比较挺、不下坠、有弹性，腹部平坦，腰部没有赘肉，臀部大小适中，这些也就是曲线好吧。"可见，D1 觉得"身材"与身体的曲线是相似的，通过胸部、乳房、腹部、腰部、臀部这些重点来呈现，而且对于一副好的身材来说，这些点应该具备（胸部）丰满、（乳房）挺且有弹性、（腹部）平坦、（腰部）没有赘肉、（臀部）大小适中等特点。

从"身材"的关注点来看，D1 对于身材的诠释体现的是一种"具体的整体性"特点。也就是说，在 D1 看来，身材首先是一种整体的感觉，一种曲线。但是这种整体性并没有掩盖身体的各个部位，而是基于实实在在的身体各部位的整合，是一种具体的整体性。

此外，这种"具体的整体性"是基于一种呈现式身体而言的：关注的是乳房、臀部、腹部、腰部等外在呈现式的身体部位的整合效益，而不涉及子宫、阴道等虽然具有女性特征但是不具有呈现性质的身体部位。

可以说，女性身体的自我镜像具有呈现、整体性质的特点；与许多学者通常强调的中国人身体观的"气论"相比（这里的中国人，基本上是指中国男人；气论讨论的基本上是传统哲学思想里面、中医里面的身体观，可参见黄俊杰，2002），一般女性对于自己的身体的理解首先是一种比"气"要具体得多的实体身体。中国的传统哲学思想中所透射的身体观与当今中国的年轻女性在日常生活中所体现的身体观在这里出现了裂痕。

从好的"身材"的特点（丰满、弹性、平坦、没有赘肉、大小适中）来看，身材与胖瘦的关系非常紧密。胖瘦是一种主观的感觉。在我们的访谈中，大部分女性会说自己"有点胖"，但有的人是从正面的角度来说"胖"，有的是以一种半开玩笑的口吻来说"胖"，有的则是对自己的"胖"略加抱怨。但是，这几种胖的意思是不一样的。从正面的角度说自己胖的，通常用的词是"丰满""丰腴""圆乎乎""胖乎乎"等，她们关注的主要是以乳房、臀部为主的整个身体的感觉："前凸后翘"，有"女人的感觉"。以抱怨的口吻说自己胖的，通常关注的地方是"小肚子""腿肚子""腰"，嫌这些地方鼓、粗，破坏身体的整体效果。所以，这些女性喊着要去减肥实际上要减的是腹部、腰部这些部位的"赘肉"，而希望增加的则是乳房的丰满。但是，从访谈中看，女性并不推崇那种"波霸"似的大乳房，因为它过于夸张，从而破坏了整体的协调美。

总体来讲，我的感觉是，中国的年轻女性并不是完全否定胖，并不是简单地推崇"瘦""苗条"这些词，而更加看重一种适度的"胖"："丰满""丰腴""胖乎乎""圆乎乎"等。这种适度的"胖"是指一种整体的感觉，但同样的，这种整体的感觉是具体的各个部位的整合。可以说，这种胖主要以乳房、臀部为基点（尤其是乳房），要突出"女人的感觉"，但是腹部要平坦，腰部要没有赘肉。也就是说要"该胖的地方胖，该瘦的地方瘦"。所以，肉长在乳房、臀部会增加"女人的感觉"，长在腹部、腰部就是"赘肉"。因此，乳房与臀部是身材好坏的重要部分，尤其是乳房（"丰满"这个词在很多情况下是相对于胸部、乳房来说的）。但是，这种胖要以不损害整体的曲线美为前提，都是为了突出整体的曲线美，是在"匀称"的前提下的适度的"胖"，最好是"增之一分则太多，减之一分则太少"。

女性对于适度的"胖"的肯定与她们所感受到的他人的目光以及得到的他人的评价是分不开的，是与身体的他人镜像紧密相连的。尤其是在大部分女性看来，男性对于女性的胖瘦的评价标准与女性对于自己身体的胖瘦的评价标准通常是不一样的，女性认为比较胖的身体，男性通常觉得不胖。这在 D1 的例子里也可以清楚地看到："但是我以前一直觉得自己有点胖。是 W 改变了我的看法，比如他就会觉得我瘦。"所以，通常在女性看来，男性会比较喜欢胖一点的女性身体。D1 还特意以港台著名歌星孙××为例来说明男女对于女性身体的不同看法。另一位女性甚至自己总结了一个"男人不是狗"（喜欢啃骨头）的理论来说明女性身体不能太瘦。

可以说，女性对自己的身体往往比较苛刻，会略微地嫌自己"胖"。但是朋友，不管是男性朋友还是女性朋友基本上会从正面的态度来说这个"胖"：或者用"丰满"一词，或者认为根本就不胖。只不过，我们的被访者通常会更加突出男性的看法，尤其是亲密男性的看法。

亲密朋友，尤其是亲密男性对于女性身体的评价多多少少会影响女性身体的自我镜像。这在 D1 这里最为典型。D1 觉得女人在婚前和婚后，对于自己身体的感受会有很大的差别。

> 一个女孩子，尤其是我们这种受传统教育的女孩子，可能一般不会关注自己的身材，就是说，不会怎么打扮自己，吸引异性的注意。那么，这种女孩子，在有了男朋友，在结了婚以后，异性对你的要求，会在很大程度上改变你的审美观。比如说我以前会觉得女人胸部不应该太大，清瘦一点好。可现在我知道男人并不那么看，这样就对我的审美观发生了影响。

D1 把自己定位在"受传统教育的女孩子"群体里，而且认为传统教育并不鼓励女孩子去关注自己的身材。很显然，D1 认为自己对于身材的关注、审美观的变化是受到了男朋友的影响。D1 与访谈者以前曾经是室友，据访谈者的记忆，D1 原来是个非常保守的女孩子，从来不说"性"。但是这次访谈给人的感觉是她的很多观点都来自男朋友（现在的老公），而且已经内化为自己的看法。而据访谈者介绍，D1 在其他方面是一个很坚持己见的人。

当然，有一部分女性强调身材的"骨感"，但是倾向于从一种自我感受的角度来说胖瘦。比如另一位被访者 W5 对自己身体的描述是"身材好"。但据 W5 说，她的女性朋友认为她瘦，男性朋友认为她太瘦，男朋友的评价则非常正面。W5 的看法与男朋友是一致的："我自己也觉得这样挺好的，我不喜欢太胖，我觉得瘦了身体比较轻，比较舒服。"在这里，尽管朋友们说 W5 太瘦，但是她觉得瘦了身体会比较舒服，只是我在这里很难分析她对自己身体的看法是出于自己的身体感受还是与男朋友的评价有关。当然，最可能的是结合了这两者的因素。

结合我们对于"性感"的研究（Huang, 2007），这种重"身材"的呈现式身体在大多数女性的表述中也是性感身体的重要特征。这种身体特征与中国的历史文本中出现的女性形象相距甚远。尽管本研究没有对各阶段历史文本中的女性形象进行系统的梳理，但是参考相关的一些文献，至少可以说强调以乳房、臀部为基点的"身材"在很大程度上带有西方可视文化（包括电影、广告、杂志等）的痕迹。至少在历史文本中，中国人更加注重的是女性的脸部和体态（而不是突出以乳房、臀部为基点的身材）（Hay, 1994）。

身材：脸部的缺失

分析到这里，我们不难发现：在女性主体的"身材"概念里（包括第一章对于"女性身体"的理解中），有一个很重要的部位缺失了：脸部（五官）。相应的，通常用来描述面部的"漂亮"类似的词出现的频率也比较低。即使访谈者提到五官，但是我们的女性被访者并不对此多加关注。脸部、五官通常被作为与身材并列的一个词来使用，身材只是指脸部以下的身体部位。

女性这里对于脸部的忽视跟古代绘画、诗词，以及现代很多女性杂志对于女性五官（脸）的强调恰恰是相反的。从诸多绘画、诗词中看，当时的人们注重的是女性的五官、体态，但不是身材。我们的被访者在这里并不强调脸部，但是在她们看来脸部是不是就不重要？从我们后来的研究（涉及女性对于美容这个身体实践的强调）来看，答案是否定的。

在我看来，这里不强调脸部原因可能有两个。①正如 D1 所说，脸部、五官的可塑性太差,"基本上也就这样了"(D1),尤其是对于五官长得不是特别"标准"的一般女性,自然比较关注身体的其他部分;而且作为前面提到的性别关系中的女性身体,五官等部位则不具有区别男性身体的独特意义。②恰恰是因为脸部(美)太重要了,所以被作为最重要的部位单独列出来,而在一般地提及"身体"的时候联想到的通常是脸部以外的东西,比如身材,"身材"这个概念里则不包含脸部。

这里顺带分析一下文本与现实实践之间的关系。古代绘画、诗词中身材的缺失(Hay,1994)与现代女性对于身材的强调体现的差距,并不能说明古代女性与现代女性对身体的理解一定不一样,而首先是分析的途径不一样。如果我在这里也是分析现在杂志封面、照片上女性的形象,所关注的焦点恐怕也是"脸";如果古代有人能够做实地考察,从女性主体的角度来分析她们对于身体的理解,恐怕她们关注的也不仅仅是脸。文本与实践之间的关系是需要分析的,而且重点需要分析的是文本所体现的是哪一类实践。针对绘画、小说、杂志这类文本,我们需要分析的并不是(或者不仅仅是,视文本产生的渠道而论)文本所表达的内容(比如古代女性的特征),而更重要的是绘画的那支笔以及审视的那些眼睛(比如为什么突出女性的面部、以谁的目光来画的、这个文本是如何产生的、产生的社会历史背景是什么等)。

因此,除非在一个同质性很强的社会里,各个群体的实践是一致的(画者与被画者、写者与被写者等),否则文本与所指的社会实践的空间不能简单地被画上等号,也不能不假思索地被拿来做简单对比。这也是本研究慎用各类历史、西方文本与实地材料进行对照的主要原因。

总体来讲,关注"身材"的身体镜像表达的主要是一种呈现式的身体。这种身体是相对于某一种目光而存在的,这种目光或者来自他人(尤其是如男朋友之类的重要他者),或者来自女性自己。这种他人的目光可以是不可见的,但却是在场的。女性对于自己的身体的审视不可避免地受到了他人目光的干扰,是对于某种监视所做出的反应。这些目光在有些情况下具有高度的一致性,比如对于丰满、匀称的身材的表达;在有些情况下则也可能是冲突的,比如男女对于胖瘦的理解。女性渴望把自己身体的最佳的姿势呈现在各种目光之下,尤其是能够获得最重要的他/她者的肯定与赞赏。这种身体在这里处于一种被（别人）看与看（自己被看）的相互构建之中，是各种被看与看不断协调、共同构成的"成果"①。

这种呈现式的身体所表达的也是一种实体身体。但是，这种实体身体强调的是一种整体化的身体，而不是身体的某些部位。此外，在泛泛问女性对于身体（泛化概念）的定义时，突出的是女性区别于男性的那些身体部位（乳房、子宫、生殖器等），其他不具有女性特征的身体部位也被剥夺了表述的必要性。在呈现式的身体这里，身材得到了突出的表达，而同样具有呈现意义的女性的脸部却被淡化了。

呈现式身体有的时候也与身体的感受联系在一起。比如，女性对于胖瘦的追求，既是从美感的角度出发，也要基于一定的健康考虑（太胖了身体有负担、太瘦了不健康、瘦但是要健康等）。

（二）健康：感受式身体

在女性身体的自我镜像里，健康同样占有非常重要的地位。而且，我感觉这种对于健康的关注，跟我们的访谈群体的特征非常有关系：这些被称为白领的女性的工作压力通常比较大；她们的年龄在 25～34 岁，通常面临结婚（性生活）与生小孩的选择；很多女性相信女人一过 25 岁就开始走向衰老。我以 J8 的例子，来分析女性自我镜像中的"健康"的内涵。

J8 今年 30 岁，历史学硕士毕业，现在在北京一家杂志社工作，结婚一年多。J8 习惯于从时间、生命历程的角度来谈论女性身体。同样的，她也习惯于从纵向的、变化的视角来关注自己的身体。

> 如果你要是早一年半以前问我这个问题，我可能会比较关注自己身体是否丰满，曲线是否优美，对异性的吸引指数有多高；但是从去年到现在，我更加关注自己身体的健康，包括身体的脏器和性器官、生殖生理器官，是否健康、是否卫生可能是我更加关注的。
>
> （你是不是觉得这个界限是从你结婚开始的？——访谈者）

---

① 有关这种"成果"（achievement）的表述，本书受到了常人方法学的启示。在常人方法学看来，社会中所存在的较为稳定的行动结构，不是社会行动者遵循预先确定的规范的亦步亦趋的产物，而是一个永无止境的，正在进行的、权宜性的成就（或者成果）（李猛，1997：16）。

不是，是结了婚之后一段时间，可能跟谈朋友那会还有点不一样，谈朋友那阵更多的是考虑吸引，更多的是两个人之间的，这个吸引对象已经特指和定位到某个人身上。但是结了婚之后，我的工作性质、接触的人相应地要更多一些、层次要更高一些、知识背景更丰富一些，但是毕竟男性多于女性，所以我结了婚后前期的阶段，更多的是关注我自己……结了婚之后会发现心理对于他的把握性更大，慢慢地加上工作的关系，视野跟以前不一样了，会更多地考虑我对别人的吸引，考虑到我在别人心目中是怎样的形象……到了现在这个阶段，加上我马上可能想要小孩，对自己是否健康更加关心。

（那主要就健康而言，你怎么评价你自己的身体？——访谈者）

我对我自己的身体一直都特别不满意。第一，模样长得很一般，这属于吸引异性的性特质的一部分，另外，从纯粹的女性的玲珑曲线角度来说，不属于走在路上让异性眼前一亮那种。而我，一般来说看小说、看电影时看到那么多美女，或者走在路上看见漂亮女孩都会多看几眼。相对于美的这种标准和要求，特别是世俗化的这种标准和要求来说，我对我自己一直不太满意。

涉及我最关心的健康问题，我对自己的健康忧心忡忡。因为我以前给你提到过，任何时候人体都是一部精密的机器，你自己本身在一个封闭或者自我的系统里，会非常安全、健康、卫生地正常运转，但是一旦有外来的侵袭、导入的时候，它不可避免地要发生一些特质上的变化。这些变化有些非常喜人，但是同时会有一些不好的东西。

其实说白了，过上夫妻生活之后，对女性某种程度上来说身体上是一种伤害。它会破坏你以前的平衡。所以我对自己的健康可能有点担忧。另外，我自己最近这一段（时间）特想要小孩。前一段时间碰到我们单位身体检查，基本上各大脏器没什么，但是涉及妇科有一些炎症什么的。(J8-1-13)

J8显然是个非常喜欢思考、反思、感悟的女性，而且给我们研究者带来很多启发。从结婚前到现在（一年半左右），她对于自己的身体的理解有了阶段性的变化："如果你要是早一年半以前问我这个问题，我可能会比较关注自己身体是否丰满，曲线是否优美，对异性的吸引指数有多高；但是从去年到现在，我更加关注自己身体的健康，包括身体的脏器和性器官、生殖生理器官。"更加具体一点，J8 认为自己的身体镜像从呈现性身体过渡到感受性身体，中间经历了三个阶段。

谈朋友那阵。这段时间更多的是注意自己的呈现式身体：身体是否丰满、曲线是否优美。而且这种呈现式身体的目的很大程度上在于吸引异性，而且这种吸引存在于两个人之间：自己与男朋友之间。

结婚初期。结婚之后，J8 感觉自己更加注意身体形象，而且是在别人（同事、朋友）心目中的形象，而不仅仅是考虑对于丈夫的吸引。这也引发了 J8 对于婚姻的感悟：她觉得结婚这个东西很奇怪，结婚之后你会觉得对丈夫的把握性就大了，加上生活圈子的扩大，就开始考虑自己对于别人的吸引力。

现在。目前 J8 最关心的是自己的健康。其中的原因主要有两个。

其一，基于她对于身体的理解。J8 对自己的身体镜像有非常清楚的分析，她对于自己的身体一直"特别不满意"：模样长得一般，身材曲线也一般，不属于"让异性眼前一亮那种"。所以，"相对于美的这种标准和要求，特别是世俗化的这种标准和要求来说，我对我自己一直不太满意"。回到健康这个主题，"我对自己的健康忧心忡忡"。

J8 对于人体有一套自己的理论："任何时候人体都是一部精密的机器，你自己本身在一个封闭或者自我的系统里，会非常安全、健康、卫生地正常运转，但是一旦有外来的侵袭、导入的时候，它不可避免地要发生一些特质上的变化。"这种外来的侵袭，主要是指"性生活"，而且 J8 认为"夫妻生活"在某种程度上给女性的身体带来的是一种伤害："它会破坏你以前的平衡。"所以，在 J8 的身体观里，身体需要一种平衡，而性生活则在某种程度上打破了这种平衡。

其二，基于"生育"的考虑。J8 最近一段时间想要小孩，因此，对自己的身体健康更加关注。J8 在这里提到了体检的时候发现的一些妇科炎症。联系上下文，J8 其实在之前由于头疼、眼睛的问题打过一次胎，这次经历对她的影响比较大："准确的说法，就是我做完人流之后，整个的感觉就特别不一样了。"而且，她觉得女性身体的这种变化，对她的思想、心理会有很大的影响:"我就一下子想起来我在医院做 B 超的时候的那张图,我当时一下子就哭了。那种感觉不一样。所以我觉得,女人身体的变化对自己心理的变化和感觉上的认识,影响是挺大的,非常大。"

这种情况不仅仅存在于 J8 身上,我们访谈过的好几位女性,都表达了这种意思:生育(尤其是不顺利的生育,或者堕胎)给女性身体带来很大的影响,而这种身体的变化则进一步引发了她们对于身体、人生的思考与感悟。这些女性都是在非常"实体"的角度来谈论身体与身体感受,其中还掺杂了女性对于"生命"的理解与体会。"身-心"在这里的关系是值得玩味的。至少在这里,身体以及基于身体变化的感悟是影响女性的心理、精神的重要因素。

较之于哲学家们对于"身心"的思辨性论述,这种日常生活中的"身心"观是一种更加"活生生的"、更为朴实的、更为琐碎的表达。而且,这种"身心"观在个体的生命历程中的不同阶段,在不同的时空中可以具有不同的含义。比如,在生活中以及本次访谈中,很多时候我们都可以听到这样的表述:"要保持一个好的心情,心情好了身体就好。"但是很多时候我们也可以听到这样的表述:"我打扮得漂亮了,心情就好,自信心就强。"而且,生育、堕胎的经历所带给女性的"身体的变化对自己心理的变化和感觉上的认识,影响是挺大的、非常大"。(J8)

但是,在这些日常表述中,"身"与"心"虽然是以一种辩证的关系而存在,却也是被分开来进行表述的,或者是"心"影响着"身",或者是"身"影响着"心"。这里其实潜含着现代社会女性对于"身"与"心"之间的二元式假设,只不过,赋予了"身心"关系以辩证的色彩。

在女性对于自己的身体的理解中,还有一种身体则表达了"身心"之间的互渗与互构,表达了一种"心性的身体"(mindful body)(Lock and Scheper-Hughes, 1987)。那就是重"气色"的精神"体"现式身体。

(三)气色:精神"体"现式身体

女性身体的自我镜像还包括一个内容:对于气色、气质的关注。提到气色、气质概念的女性基本上是在精神面貌的层次上来解释这些词。前面我已经提到,"身材"体现的是一种偏向实体概念的呈现式身体;"健康"体现的则主要是一种基于内心的感受式身体。气质、气色这些概念则可以说是这两种身体的结合,是一种感受式身体的外在呈现,是一种精神面貌的"体"现。下面,我以 J2 为主要例子,来诠释日常生活中气色、气质这些概念的含义。

问:你怎么评价自己的身体?

答:目前为止,我更多的是在意自己身体外形的美。这个年龄还是更关注胖啊,瘦啊,腹部是否平啊这些。关注身体内在的这些东西并不是太多。所以女孩更多地在乎自己是否苗条。要不现在怎么这么流行健身之类的,实际上更多地还是关注外在的东西,考虑内在的比如心肺功能啊,并不多。

问:你怎么评价自己,从你关注的外在的角度,你会怎么评价?

答:首先会从自己的精神状态进行评价,目前为止处于旺盛的精神状态。从早上到夜里 12 点可以一直连轴工作。身体的状态也可以反映在运动量上,前天跑了 2000 米,又走了 1000 米,做了 60 个仰卧起坐,还做了平躺抬腿,这个是练小腹的,做了 40 个。还做了 40 个练背肌的……

问:那有没有记得你的朋友或男朋友对你的某种评价,让你觉得印象深刻的?

答:我有一个朋友评价我脸色特别暗,因为我有时候连轴工作嘛。但并不是说我精神不好,只是脸色特别暗,容易长包罢了……

问:如果你评价别的女孩,你爱用什么样的词语评价别的女孩?

答:我首先看气色,精神特别好。我觉得气色反映一个人的精神面貌,让人感觉生活很有节奏感,不是很颓废的感觉。有的女孩站在你面前邋邋遢遢的,不管你用什么词来形容都不会觉得很舒服。然后再有一个也有衣着的感觉,体现人的外在气质。现在健身中心有些形体课确实不错。昨天晚上我在家里穿上高跟鞋走形体步的时候,我觉得确实能反映出一个女孩内在的美。如果你让我来形容的话,肯定不单纯是漂亮这种,更多的是"你今天气色这么好啊之类的"。(J2-1,第2、3、4页)

J2 是某时尚杂志的编辑，今年 27 岁，未婚但是有性伴侣。J2 现在负责的是男性健康的版面，她对于健康有着非常宽泛的理解：疾病的健康；亚健康；正常的健康（包括性、相貌、气质、身材等）。J2 在这里对于自己身体、他人身体的评价内容也都包含在她的健康范畴里。

J2 觉得自己更加关注的还是身体的外形美，而不是如肺功能之类的内部结构。但是从后文来看，J2 对于外形、外在身体的理解与其他女性的理解还是有不同的地方，她把精神状态的身体体现也包含在外在身体的概念里，而其他大部分人则是仅仅从身体形态上来描述呈现式的身体。比如，J2 认为自己首先处于"旺盛的精神状态"，而且这种身体的状态反映在"从早上到夜里 12 点可以一直连轴工作"与日常锻炼的"运动量"上。即使有朋友跟她说她的脸色不太好，但从 J2 的解释里可以看出，J2 把"脸色"归结为因为连轴工作带来的生理反应：脸色容易长包，而不是她的精神状态不好。那么，在 J2 的理解里，"精神状态"是什么意思？

从 J2 对于他人身体的评价可以看出，精神首先跟气色联系在一起："我觉得气色反映一个人的精神面貌，让人感觉生活很有节奏感，不是很颓废的感觉。"所以，生活有节奏感、不颓废这种精神的东西是通过气色反映出来的。气色主要通过脸色来表达，但是并不等同于脸色。在 J2 看来，脸色，尤其是脸上长包并不证明她的精神状态差；但是气色如果不好，就可以说明一个人精神状态不好。所以，气色是一种内在的精神、心理与外在的身体表现联系在一起的一个词。它体现的不是美丑的身体，而是融合了各种因素（包括一个人的健康、心理与形态等因素）的综合性的身体。

J2 在说气色的时候，也提到了"外在气质"。气质本身在 J2 还有其他一些女性看来是比较"虚"的东西，通常与人的个性、其他社会特征、心理状态联系在一起，而不侧重五官、身材等实体性的身体。像我们前面提到的 J8，她老公说她是"气质美人"："他说我不属于特漂亮的那种，但有点气质。"（J8）所以，气质通常是与漂亮等描述实体性身体本身特征的词相比较而用的。还有一位女性 J5 把气质与风韵联系在一起，并加以解释："比如这个人一看就是东方人，那个人看起来是西方人之类的，就是身体上反映出来的人的气质和风韵。"（J5）

附录一·呈现与感受：转向日常生活中的女性身体

"气质"不管是在女性的日常表述中，还是在中国的《辞海》里，都是一个与人的心理特质紧密联系的词①。相对于实体身体而言，"气质"表达的是一种比较虚的状态。但是，J2 在这里用"外在"两个字使得气质从其原意所表达的那种内在心理特质外在身体化，其用意主要是强调衣着、体态等外在的身体作为一种载体来体现内心的美。正如她说的："现在健身中心有些形体课确实不错。昨天晚上我在家里穿上高跟鞋走形体步的时候，我觉得确实能反映出一个女孩内在的美。"J2 在字面上用的是"反映"，也就是说"身体"或者说"形体"是一种体现内在气质、内在美的东西。但是在我的理解里，这种"体"现是一种主动性的实践：你在走形体步的时候，在衣着得当，不邋邋遢遢的时候，精神的东西、内心的美感就被激发出来了。

可以说，"气色""外在气质"这些词表达的是一种身心合一的身体，是呈现式的身体与感受式的身体的结合。呈现的身体在一定程度上促生了女性对于内在美的感受，从而构成了女性的内在精神的动力源。同时，内在精神的外在"体"现也使得身体具有了心性。

若对"气色"与"外在气质"这两个词稍加区分，则可以说气色比较偏向内在精神在脸部的体现，而外在气质所侧重的是文化与心理素质在整个身体上的体现。

身体的这种呈现式与感受式可以相对于自己来说，也可以相对于别人来说。当 J2 观察自己的呈现式身体并感受到内在美的时候，这两种身体是相对于 J2 自己来说的；当 J2 用外在气质、气色来评价他人的时候，也就是当他人的身体被作为一个呈现式的身体摆在眼前的时候，她感受到的是寓于她人形体中的她人的精神状态。她人的这种呈现式的身体就是她人的精神状态与其形体的融合。所以，当 J2 对别人说："你今天气色怎么这么好啊"的时候，称赞的就是这种融合的身体。

（四）"身材"、"健康"与"气色"：三种身体的比较

简而言之，我们访谈的这些年轻女性对于自己身体的理解，首先，也

---

① 《辞海》对于"气质"一词的第一种注解是"尤言风骨：诗文清峻慷慨的风格"；第二种注解是"心理学：人在进行心理活动时或在行为方式上表达出来的强度、速度、稳定性、灵活性等动态性的人格心理特征"。

是最主要的是一种重身材的呈现式身体，这种身体与身体的某些体现女性特征的外在部位紧密相关，但注重这些部位的整合效应，具有具体的整体化特征。

其次，女性身体的自我镜像也表现为重健康的感受式身体，这种身体基于把身体视为一个需要平衡运转的体系，它侧重女性自己对于这个运转体系的感受。"生育"，尤其是不顺利的生育，加上由于性生活带来的"妇女病"是女性把目光从呈现式身体转移到感受式身体的主要因素。这类身体的变化也促发了女性对于人生、生命等问题的进一步思考。

最后，女性身体的自我镜像还表现为重气色、外在气质的精神"体"现式身体。这种"体"现是身体形态与女性内在精神的相互促生与共同表达。

再来分析这三种身体镜像之间的关系。

从重要性来看，如果把女性所理解的"身体"比喻成一个完整的蛋糕，那么"身材"在这个蛋糕里占的比例是最大的；其次是"健康"；最小的那块则是"气色"。

从性质上看，"身材"作为一种呈现，突出地再现了各种社会目光的在场，是女性所感受的目光束的聚焦点。女性对于"身材"的期望与实践就是自己与他人的目光之间不断协调、共同努力的"成果"。

相比较于"身材"的这种"被看"、展露的需求，"健康"则集中表达女性对于自己身体的内在体验与感受。"健康"并不在意他人的目光，往往也是他人的目光所不可及（也没兴趣及）的。它是女性对于自己的身体的关怀。但是，在有的时候（尤其是"身材"的物质特征突出了一定的限度，比如太胖或者太瘦），"身材"与"健康"是交合的。这个时候，对"身材"的关注并不仅是为了呈现，也是出于对健康的考虑

"身材"侧重身体渴望呈现的一面，"健康"侧重身体的自我关怀与感受，"气色"则是呈现式与感受式身体相互渗透的结果。

比较"身材"与"气色"，"身材"表达的是一种静态的身体的物质特征（这种物质特征明显地刻画了文化的痕迹）；"气色"表达的是一种物质特征与精神特征的动态融合。"气色"渴望呈现一种健康的身体，而"身材"渴望呈现的则是一种介乎美的、性的之间的身体。

综合"身材"、"健康"与"气色"的比例关系与性质关系，我们可以说，对于30来岁的这些白领女性来讲，她们首先渴望的是自己的表征身体得到他人与自己的一种认可，渴望以最美好的身体姿态来呈现她们自己。这种渴望是身体的物质内涵与消费文化的刺激不断协调、共建的"成果"。

四　生命历程、亲密关系、流行话语：身体构建的情境因素

身体既是一种存在，也是一种建构（Moore，1994）。综合我们列举之外其他的定性访谈资料，参与女性身体构建的情境因素，至少体现在三个层次。

第一，作为个体生命历程中的各种因素，比如年龄、结婚、生育这些生命历程中的重要事件。比如，J8就是从自己不同的年龄段出发，来分析如何从对于身材的关注过渡到对于健康的关注。而年龄又与生活经历紧密联系在一起，尤其是是否结婚、是否有性经历、是否经历过怀孕、流产等。这些因素对于女性身体观的影响相当显著。本研究所呈现的是21世纪30岁左右这个时间背景（包括时代背景与年龄两个时间）下的城市女性的某种身体观。而其他时空背景下的女性的身体观却并不一定如此，只是很遗憾，我们没有对不同年龄段的女性进行比较研究。

第二，生活空间中的关系性因素，比如职业、亲密关系中的重要他者。相当多的被访者提到工作后职业上的压力促使自己开始忧虑身体的健康状态，尤其是一种亚健康的状态。职业的影响还体现在不同职业性质的女性对于身体的不同表达，时尚媒体类职业空间中的女性，对于身体的看法比较突出地区别于其他职业的女性，更勇于表达一种性感的身体。就身体而言，女性亲密关系中的重要他者除了至少包括女性朋友、男朋友或者丈夫，以及母亲与姐妹。男朋友或者丈夫对于女性身体的构建是不容忽视的因素。D1是明显地认识到丈夫对于自己身体观的影响，还有的女性即使没有明确表达，但是在字里行间透露出亲密的他者在参与女性的身体构建过程中所产生的影响。这种男性的影响可能是切实存在的（男的真的这么

看),也可以是一种想象的目光,但是不管怎样,都参与到女性对于自己的身体构建之中(黄盈盈,2004)。"身体"就是在不断地"看"与"被看"的过程中加以形塑。这种亲密关系的影响是微妙的,是需要具体分析的,而不应该被置于空泛的"男权"概念下一刀切地加以批判。

第三,传媒、商家、研究所共同参与构建的话语性因素,以及女性所感受到的、相对于想象的西方文化而存在的中国文化的因素。这些因素在不同程度上共同参与了女性对于"身体"的日常构建。与身体紧密相关的话语包括:时尚与革命的话语;医学的话语;性别框架下对于女性身体受压抑的话语;有关"西方"的"开放"式话语以及有关中国"传统"的"保守"式话语(Huang Yingying,2008)。所有这些因素,不管是一种真实互动所发挥的作用,还是一种想象所发挥的作用,都或多或少影响着现时背景下女性对于身体的表达和塑造。

所有这些因素不同程度地参与了"身体"的构建,共同作用,交织成为女性生活于其中的、与"身体"相关的具体现时情境。这种情境是体验式的,而不是一个客观的存在物。我们很难把这些因素作为独立的变量提炼出来分析其与女性"身体"的关系,而且这些因素所构成的现时情境本身已经不同程度地融入了主体的意识与实践。

五 身体的主体构建与日常生活的特点:概括与讨论

(一) 中国情境中身体的主体构建

"主体构建"的视角针对的是科学主义对于人文社会科学的"对象客观化"的影响。"主体"的视角反对研究的客观化,主张从"主体"出发。它可以被概括为四个层次:第一,强调被研究个体的"主体性"和体验性;第二,意识到研究者的价值判断以及对于资料的再次构建;第三,在自己的文化中,侧重的是个体之间的互为主体的互动机制;第四,在多文化中,我们所处的文化就是一个主体。"建构"的视角反对把身体视为"天然的静态存在",把被调查者视为"不变的客观存在"或者独立于社会情境的纯粹个体,强调具体的社会、文化、政治、历史等因素所发挥的作用以及对于被调查者的形塑。①

本研究可以说是这种"主体构建"视角的一个具体例子,研究者侧重从一种正面的视角出发,强调生活在多种因素共同形塑而成的中国现时背景下的女性作为主体对于身体的定义与表述。在这种定义中,重身材的呈现式身体是大多数女性关注的重点,其次为重健康的感受式身体,然后是重气色和气质的精神体现式身体。

(二)情景化、体验式与琐碎性:身体的日常生活特点

把"身体"置于日常生活中进行研究,它的生动性与多样性得到了比较好的体现。在这里,"身体"并不一定要局限于"身-心"的研究语境之中,而是一种逾越了"身心"讨论的琐碎化的、多元化的存在。日常生活中的"身体"都是与一些鸡毛蒜皮的事联系在一起:照镜子、穿衣服、化妆、保养、谈点隐私话题等。"身体"也正因为这种琐碎化特点而凸显其"活生生"的、"体验式"的、"情境式"的生存方式。

"情境化"是日常生活研究的一个重要特点。它是我们在设计研究的时候的一个重要内容,也在研究主体的自主表述中得到很好的体现。本研究所涉及的"情境"是内在具体的,而不是外在宽泛的。它既包括某种语境,比如性别、时间、他指(谈别人的身体)-自我指涉(谈自己的身体)、静态理解(表述)-动态实践(研究后半部分所涉及的身体实践)等,也包括主体所生活的具体现时情境。这些"情境"包括身体感受型的因素(比如年龄、生育、性经历等),也包括人际关系因素(比如父母、丈夫/男朋友、同事、女性朋友),还包括各种流行话语参与其中的更大范围的社会文化、社会制度的因素(包括主体所感受到的港台文化、好莱坞文化、"传统"文化等)。"情境化"提供了一个流动的、具体的分析空间。

"体验式"是日常生活研究中的另一个重要特点。本研究基本上关注的是以女性主体为中心荡开来的一个生活空间。它包括:女性对于自己身体的理解与感受,包括对于身材的关注以及对于健康的忧虑、女性接收到的各种目光以及对于这些目光的意义的重新赋予、感受到的生活周围的

---

① 有关"主体构建"的详细论述,参考潘绥铭、黄盈盈,2007;此处的论述是在该文的基础上进一步修改而成的。

"性感"的流行及其体验、对于与"身体"有关的现时社会情境的表达等。这种"体验式"不仅体现在"认知"（一种静态的表述）上，也体现在具体的生活实践之中，例如本研究另外几个部分所涉及的身体打扮、性感打扮、性的信息的表达等。

"体验式"强调个体的"主体"色彩，但是又不仅仅是个体的心理活动，它还是个体与外界合二为一的一种表达。女性通过各种渠道（包括自己的生活经历、亲密关系中的相互影响等）把流行的各种话语（包括主流话语）进行重塑，进而整合到自己的生活之中，形成某种融入自己的生活实践的规则。

"体验式"也强调"现时性"与"生动性"，它提供了一个"活生生"的表演于现时的日常生活中的"身体"概念，一种"活生生"的身体与性之间的动态关系。

"情境化"与"体验式"构成了日常生活的"琐碎的"特点。这种琐碎性也使得女性的表述往往构不成某种事件或者过程，而更倾向于一种"无事件境"（方慧容，1997）。女性对于身体、性及其关系的理解与表达是琐碎的；不同于经过深思熟虑而形成的某种完整的叙事表述。女性对于身体实践、性实践的表达也是琐碎的；不同于某种事件或者一个连续的过程。它就是这么杂乱地、真实地天天发生着。这种琐碎性也使得女性对于"身体""性"的表述往往充满种种矛盾与冲突，而这种冲突则有利于我们了解一种更为多元、丰富的真实。

"身体"的概念也正是因为过于生活化，过于琐碎，才常常遭受"熟视无睹"的命运，或者被认为失去了表达的意义。可是实际上，对于这些日常生活中的"想当然"的概念的具体研究，通常是很有意思的、充满挑战性的。本研究的目的之一就是要挑战诸如"身体""性"之类的、存在于我们的日常生活之中的、通常被视为"想当然的"基本概念与现象。

不过，日常生活的琐碎性并不意味着日常生活与社会制度背景的脱节，强调女性的主体性也并不排斥参与了这种"主体"构建的社会文化因素。诚如常人方法学所表述的，我们关注的是某些社会制度背景中发生的各种实践活动（李猛，1997）。这些现时的社会背景也是理解日常实践的不可缺少的一部分。或者说，这些社会背景已经不同程度地、以不同的方式构成了我们日常生活的一部分。

本文对于中国情境中女性身体的探讨只是一个起点,而且重在展现与分析,虽然不成熟,但是依然期望通过具体的细小的研究提醒更多的人"注意身体",尤其关注生活中的身体。

附录二

中国性研究国际研讨会（2007～2017年）*

（第一届）中国性文化国际研讨会

【主办】中国人民大学性社会学研究所
【时间】2007年6月18～20日
【地点】中国人民大学逸夫会议中心二楼会议室
【发言时间】每天上午：第一单元8：30～10：20；第二单元10：40～12：30；

每天下午：第一单元1：30～3：20；第二单元3：40～5：30
【联系人】黄盈盈

6月18日　上午

8：30　开幕致辞：潘绥铭、李文晶女士（福特基金会）

第一单元　性的历史与发展　┃　主持人：Evans（英国）

1. 不重美女重美男：晚清士人的花谱、梨园癖与男风　吴存存（澳大利亚新英格兰大学）

2. 中国濒临现代的性别结构　马克梦（美国堪萨斯大学东亚系）

---

*　日程为当时会议的公布版本，除了格式调整，此处尽量保持原样，只是个别发言者及题目在现场临时有所调整。

3. 近代中国性话语的兴起：思想文化史的视角　王雪峰（中央司法警官学院）

4. "性革命"理应的指向之一：现代理念的性养生　彭晓辉（华中师范大学生命科学学院）

第二单元　性权利与发展 | 主持人：黄道明（中国台湾）

1. 中国强奸法文化之批判与改造　赵合俊（中华女子学院法律系）

2. 她们有权利知道：中国高校约会强奸问题探索　柯倩婷（中山大学中文系，比较文学）

3. 性权利与发展之间的关系　苏茜（Susie Jolly）（英国发展研究所）

4. 中国大陆中小学女学生（师源性）性侵害的现状与成因　谭晓玉（上海市教育法制研究与咨询中心）

6月18日　下午

第一单元　社会性别（一）| 主持人：Elaine Jeffreys（澳大利亚）

1. 从跨性别人群看生理与社会性别的多元化　陈亚亚（上海社会科学院）

2. 女权主义学者与同性恋人群的交流：性与社会性别的再识别　赵捷（云南省社会科学院，社会性别与参与式工作室）

3. 以女同性恋姿态为表征的女性解放道路探索——谈陈染小说同性情谊的实质　王琼（广东技术师范学院文学院）

4. 挑战世俗婚姻：非传统的婚礼　何小培（性别、性权与艾滋病顾问）

5. 酷儿理论在中国　杨洁（中国人民大学中文系）

第二单元　社会性别（二）| 主持人：柯倩婷（广州）

1. 圈里的"名人"：社会污名、公众形象和关于"同志社区代表者"的建构　魏伟（上海大学文学院社会学系）

2. 中国的酷儿们：对于"Gay"的去殖民化　Dean Durber（澳大利亚，独立研究者）

3. 同志社群的形成和社会"性"环境的变数　童戈（中国，独立研究者）

4. 中国有过同性恋的非罪化吗　郭晓飞（中国人民大学法学院）

5. 浴池中男同性恋生活状态的研究　毛燕凌（中国人民大学性社会学研究所）

6月19日　上午

第一单元　性教育丨主持人：魏伟（上海）

1. 复旦健康社会科学课程：将性与性别纳入公共卫生教育　高燕宁（复旦大学公共卫生学院）

2. 影响父母对青少年子女进行性教育的因素探讨　刘文利（北京师范大学科学教育研究中心）

3. 青年人的样板教育：少男少女和性　桑德拉（Alessandra Aresu）（意大利米兰大学）

4. 社会性别视角下的重庆贫困农村初中女生性观念调查研究　李丹（西南大学教育科学研究所）

第二单元　性健康丨主持人：高燕宁（上海）

1. 艾滋病时代"性"的社会描述　Evelyne Micollier（法国发展研究院）

2. 欲望家庭自我：理解中国艾滋病情境中的男男同性恋　周艳秋（加拿大麦克玛斯特大学社会工作系）

3. 孕产期性生活与夫妻关系研究　樊欢欢（中央财经大学社会发展学院社会学系）

4. Sexuality 理念的另类思考——以女性更年期性健康为例　彭涛（哈尔滨医科大学性健康中心）

6月19日　下午

第一单元　性工作丨主持人：裴谕新（中国香港）

1. 中国小姐面对暴力的情况　严月莲、陈盼旭、林彬彬、王芹（中国妇女网络和培训中心）

2. 日日春妓权运动十年回顾初探　王芳萍（台湾日日春协会）

3. 色情环境中的亲密关系：珠三角地带夜总会、卡拉 OK、按摩桑拿娱乐城的小姐调查　丁瑜（香港大学社会工作与社会行政系）

4. 中国性工作者的流动地图和处境　依玲（香港紫藤）

第二单元　身体与性丨主持人：Evelyne Micollie（法国）

1. 性的身体、性化的身份与社会性别的界限　Harriet Evans（英国威

斯敏斯特大学）

2. 身材、健康、气色——女性身体的自我呈现与感受　黄盈盈（中国人民大学性社会学研究所）

3. 女性身体与男性目光：解读网络贴图　张鹏（中国人民大学社会与人口学院）

4. 男性性工作者男性气概建构的质性研究　方刚（中国人民大学性社会学研究所）

6月19日　晚上

去除性道德污名运动介绍（报告、纪录片）

台湾日日春协会（19：30，中国人民大学科研楼A座512会议室，自由参加）

6月20日　上午

第一单元　性与传播Ⅰ主持人：刘雅格（日本）

1. 虚拟自我与性资本：上海年轻女性的网络性经验研究　裴谕新（香港大学社会工作与社会行政系）

2. 网络激情：中国大陆网络性爱的性与空间　任珏（香港中文大学性别研究及人类学）

3. 同性恋群体的媒介形象建构——中国内地传统媒体同性恋议题报道研究　杨天华（中国传媒大学传播学）

4. 网络技术与性/性别政治　沈奕斐（复旦大学社会学系）

第二单元　性关系与性实践（一）Ⅰ主持人：马克梦（美国）

1. 公务和享受的合二为一：现代中国城市男性工作与性之间的权宜　Elanah Uretsky（美国哥伦比亚大学）

2. 中日都市青年恋爱关系中的性规范和性行为：定性型社会学比较研究　刘雅格（James Farrer）、索格飞（Suo Gefei）、土屋晴香（Tsuchiya Haruka）（日本上智大学社会学系）

3. 大学女生性行为过程中的内在心理冲突之研究　吴伟纶、张廷瑜、杨明磊（台北铭传大学教育心理与谘商学系）

4. 女大学生日常生活与性存在　蔡颖（泰国 Mahidol 大学社会科学院）

6月20日　下午

第一单元　性关系与性实践（二）| 主持人：周艳秋（在加拿大）

1. 良家妇女的性变态想象：以刘毓秀的国家女性主义/精神分析论述为例　黄道明（台湾"中央大学"性/别研究室）

2. 现代化进程中凉山彝族农村妇女的性观念变迁和性文化元素的重组　肖雪（西昌学院彝文系）

3. 中国的新富阶层、"二奶"以及性贿赂　Elaine Jeffreys（澳大利亚 UTS 国际研究学院）

4. 从 2000 年到 2006 年：全国性调查的历史比较　潘绥铭（中国人民大学性社会学研究所）

第二单元　自由交流，增进情感 | 16：00 – 18：00，校内水穿石咖啡厅

书面发言

1. 性学的两种新分类及其实际意义　阮芳赋［性学哲学博士，美国"高级性学研究院"（IASHS）］

2. MSW 人群与 AIDS 相关的行为、互动及干预策略的定性研究　魏宏岭（《人之初》杂志社）

3. 第一本性教育杂志——1927 年《新文化》　张超（独立研究者）

"性"与社会发展

—— 第二届中国性研究国际研讨会

【主办】中国人民大学性社会学研究所

【时间】2009 年 6 月 18 ~ 20 日

【地点】中国人民大学逸夫会议中心

二楼会议室（主会场；分会场 1）

一楼会议室（分会场 2）

【发言时间】每位发言者 20 分钟；30 ~ 40 分钟集中讨论和回答问题

【联系人】张娜

6月18日上午　主会场

8：30　开幕致辞：潘绥铭、李文晶女士（福特基金会）

8：50~10：20　性的历史与发展（一）丨主持人：赵捷

1. 孔孟之道与性文化　刘达临（上海大学社会学系）

2. 中国一夫多妻的制度化　马克梦（美国堪萨斯大学东亚系）

3. 东北的性文化及其变迁　马铁成（沈阳爱之援助小组）

10：50~12：10　性的历史与发展（二）丨主持人：丁瑜

1. 20世纪20年代的性教育观　王雪峰（中央司法警官学院监狱学系）

2. 从20世纪初关于娼优并提的讨论看中国性观念的现代化或西化　吴存存（澳大利亚新英格兰大学）

3. 变迁与固守——大理西罗坪山区白族"采百花"性爱风俗变迁的人类学阐释　吴瑛（昆明学院）

6月18日下午　主会场

13：30~15：20　性与文化（一）丨主持人：胡珍

1. 性符号及意义的现代裂变——婚姻仪式视角的新探讨　薛亚利（上海社科院社会学所）

2. 试谈学术研究与商品经济相结合　胡宏霞（中华性文化博物馆馆长）

3. 基督教背景下傈僳人的性与婚姻——对盖尔·卢宾"性/社会性别制度"的再研究　卢成仁（中山大学人类学系）

4. 语言、性与农村社会变迁　刘燕舞（华中科技大学中国乡村治理研究中心）

15：30~17：30　性与文化（二）丨主持人：卢成仁

1. 新中国，新生活……包括"性"：现代中国城市里的私人生活和公共希望　陆言灵（乔治·华盛顿大学 全球卫生系）

2. 中国城市职场的性存在问题：白领丽人的遭遇与对策　刘捷玉（英国利兹大学）

3. 消费自由：当代中国男性白领的性特征　何德瑞（威斯敏斯特大学,现代语言系）

4. 非比寻常的过去：中国太监、变性人与"被阉割的文明"之史　姜学豪（美国普林斯顿大学科学史系）

6月18日下午　分会场

13∶30~15∶00　性文学（一）｜主持人：梁颖

1. 《北京故事》中的空间、时间和记忆政治　包宏伟（澳大利亚悉尼大学人文学院性别与文化研究系）

2. 新时期以来文学中性描写发展与流变　王义伟（首都师范大学）

3. 带有女知识分子身份特征的性：《逃遁》一瞥　李萌（悉尼大学人文学院性别与文化研究系，语言文化学院中国文化系）

15∶15~16∶45　性文学（二）｜主持人：Alessandra Aresu

1. 大观园中的性　梁颖（北京外国语大学高级翻译学院）

2. 从晋江原创网的耽美小说看当代中国女性性别身份的构建　冯进（美国郡礼大学东亚语言文学系中国语言文学）

3. 剧场边缘文学与19世纪北京梨园男风　史麻稞（维多利亚大学墨尔本）

6月18日下午　512会议室

17∶00　电影放映：《贾里布群岛》——时光倒流与同志身份　郑波（美国罗杰斯特大学，视觉和文化研究）

6月19日上午　主会场

8∶30~10∶10　性工作（一）｜主持人：方刚

1. 香港客人（嫖客）光顾性服务的行为和经验研究　林依玲、梁碧琪（香港紫藤）

2. 台湾男性澳大利亚探索——妓权观点　李健裕、王芳萍（台湾日日春协会）

3. 女人　蓝蓝（天津信爱女性家园）

4. 南方某镇性服务产业十年变迁　廖苏苏、李飞（中国协和医科大学基础医学院流行病统计学系）

10：20～12：00　性工作（二）｜主持人：蔡玲

1. "我要做金鸡"——珠三角小姐的性资本和自我操演　丁瑜（香港大学社会工作和社会行政系）

2. 经济危机与性工作者职业安全　郑煌（上海乐宜）

3. MB日志：边缘性劳工及其城市公民身份的打造　江绍祺（香港大学社会学系）

4. 男性同性性工作者物质性性需求与情感性性需求之关系　方朝明（浙江林学院人文学院）

6月19日下午　主会场

13：30～15：00　性教育与性心理（一）｜主持人：Derek

1. 社会性别刻板印象对性心理问题影响的案例分析　朱雪琴（上海市妇联）

2. 婚前性行为和同居观念的现状及影响因素分析　刘汶蓉（上海社会科学院社会学所）

3. 学校性教育对大学生性观念与性行为影响的实证研究　胡珍（成都电子机械高等专科学校）

15：15～17：00　性教育与性心理（二）｜主持人：陈亚亚

1. 流动儿童学校性教育　刘文利（北京师范大学科学教育研究中心）

2. 教好爸妈再教儿：中国家庭性教育　桑德拉（英国布里斯托大学，意大利米兰比可卡大学）

3. 性健康社会科学：我们在2008年学到了什么　高燕宁（复旦大学公共卫生学院）

4. 亲属性行为者自我认同与权力关系的质性研究　方刚（北京林业大学人文学院心理学系）

6月19日下午　分会场

13：30～15：00　性、社会性别与健康（一）｜主持人：任珏

1. 对男同性爱者/男男性行为者（gay/MSM）中的HIV/AIDS防治工作之管见　张北川（青岛医学院附属医院性健康中心）

2. 在中国现实环境下，小姐对艾滋病的见解及其艾滋病预防行为——中国西南边陲小镇的医学人类学研究　张楠（中国人民大学性社会学研究所）

3. *To Determine Factors in an Initiation of a Same-sex Relationship in Rural China: Using Ethnographic Decision Model.* William Wong & Travis SK Kong（Department of General Practice, School of Medicine, University of Melbourne University of Hong Kong）

15:15~17:00　性、社会性别与健康（二）| 主持人：Elisabeth

1. 性与社会性别的再认识：艾滋病病毒防治中的实践与讨论　赵捷（云南社科院）

2. 人类性倾向分布的文化影响——对94名男性的调查　张小金（厦门大学哲学系）

3. Supporting Quality Gay Life——一个香港男同性恋青少年服务项目的讨论　陈田生（香港中文大学社会工作系）

4. 从阳具欣羡到女同性恋与异性恋：蔡明亮的《你那边几点》、《天桥不见了》以及《天边一朵云》　陈雅浈（美国纽约城市大学市立学院，亚洲研究所）

6月19日下午　512会议室

17:10~17:50　从艺术到学术到性：一次对生活的再发现（播放电影:《我跟团，我唔跟团》）　何式凝、莫颂灵（香港大学社会工作系）

6月20日上午　主会场

8:30~10:10　女同文化 | 主持人：吴瑛

1. 粉色空间——2008中国女同性恋调查　何小培（粉色空间）

2. 千禧年后北京的女同性恋文化与社会政治现代化之间的关系　殷莉（杜克大学妇女研究所）

3. 百合＜GL＜Les：女女情感模式细分之意义浅析　陈亚亚（上海社科院文学所）

10:30~12:00　同性婚姻 | 主持人：包宏伟

1. 中国同性恋者的婚姻困境　郭晓飞（中国政法大学法学院）

2. 中国男同性恋人群 30 年对偶婚模式探索实践　王珺（中国男同健康论坛秘书处）

3. 圈内人如何看待同性婚姻　魏伟（华东师范大学社会学系）

4. 合法抑或合理：中国同性婚姻的两难处境　章立明（云南大学公共管理学院）

6 月 20 日下午　主会场

13：30～15：20　性与网络 | 主持人：蔡玲

1. 审美与满意——网络环境中的性实践　华平（江汉大学政法学院）

2. 众神的狂欢："艳照门"的舆论层次研究　任珏（香港中文大学）

3. 新一代青少年的性=道德低落、"援交"？　林宝仪（香港紫藤）

4. 从网络扫黄看数字技术下"性"的社会功能及其管制　陈劲松（中国人民大学社会与人口学院）

15：20～17：00　多元的性存在 | 主持人：李健裕

1. 儿童性侵害与 Child Abuse 的政治　甯应斌（台湾"中央大学"哲学研究所）

2. 虐恋（S/M）的生存状态　宫义宝（长春常春藤小组）

3. 主体建构视角下的性研究　潘绥铭（中国人民大学性社会学研究所）

权利与多元
——第三届中国"性"研究国际学术研讨会

【主办】中国人民大学性社会学研究所

【时间】2011 年 6 月 21～23 日

【地点】中国人民大学逸夫会议中心二楼会议室（会场 1）

一楼会议室（会场 2；分会场）；21 日与 22 日下午设有分会场，其他时间均在二楼会议室（会场 1）

【特别提醒】每位发言者 15 分钟发言时间；小组所有发言者发言后，20 分钟集中讨论

【联系人】袁雷

6月21日上午　会场1

8：30　开幕致辞：潘绥铭教授、苏茜女士（福特基金会）

8：45～10：20　性权表达 I 主持人：胡宏霞

1. 谈老年人的性权利　刘达临（中国性文化博物馆）

2. 感染者的性权利：基于个体视角的表达　孟林［中国艾滋病病毒携带者联盟（CAP＋）秘书处］

3. 女性艾滋病感染者性生活调查　袁文莉（河南女性抗艾社区组织网络）

4. 能动和制约——女性 HIV 感染者性需求与性权利初探　冯媛（中国妇女报）

5. 观赏的权利——究竟是谁在观赏色情艺术　黄灿（世界华人性学家协会执委）

10：45～12：20　多元性/别 I 主持人：杨明磊

1. 换偶者：一项针对亲密关系的研究　方刚（北京林业大学）

2. 残障与性　何小培（粉色空间）

3. 慕残者性心理形成及性满足困境分析　朱雪琴（上海心泉工作室高级心理咨询师）

4. SM：身体体验与自我表达　宫义宝（常春藤工作组）

5. 我是一名跨性别　舒心（一名跨性别人士）

6月21日下午　会场1

13：35～15：10　酷儿文化 I 主持人：康文庆

1. 文化，太文化了——中国同性恋亚文化分析　王珺（中国男同健康论坛）

2. 中国农村同性恋身份认同的过程与机制研究　王伊欢（中国农业大学）

3. 美国华人与同性恋人群的经历之对照：电影的视角　二言（北美华人性别与性倾向研究会）

4. 全球化与本土化：LGBT，"酷儿"，抑或是"同志"？　周舒旋（美国华盛顿大学）

15:25~16:45　拉拉世界Ⅰ　主持人：丁瑜

1. 跨性别拉拉：传统性别/性身份的双重背叛者　陈亚亚（上海社科院）

2. 当代北京青年"拉拉"向父母"出柜"的选择和经历　王怡然（北京师范大学）

3. 她们的世界——从"拉拉沙龙"看北京女同性恋亚文化　金星（北京大学）

4. 另一种书写：有关大陆女同（双）性恋运动与社区发展的一项口述历史研究　罗鸣（香港中文大学性别研究项目）

6月21日下午　会场2

13:35~15:10　性与健康Ⅰ　主持人：孙中欣

1. 改变的行为和继续的沉默：加拿大中国大陆移民的性　周艳秋（加拿大麦克玛斯特大学）

2. 近代性病概念演变的系谱学分析　杜鹃（中国人民大学性社会学研究所）

3. 大龄未婚男性的同性性行为及其对公共安全的意义：基于中国农村性别失衡背景的研究发现　李树茁（西安交通大学人口与发展研究所）

4. 小城镇地区MSM人群传统文化、自我认同与HIV相关风险行为的探索分析　陈良（玉溪市红塔区疾病预防控制中心）

15:25~17:00　性/别心理Ⅰ　主持人：方刚

1. 性权视角缺失对性心理咨询的影响　刘燕平（北京林业大学硕士生）

2. 诡女初长——关于少女流行文化"耽美"的思考　王向贤（天津师范大学）

3. 台湾客家男同志的性/别与族群认同的形塑与展演　林纯德（台湾中国文化大学大众传播系）

4. 多元话语中的"性瘾"问题分析　赖晓飞（华侨大学）

6月22日上午　会场1

8:30~10:05　性工作Ⅰ　主持人：朱雪琴

1. 抚昔追今——从宋、明、清的男性/跨性别性工作者说起　姚伟明（深圳夕颜信息咨询中心）

2. 扫黄下北京男性性工作者的变化与发展　郭子阳（北京同行工作组）

3. 性交易与性爱　蓝蓝（天津信爱文化传播中心）

4. 女性性工作者群体内部的污名现象　江秋雨（加拿大麦吉尔大学）

5. 天津女性性工作者遭遇暴力侵害调查报告　马正荣（天津妇女网络及培训中心）

10：20～12：00　性与法 | 主持人：林纯德

1. 何以鸡奸不为奸：民国时期关于同性性关系的法律探讨　康文庆（美国克利夫兰州立大学）

2. 女权主义强奸神话在当代中国的实践——以山木强奸案为例　赵合俊（中华女子学院法律系）

3. 本质的还是建构的？论性倾向平等保护中的"不可改变"进路　郭晓飞（中国政法大学法学院）

4. 色情资讯与未成年人犯罪经验研究　赵军（北京师范大学）

5. 浅议法律对男女性权利保护之异同　张艺（北京新华律讯有限公司）

6月22日下午　会场1

13：35～15：10　性的关系 | 主持人：周艳秋

1. 中国人性解放的三个阶段　胡宏霞（中华性文化博物馆）

2. 台湾成年亲密伴侣在性关系中的权利（权力）表达　杨明磊（台湾淡江大学）

3. 男性情爱被动性探析　姜云飞（上海财经大学人文学院）

4. 中国西部农村老年人口性观念的性别差异研究　张美玲（西安财经学院）

5. 女性的情感与性：小姐的工作与生活　张宁（胶州爱心健康咨询中心）

15：25～17：10　性的教育 | 主持人：杜鹃

1. 复旦2009年性与性别健康课程的教学互动与文本分析　张夏芸（复旦大学公共卫生学院）

2. "正向"性教育课程对于大学生性观念和态度的影响　魏伟（华东

师范大学社会学系）

3. 中国青少年性教育开展的挑战和突破　彭涛（哈尔滨医科大学）

4. 试析儿童的性认知权利　薛亚利（上海社会科学院）

6月22日下午　会场2

13：35～15：10　性/别与传媒丨主持人：郭晓飞

1. 旧瓶装新酒？谈谈网络上的琼瑶同人　冯进（美国古林大学）

2. 中国互联网上的新同志运动——以"同志你好"微笑征集行动为例　侯海洋（同志你好行动网络）

3. "让我们说出我们自己"——微博作为同志发声的新媒体　聂东白（武汉大学新闻与传播学院）

4. 性少数社群的信息传播与媒体动员——以牡丹园事件为例　苏涛（爱知行研究所昆明办公室）

15：25～17：00　性与文学丨主持人：马克梦

1. 中国明清戏曲中的"性"——以《牡丹亭·惊梦》《孽海记思凡》为例　李楯（清华大学社会学）

2. 《米尔克》和《焦裕禄》——影像，楷模，以及情与欲的身体政治　张晖（华东师范大学）

3. 华裔美国女性文学中女性意识与民族意识的角逐　梁颖（北京外国语大学）

4. 比较几篇文学文本中的性权利　蒋海新（新西兰奥塔戈大学）

5. 寻乐，寻爱，还是寻求平等：中国的耽美小说及其"粉丝"　黄鹏丽（香港大学）

6月23日上午　会场1

8：30～10：05　女性性爱丨主持人：冯媛

1. 女人当政　马克梦（美国堪萨斯大学）

2. 非婚性行为：乡村妇女观念的代际比较和文化分析——以湖北沙村为分析案例　孙中欣（复旦大学性别与发展研究中心）

3. 性实践家阳春性实践中的权利与多元　阳春（广西南宁性实践家）

4. 广州地区高校女教师的家庭、情感与自我意识　丁瑜（中山大学）

10：20～12：00　多样男性 | 主持人：姚伟明

1. 我是 GAY，也是一名性工作者　小龙（一名男性性工作者）
2. 艾滋病的性传播风险：在柳州经商的外来男性商贩的风险认知与性行为策略　王文卿（北京理工大学）
3. 台湾男性的跨国性消费：初探性/别、阶级与族群的交织政治　陈美华（台湾中山大学社会学研究所）
4. 男民工"谈小姐"：阶层、社会性别、性的主体建构　黄盈盈（中国人民大学性社会学研究所）

6月23日下午　会场1

13：35～14：35　性与经济发展 | 主持人：魏伟

1. 性与经济：为什么我们需要了解二者之间的关系？　苏茜（福特基金会北京办事处）
2. 加纳公共部门中性贿赂和腐败状况　Akua Opokua Britwum（加纳海岸角大学发展研究所）
3. 加兰：一个关注经济贫穷的少数性/性别取向群体的女同、双性恋和跨性别的组织　Anne Lim（菲律宾加兰）
4. 性取向的经济学　Lee adgett（马萨诸塞大学阿默斯特分校）
5. 印度艾滋病产业经济与其身份　Akshay Khanna（英国发展研究所）

14：45～16：55　性/别政治 | 主持人：何小培

1. 文明极其娇贵：新兴情感结构与性的法治化　何春蕤（台湾"中央大学"性/别研究室）
2. 性别权、性别能力与变性政治　甯应斌（台湾"中央大学"）
3. 性权利与有风险的自由　刘久清（台湾铭传大学通识教育中心）
4. 性与法律　李银河（中国社会科学院社会学所）
5. 性与社会性别的碰撞：权力建构与权利还原　赵捷（云南省社科院社会性别与参与式工作室）
6. 爱情的控制　潘绥铭（中国人民大学性社会学研究所）

16：55　闭幕词　黄盈盈（中国人民大学性社会学研究所）

走向性福

——第四届中国性研究国际研讨会

【时间】2013年6月21~23日

【主办】中国人民大学性社会学研究所

【联系人】鲍雨

6月21日上午　分会场1

8：45　开幕致辞　潘绥铭、苏茜女士（福特基金会）

9：00~10：00　主题发言

新公民情感：当代性/别政治的课题　何春蕤（台湾"中央大学"性/别研究室）

10：20~12：00　性的政治Ⅰ主持人：甯应斌

1. 刑（性）法的宪法制约——法教义学视野内外的聚众淫乱案分析　郭晓飞

2. 论性自主权的限制——以公序良俗为视角　韩旭至

3. "自愿年龄线"与儿童"性人权"的冲突及协调——"保护"与"自愿"的博弈　赵军

4. 同性恋"逆袭"：关于"搞基"在当代中国的社会文化分析　魏伟

5. 自慰话语中的性别角色与性脚本　裴谕新

6. 不干净的"性福"——日常生活中的政治与话语研究　姚星亮

6月21日下午　分会场1

13：30~17：00　性教育：校内外的对话Ⅰ主持人：刘文利、马铁成

1. 赋权型性教育：理论、内容与方法初探　方刚

2. 中国儿童和青少年性与生殖健康状况调查　楼超华

3. 性的他者？——回顾及挑战海外华人青年的"性"在国际文献中的呈现　李旸

4. 性别平等的学校性教育对改变青少年性知识、性态度、决策技巧的

效果：基于兰州的研究　萨支红

5. 性的多元表达在青少年性教育中的实践　谭雪明

6. 关于中国人的"性福与性教育"之关系的几点思考——以华侨大学校选课《性学课程——爱欲与文明的对话》为例　刘翠

7. 大学生性教育基点及基本内容研究——以一例性侵害个案为中心　祝燕平

8. 中国学校艾滋病教育和性教育政策及落实情况观察报告　苏涛

9. 自己的成长　刘言

10. 从自我认同的完善到自己创建拉拉团队　穆兰

11. 从参与培训到在大学开展同伴性教育　萧寒

6月21日下午　分会场2

13：30~17：00　实践？理论？：性/别领域的对话Ⅰ主持人：郭玉洁、郭晓飞

1. 女权　拉拉　身体——中国"新"女权主义运动之我见　韦婷婷

2. 女同性恋草根组织发展过程的思考　覃琴

3. 不稳定性与和想象的酷儿运动　黄阿娜

4. 以波伏娃关于女同性恋的研究作为现时期中国语境下相关研究起点的思考　王琼

5. 北京市女女性行为人群性传播疾病及其危险因素的研究　王小芳

6. 从后现代中的基督教宗教教育的身份理解来看"同志基督徒"　杨约瑟

7. 想象的联合——论中国同性恋组织发育的全球化和本土化机制　易茜

8. "回家"——"出柜"的替代品？文化交融与当代中国酷儿主体（身份）的构成　易可人

9. 医学话语对同性恋身份的建构　罗牧原

10. 颠倒的中国跨性别史——缩阳、跨文化精神医疗与华语语系后殖民研究　姜学豪

11. 专著《从性少数到个体文化》介绍　杜辉

6月22日上午　分会场1

9:00~10:00　主题发言

"性福"与快乐：中国情境中的解读　潘绥铭（中国人民大学性社会学研究所）

10:10~12:00　性的思考｜主持人：康文庆

1. 为物主义——试析物化在性行为中的核心作用　王珺
2. 文化人类学中的性研究及其在华语世界中的表达　章立明
3. 性多元：一个现代性到后现代性哲学范式转化视角　李竺燃
4. 从"主体"到"成员"：走向对同性恋的后酷儿研究　袁兆宇
5. 深度访谈中的"主体间性"：意义与实践——从"性"研究的隐私屏障谈起　王昕
6. 非道德性行为概念初探　孟宪武

6月22日下午　分会场1

13:30~17:00　"性工作走向性福"专场｜主持人：何春蕤、严月莲

1. "爱"与"痛"的边缘——大陆来香港（新）移民按摩女的身份认同　邵黎敏
2. 南北方低收入女性性工作者差异研究及社会工作服务——以TJ性工作者群体和SZ性工作者群体为研究对象　林彬彬
3. 社会变迁下的中年女性性工作者　郑煌
4. 性工作者的文学表述与社会学参照——跨学科视野下的卖淫女研究　孙桂荣
5. 一位性工作者企盼的"情"路和"性"福　沈萤
6. 性交易的乐趣　蓝蓝
7. 做姐姐无罪　李双
8. 性福与性（跨性别工作者分享）　张柏芝
9. 昨天今天明天　小妮
10. 哥哥仔说性福（故事）　夕颜

11. 我们有一个温暖的家　胶州小组
12. 话剧/雕塑：暴力与期望　集体表演

6月22日下午　分会场2

13：30~17：00　身体与性/别气质｜主持人：方刚、朱雪琴

1. "性少数"中的"低调者"——大陆恋足群体调查报告　行佳丽
2. 身体的性消费：钢管舞的人类学考察　石甜
3. 壮阳药广告中的男根焦虑分析　沃文芝
4. 八十年代文学中后期的女知识分子与性逾越　李萌
5. 《看得见风景的房间》与《荒人手记》中作者酷儿身份与作品酷儿解读的再思考　冀悦玲
6. 中小城市消费空间的再造与男性气质建构　张晖
7. 男人、家庭暴力与法律：日常生活、行动主义和学术话语中的男性气质结构　何德瑞
8. 贵州贫困地区男大学生的男性气质　李丹
9. 性别与家屋——孟定傣德的空间政治　黄卫
10. 阿卡"性/别"叙事刍议　杨洁

6月23日上午　分会场1

9：00~10：20　口述性史｜主持人：王昕

1. 不幸人群的"性福"：社会主义时期的男男性关系　康文庆
2. "寒碜"：老年男同的自我认同与适应研究　苏春艳
3. 拉拉口述历史：记录，也是行动　郭玉洁
4. 一个女性"性生活"的生命历程分析　刘冬

10：35~12：00　跨越性/别｜主持人：甯应斌

1. 草根组织报告：国际阴阳人组织　丘爱芝
2. 跨性别纪录片　孙艳
3. 成都跨性别人群（TG）生存/权益/医疗服务现状需求评估报告　杨斗
4. 性愉虐（次）文化的兴起及其不满：批判性回顾与田野初探　高颖超

5. 冰恋爱好者的性福在哪里？　阳春

6月23日下午　分会场1

13：30～16：30　网络搞搞震：互联网与性丨主持人：苏春艳、任珏

1. 基于互联网的观察和思考：女权主义应该反对什么样的性？　陈亚亚

2. 网上性教育是潜在危机还是挑战？　李晓玲

3. 网络色情与女大学生情欲主体的个案探究——兼论女性的性教育　陆芳芳

4. 情趣买卖：欲望及身体的数字商品化　任珏

5. 无事件境与恋爱境：性别化的行动意义以及生平情景的主体建构——以大城市青年网络谈性实践实证研究为例　张娜

6. 网络女权行动的社会空间　叶海燕

7. 去去妹、回游鱼、沙圈：youtube上的视觉欲望与身体想象　章戈浩

6月23日下午　分会场2

13：30～16：30　亲密关系丨主持人：王珺、裴谕新

1. 性关系的情境差异对择偶偏好的影响　张荣富

2. 集体宿舍，公共还是私人空间？——有关共享寝室中的性活动的初步探讨　吴倩

3. 长期伴侣间保持"性热情"的研究　朱雪琴

4. 亲密关系的建立：拉拉对性别定型的反思与批判（个案研究）　赵捷

5. 奇缘一生：男女同性恋形婚研究　何小培

6. 青年同性恋者的"剧中剧"——对形式婚姻的探析　张可诚

7. 以问题解决模式看：从同直婚之争到之解　桦桐

8. 同直婚对同妻性与身份的影响研究　徐莎莎

16：45～17：00　闭幕词

"中国性研究"2007～2013——策划、观察、体验及Fantasy　黄盈盈

沟通与汇聚

——第五届中国性研究学术研讨会

【时间】2015 年 7 月 4~6 日

【会议地点】中国人民大学逸夫会议中心

（第一天上午主会场第二报告厅；其他时间：分会场 1 是二楼第二会议室；分会场 2 是一楼第一会议室）

【主办】中国人民大学性社会学研究所

【发言时间】15~20 分钟，请主持人根据整体情况自行把握；主持人可有 3~5 分钟左右评议或总结时间。

【联系人】周柯含

7 月 4 日上午　分会场 1

8：50　开幕致辞　潘绥铭

9：00~10：00　主题发言

性/别研究二十年：历史与理论的反思　何春蕤（台湾"中央大学"性/别研究室）

10：20~12：00　历史与文化丨主持人：甯应斌

1. 中国性文化发展与性文学的研究历程　阮芳赋（台湾树德大学）
2. "同性恋爱"：20 世纪上半期的中国男男性关系话语　康文庆（美国克利夫兰大学历史系）
3. 两岸流行文化与同志/酷儿运动策略　刘奕德（新加坡耶鲁国大）
4. 香港"基督右派"的普及道德论述——以红馆喜剧牧师的"同志老爆杀人狂"为例　游静（香港岭南大学文化研究系）

7 月 4 日下午　分会场 1

13：15~15：15　当残障遇到性（sexuality）：观点、成就和挑战丨主持人：安蕾

1. 残障、性与社会性别试点项目　安蕾（国际助残中国项目）

2. 残障人自组织通过小组活动和公众倡导促进残障和性与生殖健康领域的融合　蔡聪［一加一（北京）残障人文化发展中心；有人杂志］

3. 通过提升心智障碍服务机构人员在性、社会性别和生殖健康方面的能力为家长提供支持　杜静晨（亦能亦行身心障碍研究所）

4. 心智障碍儿童性教育课堂实施及经验介绍　苏艳雯（"爱成长"综合性教育课堂）

5. 残障青少年性相关知识、态度、行为及教育与服务需求调查——定性研究发现　涂晓雯、吕飞（上海计划生育研究所教授；ADI发展研究所）

6. 残疾与性：以"科技赋权"为视角　熊进（香港中文大学性别研究）

7. 残障性少数人群的社群服务需求与实践：以西安地区的听障性少数群体为例　杜蕊、廉望舒（西安 Relax 同学社、同语）

7月4日下午　分会场1

15：30～17：30　身体与情色 I 主持人：任珏

1. 孕育体验与性欲望——与生育女性的深入访谈　苏春艳（中国青年政治学院新闻传播学院）

2. 女性自慰的污名——一种"性污名"的社会话语建构　刘爽（沈阳师范大学社会学学院）

3. 性在"安全与欢愉"——探索情欲经验行动研究　何颖贤（澳门理工学院社工课程）

4. "看黄"与"扫黄"：观视实践、意义建构和社会文化分析　王天一（华东师范大学社会发展学院社会学系）

5. 性健康视角下性玩具的使用——基于80后女性的质性研究　童立（上海金赛文化传播有限责任公司）

6. 性观念转型下的城市性用品消费空间研究　王璐（华东师范大学社会发展学院）

7月4日下午　分会场2

13：15～15：15　同志议题之多维时空 I 主持人：刘奕德

1. 基达（Gaydar）：在台北用"慧眼"（"skilled vision"）识别男同"熊族"　邓国基（山东大学人类学系）

2. 同性恋 SM 行为观察与身体权力的社会建构　陈昭（清华大学社会学）

3. 市场经济、空间演变与性：东北男同性恋群体的人类学观察（1980~2010）　富晓星（中国人民大学人类学研究所）

4. 别让彩虹在雨中哭泣：高雄、香港与北京三地恐同症之调查研究　郭洪国雄（台湾高雄树德科技大学人类性学研究所）

5. 从美国同志电视剧内容的变迁管窥同志群体在亲密关系问题上建立主体性的探索——以美剧《同志亦凡人》和《寻》为例　张方盈（香港寰亚传媒集团）

7月4日下午　分会场2

15：30~17：30　同志（酷儿）议题之宗教、经济与社会 | 主持人：康文庆

1. 与神对话：同志牧师自我认同之探讨　陈欣悌（台湾高雄树德科技大学人类性学研究所）

2. 中国内地同志基督徒团契的兴起对内地基督教会性伦理的挑战和改变　陆少毅（自由职业）

3. 中国双（泛）性恋社群的建立与挑战　王颖怡（中国发展简报）

4. 政左经右格局下的都市同志组织——以深圳同声传递为例　史俊鹏（北京大学社会学系）

5. 台湾同志运动与消费（主义）——从 2013 年以降的同婚运动谈起　王修梧（台湾交通大学社会与文化研究所）

6. LGBT 组织管理模式探究——以武汉某工作组为例　祝燕平（华中师范大学社会学院）

7月5日上午　分会场1

9：00~10：00　主题发言

多维的性研究之梦　潘绥铭（中国人民大学性社会学研究所）

10：15~12：15　跨粉与跨性别专题 | 主持人：小林

1. 跨粉——一个与跨性别有莫大相关,却被遗忘了的身份　梁咏恩(跨性别资源中心)

2.（跨）性别麻烦在香港　黄结梅（香港浸会大学）

3. 当代中国"生理男性跨性别"（妖）性工作者对于性/别常规、羞耻的反抗与反刍　林纯德（台湾中国文化大学大众传播学系）

4. 深圳跨性别朋友分享和汇报机构研究："我的性/别，我做主！"（中国跨性别性工作者定性研究）　舒心（深圳夕颜）

5. 人妖恋也是一种性倾向　姚伟明（自雇妖妓）

6. 性倾向流动性的质性研究——基于北京某性别小组的田野调查　董晓莹（北京林业大学性与性别研究所）

7月5日上午　分会场2

10：15～12：15　学校性教育：八年的实践与经验｜主持人：刘文利

1. 北京市流动儿童性教育8年实践　刘文利（北京师范大学脑与认知科学研究院）

2. 流动儿童性教育教师培训路径的探索　于惠莉（北京师范大学儿童性教育课题组）

3. 流动儿童性教育课程效果评估　胡玥（北京师范大学脑与认知科学研究院）

4. 基于全面性教育课程的三年级流动儿童性健康评估　肖瑶（北京师范大学脑与认知科学研究院）

5. 大学生性教育课程干预效果研究　赖珍珍（北京师范大学脑与认知科学研究院）

6. 性少数学生心理健康与遭受校园欺凌之间关系研究　魏重政（北京师范大学脑与认知科学研究院）

7月5日下午　分会场1

13：30～15：15　传媒、文学与情色｜主持人：游静

1. 社交媒体平台上性消费者的身体想象　章戈浩（澳门科技大学人文艺术学院）

2. 探索蒲松龄《黄九郎》的"酷儿"　Whyke Thomas William（宁波诺丁汉大学）

3. "十七年电影"中的情欲表达　王珺（独立研究者）

4. 从《断背山》到《阿黛尔的生活》——浅析近十年（2005~2014）西方酷儿电影的新表达　李思雪（北京电影学院电影学系）

5. 《阴道独白》：性言说的祛魅与返魅　唐利群（北京外国语大学中文学院）

6. 方寸之间，尽显情色——解密情色藏书票　黄灿（世界华人性学家协会）

15：30~17：15　纪录片放映与讨论

纪录片与多元性/别　魏建刚（北京纪安德咨询中心）

7月5日下午　分会场2

13：15~15：15　性教育与性健康：多元实践丨主持人：郭雅琦

1. 性健康社会科学人文转身报告　高燕宁（复旦大学公共卫生学院妇儿卫生教研室）

2. 青春解码——重思性安全教育　乌辛堃（中国艾滋援助基金会）

3. 从安置机构青少年男女的性探索反思性教育的介入策略　林宛瑾（高雄市性健康协会、树德科技大学通识教育学院）

4. 台湾青少年的色情教育实践初探　李冠勋（高雄师范大学性别教育研究所）

5. 油小米的上上风流——青少年性教育微信平台发展探讨　罗楠［玛丽斯特普国际组织中国代表处（MSIC）］

15：30~17：15　性心理与咨询丨主持人：方刚

1. 性咨询与性治疗前沿探索　马晓年（清华大学玉泉医院）

2. 肯定性咨询法：性与性别少数的咨询法　方刚（北京林业大学性与性别研究所）

3. 通过个案和团体心理咨询对同志老少恋亲密关系的探讨　桦桐（独立研究者）

4. 辅导人员面对性少数议题态度与因应策略关系之研究　郑淑嫔（台

湾高雄树德科技大学人类性学研究所）

5. 每个人的性生活教练——性教练的工作与实践　阳春（性实践家，独立研究人）

7月6日上午　分会场1

9：00～10：00　主题发言

晚明男色小说：迈向"中国派"的性思考　甯应斌（台湾"中央大学"性/别研究室）

10：15～12：15　多样女/性 I 主持人：殷莉

1. 中国都市年轻拉拉群体在"约炮"中的性/别展演　典典（华人拉拉联盟）

2. 以女同性恋的眼睛看北京世妇会　韦婷婷（LES+/北京纪安德咨询中心）

3. 台湾酷儿文学中女性性别身份建构　李雪（北京大学中国语言文学系）

4. 从少年爱、同性爱到全世爱——腐女的亚文化景观　唐敏珠（华东师范大学）

5. 民间劝善书中的女性形象：以民间劝善书为分析对象　罗牧原（香港中文大学性别研究）

6. 女性艾滋病病毒感染者的身体与情欲：兼论研究的方法与伦理　黄盈盈（中国人民大学性社会学研究所）

7月6日上午　分会场2

10：15～12：00　法社会学视野下的性/别 I 主持人：郭晓飞

1. 无声无息的变迁：中国法视野下变性人的婚姻权　郭晓飞（中国政法大学）

2. 在法律下被消失的一群——被捕跨性别人士　卢林慧（香港午夜蓝）

3. 嫖宿幼女、援助交际的他面呈现——基于纵向维度"入圈考察"的个案研究　赵军（北京师范大学）

4. 经历还是侵害？——sexuality视角下的儿童性侵事件个案分析　朱雪琴（上海开放大学女子学院研发部）

5. "主权"对"权力技术"的完胜：乡村性文化建设的危机——基于一起乡村"情杀"案的分析　吴银涛（香港浸会大学）

7月6日下午　分会场1

13：15～15：00　性工作（一）丨主持人：潘绥铭

1. 低档场所女性性工作者为什么持续待在性行业内　曹苧予（天津市东丽区信爱文化传播中心）

2. 加入"性"行业需挣扎吗？　小美妈妈（一楼一凤）

3. 跨性别性工作者的日常生活、工作与服务　沈婷婷（亚洲促进会）

4. 老年嫖客的性需求——从性工作视角看　范雯雯（胶州市爱心健康服务中心）

5. 从"嫖的宣言"到论"性"团体的诞生　陈树豪（性出路平等会）

6. 对社工实习生在性工作者服务中的经验总结与反思　钟丽云（深圳市罗湖区半枝莲同城姐妹关爱中心）

7月6日下午　分会场1

15：15～17：00　性工作（二）丨主持人：卢林慧

1. 是工作的性也是私人的性：台湾男同志按摩师的性欲望与性劳动　徐豪谦（台湾清华大学社会学研究所）

2. 助性还是成瘾——基于新型毒品对男男性行为者购性的影响研究　张雯屹（四川师范大学历史文化与旅游学院）

3. 香港哥哥仔分享行业经验　骨场（按摩院）·技师（香港午夜蓝）

4. 枯木逢春（老 Gay 卖淫）论老年性工作者的性生活——从性压抑到性解放的路程　顾海斌（深圳夕颜）

5. 直男尝禁果（论异性恋男性在同性性工作中的多元性体验）　邱志衡（香港大学社会学系）

6. 听不见的声音——听说有障碍的卖淫故事　小波（手语）、小丰（口语）（深圳夕颜）

7月6日下午　分会场2

13：15~15：00　性、情、婚：绚烂的展现与想象（一）｜主持人：朱雪琴

1. 恋老的三重叙事：年龄、性别与性取向　陈亚亚（上海社科院）
2. 黄昏之性——基于四川省3000名老年人的调查研究　王进鑫（四川性社会学与性教育研究中心）
3. 中国城市老年人性生活研究　杨姝焱（香港大学社会工作与社会行政系）
4. "约炮"是刚需么？——深圳人约炮行为研究　任珏（深圳市土木再生城乡营造研究所）
5. 青年网民网络约会的实证分析——以2015年社会化媒体网民的抽样调查为例　张娜（北京科技大学）

7月6日下午　分会场2

15：15~17：00　性、情、婚：绚烂的展现与想象（二）｜主持人：张娜

1. 吞精行为与亲密关系　何霁宇（华东师范大学社会学系）
2. 未婚女性的"性/爱"实践：缺乏安全感的主体性与性革命的未来　王文卿（北京理工大学社会工作系）
3. 青少年性教育中关于"性·爱·婚"的意象解读　谭雪明（济南市基爱社会工作服务中心）
4. 农村贫困地区大龄未婚男性的"多元"婚姻策略　段婷婷（西安财经学院人口与发展研究所）
5. 走出性嫉妒的困境——摩梭人"阿注异居婚"家庭的当代启示　刘芳（北京大学中文系）
6. 独生子女婚姻中的"亚丁克"现象　王昕（山东大学哲学与社会发展学院）

17：10~17：30　闭幕词

缘何汇集？如何沟通？　黄盈盈（中国人民大学性社会学研究所）

积淀与反思

——第六届中国性研究学术研讨会

主办方：中国人民大学性社会学研究所、哈尔滨医科大学性健康研究与教育中心

【会议时间】2017 年 7 月 3~5 日

【会议地点】哈尔滨中央大街 185 号金谷大厦

【主/分会场】上午、下午都以主题发言开场（地点：会展中心）

主题发言结束后，则设有两个同时不同地进行的分会场

（分会场 1：会展中心；分会场 2：万隆厅）

【发言时间】每位发言者 15 分钟，每个分主题 30 分钟左右讨论时间。请主持人把握提问与讨论时间，也可适度总结、评议。

【会议筹备组成员】黄盈盈、彭涛、潘绥铭、周柯含、祝璞璞

主题发言

7 月 3 日上午/重新思考"性"

何春蕤（台湾"中央大学"性/别研究室　讲座/荣誉教授）

7 月 3 日下午/性之变：社会结构与生活世界

潘绥铭（中国人民大学性社会学研究所　名誉所长/教授）

7 月 4 日上午/酷儿与马克思主义与性别论述

刘奕德（美国波士顿大学中文与比较文学系　副教授）

7 月 4 日下午/转变性研究的视角

郑诗灵（香港中文大学人类学系　副教授）

7 月 5 日上午/珠江风月与族群政治

游静（香港大学人文学院名誉教授，汕头大学妇女研究中心客座教授）

7 月 5 日下午/同性婚姻不是同性恋婚姻，然后呢？

宁应斌（台湾"中央大学"性/别研究室　教授）

7 月 3 日　分会场 1

上午　规范内外？关系与行为的想象与实践（一）｜主持人：王龙玺

1. 打破中西想象：北京跨国恋中的性与爱　仇雪郦（北京师范大学社会发展与公共政策学院）

2. 婚姻挤压背景下农村大龄未婚男性的性福利与性风险——基于乡城流动的对比研究　孟阳（西安交通大学人口与发展研究所）

3. 亲密关系流动性的想象与实践　谭雪明（济南薇青力工作室）

4. "gay 蜜"，一种话语与实践的性/别想象　王昕（山东大学社会学系）

5. "第三性"的污名：中国女博士的婚恋问题　倪梦（英国约克大学女性研究中心）

6. 谁在谈性，谈什么？——基于谈性说爱 4285 个读者问题的分析　王璐（谈性说爱中文网）

下午　规范内外？关系与行为的想象与实践（二）| 主持人：王昕

1. 从裸聊到 VR：中国互联网性行为十年回顾　任珏［哈工大（深圳）建筑与规划学院］

2. 死亡调教：冰恋相关行为分析——身体的社会建构及其人类学思考　陈昭［清华大学社科学院社会学系（人类学方向）］

3. 兽迷亚文化的认同边界与性污名　何霁宇（华东师范大学社会发展学院）

4. 异装 Cosplay 场域中青少年的性别角色认同实践研究　王嵩迪（山东大学哲学与社会发展学院社会学系）

5. 日本成人影带工业的自律机制：裸体工作、性演技、女优　叶嘉欣（Asian Institute of Social Research）

16：20～17：50　纪录片放映与讨论：如此生活　何小培（粉色空间）

7月3日　分会场2

上午　危险/快乐：话语争议与治理反思| 主持人：朱雪琴

1. 高校性骚扰调查报告及预防性骚扰的运动社会分析　韦婷婷（广州性别教育中心）

2. 网络全民反幼女性侵：正义、激情与隐忧　陈亚亚（上海社会科学院）

3. 整合式社会工作方法介入流动儿童防性侵教育的研究——以 DP 社

区为例　于永丽（深圳市大鹏新区社会工作协会）

4. 性暴力的客观测量之反思　王文卿（北京理工大学社会工作系）

5. 性侵害事件疑云中的"受害者逻辑"的建构与运作——"加害/被害"二元逻辑的法律与伦理争议　王芳萍（台湾行动研究学会/台湾日日春协会）

6. 女权主义实践与反思：一个台湾经验　王苹（台湾性别人权协会）

7月3日　分会场2

下午　危险/快乐：女性之欲 | 主持人：游静

1. 拼装家庭"性"：《艋舺的女人》的妓、妾、妻连续体　丁乃非（台湾中大性/别研究室）

2. "失落的鞋""绑脚的带"——论潘金莲的"淫妇"形象在"超仿真"时代的社会意义　马雪飞（美国亚利桑那大学东亚研究系）

3. 处女与荡妇——中国摩登贞操观　李旸（VICE 中国/新西兰奥克兰大学）

4. 为爱疯狂：近代女性维护奸情的极端手段　艾晶（沈阳师范大学社会学学院）

5. 我想要的拉拉生活——现阶段女同性恋的生活期待、设计和实践　王琼（广东技术师范学院）

7月4日　分会场1

上午　同性文化与酷儿政治（一）| 主持人：郭晓飞

1. 暴力与觉醒："文化大革命"时期的男男性关系　康文庆（美国克利夫兰州立大学历史系）

2. "说"与"做"之间：长期同性伴侣协商开放式关系　魏伟（华东师范大学社会发展学院）

3. 台北 Gay"熊"文化的性场域　邓国基（山东大学人类学系）

4. 中国同志基督徒的生命经历——基于信仰、性倾向与文化的交叉身份　谷丰峰（同语）

5. 回家：美籍华裔酷儿社群的认同政治　钟馨乐（中山大学）

6. 透过"反恐同"来"反恐"：西方关于文明与援助的两种矛盾　陈逸婷（苦劳网，高雄师范大学，性别教育研究硕士）

7月4日　分会场1

下午　同性文化与酷儿政治（二）｜主持人：朱静姝

1. 分合在"德"与"法"之间：中国"社会治理"下的同志运动　郭立夫（东京大学）

2. 性运2.0：历史与当下的双向运动　王颢中（苦劳网）

3. 后帝国主义与同志国族主义荒诞的同床异梦：日本同志运动领域中关于"一个中国"（One China）的政治机制　福永玄弥（东京大学，日本学术振兴会）

4. "尽忠追寻过去，大步走向醉生梦死"：田启元的艾滋生命与左翼酷儿剧场实践　黄道明（台湾"中央大学"性/别研究室）

5. 艾滋防治是个人的责任吗？——从蓄意感染罪谈起　王修梧（台湾交通大学）

6. 制造同意："公共卫生"对艾滋病与男性同性恋"关联"的污名建构研究　孙志鹏（荷兰乌特勒支大学社会与行为科学学院跨学科社会科学系）

16：45~18：00　纪录片放映与讨论

1.《拉拉性玩具》《女妖儿》　魏建刚（北京纪安德健康咨询中心）

2.《变·态》《跨年》　马铁成（沈阳爱之援助）

7月4日　分会场2

上午　性工作中的男、女及妖们（一）｜主持人：盖子

1. 妖娆若是：当代中国大陆"妖"性工作者的性/别模组化展现　林纯德（台湾中国文化大学大众传播学系）

2. 经济新常态下性工作者所遇到的困境　张柏芝（志愿者同伴教员）

3. 压迫、工作抑或生活：多元角度解读男男性交易　蔡一峰（布朗大学人类学系）

4. 探索艾滋病病毒感染的男性性工作者在多层污名下的生存之道　冼

文瀚（深圳市罗湖区夕颜同行互助中心）

5. 从女性主义神学角度看性工作　陈敏仪（香港妇女基督徒协会）

6. 情感理性：洗头房老板社会网络的构建逻辑　吴晶晶（安徽师范大学历史与社会学院）

7月4日　分会场2

下午　性工作中的男、女及妖们（二）| 主持人：张宁

1. 法外有情——香港《按摩院条例》法条分析和对按摩女法律充权的启示　邵黎敏（香港保健按摩员协会）

2. 性行业的吸引力在哪里？——以从业者的角度来看　范雯雯（胶州爱心健康服务中心）

3. 卖淫是否需要专业化　周昕雅（昆明市平行性健康支持发展中心）

4. 性工作者的标签化与去标签化　蓝蓝（天津信爱文化传播中心）

5. 一个性工作者的自我认同到自我反思　小月（天津信爱文化传播中心）

6. 性工作10年实践@得与失　小美妈妈（自雇）

7月5日　分会场1

上午　文学、传媒与性/别 | 主持人：丁乃非

1. GV的影视语言语法研究　王珺（独立研究者）

2. 掩饰与暴露，越界与回归：《闽都别记》中的性别反扮现象试探　张枭（中国人民大学国学院）

3. BL小说中男性气质建构的"共情时刻"　林曦（复旦大学社会科学高等研究院）

4. 专业抑或市场：报道同性恋——基于《东方早报》的研究　吕鹏（上海社会科学院新闻研究所）

5. 另类媒介：中国"同志"社群发声的特色路径——基于26期《GS乐点》杂志的内容分析　王亮（福州大学社会学系）

6. 酷儿理论视角下中外译者的同性恋文本翻译对比研究　王伟鹏（北京语言大学外国语言学及应用语言学）

7月5日　分会场1

下午　再论性/别与情感治理 | 主持人：林纯德

1. 治理中的性/别　朱雪琴（上海市科学育儿基地）

2. 从年轻作者之死探究公民社会的性/别监控与生命治理　洪凌（台湾世新大学性别研究所）

3. "多爱不是出轨"：坦诚作为当代情感治理术　朱静姝（荷兰莱顿大学）

4. "儿童"与性的距离：中国预防性侵法制改革过程中"幼女"主体性的话语呈现　周筱（日本筑波大学人文社会科学研究科）

5. 香港跨性别在囚人士的现状及反思：看跨性别及监狱的微观权力　倪德建（香港午夜蓝）

6. 婚姻权还是同性婚姻权：美国 OBERGEFELL 案件中的宪法争议　郭晓飞（中国政法大学法学院）

7月5日　分会场2

上午　网络与性 | 主持人：章戈浩

1. 民间公益组织在艾滋干预中的微博传播机制——以重庆 milk 公益小组为例　方堃（浙江大学传播研究所）

2. 降维的性史：游戏媒介中的"性"符码考古　邓剑（上海大学文化研究系）

3. 网络游戏作为约会平台：对 QQ 炫舞的批判性分析　刘亭亭（澳大利亚昆士兰大学社会科学系）

4. 数字时代的亚瑟王之剑：智能手机和青少年流行音乐消费中的性/别麻烦　王黔（宜宾学院）

5. 电玩中的人权话语及其不满——以《爱丽丝：疯狂回归》与《恶梦之屋2》为例　张竣昱（台湾"中央大学"艺术学研究所）

6. 作为文化技术数字"买春"　章戈浩（澳门科技大学）

7月5日　分会场2

下午　性教育：从课堂到社会，我们走了多远？ | 主持人：马铁成

1. 从《性、性别、跨性别，走向学术批判：边弱群体健康促进》教案思付　高燕宁（复旦大学公共卫生学院）

2. 溢乎性平：性平治理下的欲望、情感及其失败　赖丽芳（台湾中兴高级中学）

3. 民间组织性教育的路径探索　王龙玺［玛丽斯特普中国（MSIC）］

4. "性与性别青年教育培训"项目介绍　吴彤（沈阳爱之援助健康咨询服务中心）

5. 顾后与瞻前——对社区组织现状与发展的思考：基于中西部性/别社区组织的访谈　郑煌（上海心生 SCMC）

6. 夫妻性生活的享乐主义模式　阳春（个体）

书面发言

1. 话语建构与性骚扰刑事对策的本土之维　赵军（北京师范大学刑事法律科学研究院）

2. 女性性工作者职业损害研究的阶层固化视角——以昆明市区的配额抽样调查为例　盖子［利玛窦社会服务基金会（澳门）昆明办事处］

3. 性行业真的有吸引力吗？——从NGO工作视角来看　张宁（胶州爱心健康服务中心）

4. 提升社区社会工作者的性/别意识，推动社区包容性发展的行动研究　陈韦帆（云南连心社区照顾服务中心）

参考文献

巴特勒,1990,《性别麻烦》,宋素凤译,上海:生活·读书·新知三联书店。

鲍雨,2012,《经历乳腺癌:女性主体的身体想象与疾病应对》,硕士学位论文,中国人民大学。

鲍雨,2015,《身体的治理:身体社会学视角下的截瘫者日常生活研究》,博士学位论文,中国人民大学。

鲍雨、黄盈盈,2014,《经历乳腺癌:疾病与性别情境中的身体认同》,《妇女研究论丛》第2期。

北京纪安德咨询中心,2017,《中国同性性活动的历史沿革和现状》,内部报告,2007。

本·海默尔,2008,《日常生活与文化理论读本》,北京:商务印书馆。

边燕杰、李璐璐,2006,《社会调查方法与技术:中国实践》,北京:社会科学文献出版社。

陈肖,2015,《日常生活中的女性妇科表达、实践及其意义》,硕士学位论文,中国人民大学。

陈信波,2015,《变性人与社会的互动分析——基于一个个案的研究》,硕士学位论文,中国人民大学。

陈逸婷,2017,《当LGBT成为政治工具》,台湾苦劳网,1月20日。

《辞海》,1999,上海:上海辞书出版社。

德塞托,2009,《日常生活实践》,方琳琳等译,南京:南京大学出版社。

丁瑜，2016，《她身之欲：珠三角流动人口社群特殊职业研究》，北京：社会科学文献出版社。

定宜庄、汪润，2011，《口述史读本》，北京：北京大学出版社。

范燕燕、林晓珊，2014，《"正常"分娩：剖腹产场域中的身体、权力与医疗化》，《青年研究》第3期。

方慧容，1997，《"无事件境"与生活世界中的"真实"——西村农民土地改革时期社会生活的记忆》，北京大学社会生活口述史资料研究中心，1997。

方静文，2014，《变身——现代中国美容整形的人类学研究》，博士学位论文，中国人民大学。

方敏，2014，《性别操演视角下的多元性别气质研究——年轻女性对性别身份的理解与实践》，硕士学位论文，中国人民大学。

冯珠娣、汪民安、赖立里，2004，《日常生活、身体、政治》，《社会学研究》第1期。

福柯，1999，《必须保卫社会》，钱瀚译，上海：上海人民出版社。

福柯，2010，《不正常的人》，钱瀚译，上海：上海人民出版社。

福柯，2011，《临床医学的诞生》，刘北成译，南京：译林出版社。

福柯，2003，《规训与惩罚》，刘北成、杨远婴译，北京：生活·读书·新知三联书店。

福永玄弥，2017，《后帝国主义与同志国族主义荒诞的同床异梦：日本同志运动领域中关于"一个中国"（One China）的政治机制》，第六届中国性研究国际研讨会发言，哈尔滨，7月4日。

高旭宽，2016，《认识跨性别：蜿蜒曲折的变化历程》，中国人民大学性社会学研究所主办"性/别理论与运动的台湾经验"论坛主题发言，8月26~27日。

戈夫曼，《污名——受损身份管理札记》，宋立宏译，北京：商务印书馆，2009。

宫赫，2016，《健身房中的身体规训与反抗——基于中国人民大学健身房的实地研究》，硕士学位论文，中国人民大学。

郭晓飞，2016，《中国变性人婚姻问题浅析》，载何春蕤主编《台湾性/别

20年》，台北：台湾"中央大学"出版社。

郭于华，2003，《心灵的集体化》，《中国社会科学》第4期。

郭展意，2013，《产后女性的身体经验与身体实践》，硕士学位论文，中国人民大学。

何春蕤，1994，《好爽女人》，台北：皇冠文学出版有限公司。

何春蕤，2010，《理论与实践：一个在具体脉络中不断变化的关系》，《台湾社会研究季刊》第80期。

何春蕤，2011a，《情感娇贵化——变化中的台湾性布局》，载黄盈盈、潘绥铭主编《中国性研究》，高雄：万有出版社。

何春蕤，2011b，《台湾性/别权力的浮现：我的三个女性主义领悟》，《中国女性主义》第12期。

何春蕤，2013，《研究社会性/别：一个脉络的反思》，《社会学评论》第5期。

何春蕤，2015，《社运的NGO化》，台湾"中央大学"性/别研究室"性别与科技人才培育营"的演讲，9月11日，http://sex.ncu.edu.tw/jo_article/2015/09/%E7%A4%BE%E9%81%8B%E7%9A%84ngo%E5%8C%96/，最后访问日期：2018年3月6日。

何春蕤，2016，《性/别研究二十年：历史与理论的反思》，载黄盈盈、潘绥铭主编《中国性研究》，香港：1908出版社。

何春蕤，2017a，《破除死结：从女权与性权到结构与个体》，中国人民大学性社会学研究所主办"性/别理论与运动的台湾经验"论坛主题发言，2016年8月27日，后收录在何春蕤《性别治理》，台北：台湾"中央大学"性/别研究室出版。

何春蕤，2017b，《性别治理》，台北：台湾"中央大学"性/别研究室。

何清濂，1993，《一个变性手术专家的手记》，《社会》第1期。

贺萧，2017，《记忆的性别：农村妇女和中国集体化历史》，张赟译，北京：人民出版社。

郇建立，2009，《慢性病与人生进程的破坏：评迈克尔·伯里的一个核心概念》，《社会学研究》第5期。

黄道明，2012，《酷儿政治与台湾现代"性"》，台北：台湾"中央大学"

出版社,香港:香港大学出版社。

黄俊杰,2002,《中国思想史中"身体观"研究的新视野》,《现代哲学》第 3 期。

黄盈盈,2004,《想象与真实之间的他者:"性感"背后的性别差异》,《视角》,海外青年论坛第四届第三期,7 月 31 日。

黄盈盈,2008,《身体、性、性感:对中国城市年轻女性的日常生活研究》,北京:社会科学文献出版社。

黄盈盈,2012,《呈现与感受:女性日常生活中的身体表达》,《中华性/别,年龄机器》,香港:香港圆桌文化出版社。

黄盈盈,2014a,《性/别框架下的"性与生殖健康"》,《探索与争鸣》第 9 期。

黄盈盈,2014b,《性博会与反性的大妈:我们要反思什么?》,http://blog.sina.com.cn/s/blog_4dd47e5a0102v1zy.html。

黄盈盈,2015,《扩展艾滋病的社会学想象力》,《云南师范大学学报》第 1 期。

黄盈盈,2016,《大时代与小田野——社会变迁背景下红灯区研究进入方式的变与不变(1999~2015)》,《开放时代》第 3 期。

黄盈盈,2017,《女性的身体与情欲:日常生活研究中的方法和伦理》,《探索与争鸣》第 1 期。

黄盈盈、鲍雨,2013,《经历乳腺癌:从疾病到残缺的女性身体》,《社会》第 2 期。

黄盈盈、潘绥铭,2011,《论方法:定性调查中"共述"、"共景"、"共情"的递进》,《江淮论坛》第 1 期。

黄盈盈、潘绥铭,2012,《中国少男少女的爱与性》,《中国青年研究》第 6 期。

黄盈盈、潘绥铭,2009,《中国社会调查中的研究伦理:方法论层次的反思》,《中国社会科学》第 2 期。

黄盈盈、张育智,2016,《青少年隐私研究的方法学综述——以近 20 年来的"性-爱"主题为例》,《中国青年研究》第 10 期。

吉登斯,1998,《现代性与自我认同》,赵旭东、方文译,北京:生活·读书·新知三联书店。

吉野贤治,2016,《掩饰:同性恋的双重生活及其他》,朱静姝译,北京:清华大学出版社。

江晓原,2003,《性感:一种文化的解释》,海南:海南出版社。

金西,1989,《金西报告——人类男性性行为》,潘绥铭译,北京:光明日报出版社。

考夫曼,2001,《女人的身体 男人的目光》,谢强、马月译,北京:社会科学文献出版社。

克莱曼,2010,《疾痛的故事:苦难、治愈与人的境况》,方筱丽译,上海:上海译文出版社。

克利福德、马库斯编,2006,《写文化:民族志的诗学与政治学》,高丙中、吴晓黎、李霞等译,北京:商务印书馆,2006。

赖丽芳,2016,《校园性平与儿少治理》,中国人民大学性社会学研究所主办"性/别理论与运动的台湾经验"论坛主题发言,8月26~27日。

赖怡因,2008,《女性HIV感染者两性亲密关系之叙说》,《护理杂志》第5期。

李康,2001,《身体视角:重返"具体"的社会学》,载刘世定等主编《社会转型:北京大学青年学者的探索》,北京:社会科学文献出版社。

李猛,1997,《常人方法学40年:1954-1994》,《国外社会学》第2~5期。

林晓珊,2011,《母职的想象:城市女性产前检查、身体经验与主体性》,《社会》第5期。

林晓珊,2013,《反思性身体技术:一项汽车与身体的扎根理论研究》,《社会学研究》第6期。

刘禾、宋伟杰,2002,《跨语际实践——文学、民族文化与被译介的现代性(中国,1900~1937)》,北京:生活·读书·新知三联书店。

刘熙,2011,《中国80后女性对月经的实践、理解和身体想象》,硕士学位论文,中国人民大学。

刘亚秋,2010,《从集体记忆到个人记忆:对社会记忆研究的一个反思》,《社会》第5期。

刘亚秋，2016，《社会如何遗忘：国家策略及其运作》，博士学位论文中国人民大学。

刘阳，2009，《凌驾于女性身体之上的美》，硕士学位论文，湖南师范大学。

卢宾，1984/2007，《关于性的思考：性政治学激进理论的笔记》，载麦克拉肯主编/艾晓明、柯倩婷副主编《女权主义理论读本》，桂林：广西师范大学出版社。

卢晖临，2004，《迈向叙述的社会学》，《开放时代》第1期。

吕昶贤，2016，《平权之后？差异共在与变化自身》，中国人民大学性社会学研究所主办"性/别理论与运动的台湾经验"论坛主题发言，8月26~27日。

罗丽莎，2006，《另类的现代性：改革开放时代中国性别化的渴望》，南京：江苏人民出版社。

马丹丹，2010，《属下能说话吗："诉苦文类"的民族志批判》，《社会》第1期。

玛丽·道格拉斯，1966/2008，《纯净与危险》，黄剑波等译，北京：民族出版社。

玛利亚·海默、曹诗弟主编，2012，《在中国做田野调查》，于忠江、赵晗译，重庆：重庆大学出版社。

闵冬潮，2003，《Gender在中国的旅行片段》，《妇女研究论丛》第5期。

甯应斌，2016b，《扬弃同性恋，返开新男色》，中国人民大学性社会学研究所主办"性/别理论与运动的台湾经验"论坛主题发言，8月26~27日。

甯应斌，2016a，《中国作为理论：中国派的重新认识中国》，《开放时代》第1期。

甯应斌，2017，《传统与个人主义化：同性婚姻争议的关键词》，第六届中国性研究国际研讨会上的主题发言，7月3~5日。

甯应斌编，2013，《新道德主义：两岸三地性/别寻思》，台北：台湾"中央大学"性/别研究室。

欧阳洁，2012，《肾脏移植后身体体验与文化适应性探讨》，《医学与社会》

第 11 期。

潘荣桂，2017，《空间实践：校园空间与同校异性情侣的日常》，硕士学位论文，中国人民大学。

潘绥铭，1995，《性社会学》，载李强主编《应用社会学》第十章，北京：中国人民大学出版社。

潘绥铭，1999，《存在与荒谬》，广州：群言出版社。

潘绥铭，2003，《中国人"初级生活圈"的变革及其作用——以实证分析为例的研究》，《浙江学刊》第 1 期。

潘绥铭，2008，《中国性革命纵论》，高雄：万有出版社。

潘绥铭，2013，《弥散与炫彩：当前中国性文化的建构机制》，《社会学评论》第 5 期。

潘绥铭、黄盈盈，2007，《主体构建：性社会学研究视角的革命以及在中国本土的发展空间》，《社会学研究》第 3 期。

潘绥铭、黄盈盈，2008，《权利与快乐的兴起：性与社会性别多元化》，载张开宁主编《中国性与生殖健康 30 年》，北京：社会科学文献出版社。

潘绥铭、黄盈盈，2011，《性社会学》，北京：中国人民大学出版社。

潘绥铭、黄盈盈，2013，《性之变：21 世纪中国人的性生活》，北京：中国人民大学出版社。

潘绥铭、黄盈盈、王东，2011，《论方法：社会学调查的本土实践与升华》，北京：中国人民大学出版社。

潘绥铭、黄盈盈主编，2005，《中国性研究的起点与使命》，高雄：万有出版社。

钱立成、张翩翩，2015，《社会记忆研究：西方脉络、中国图景与方法实践》，《社会学研究》第 6 期。

桑梓兰，2015，《浮现中的女同性恋：现代中国的女同性爱欲》，王晴锋译，台北：台大出版中心。

宋琳，2014，《HIV 女性感染者对亲密关系的理解和实践》，硕士学位论文，中国人民大学。

宋少鹏，2014a，《何为性骚扰?：观念分歧与范式之争——2014 年教师节前后"性学派"对"女权派"的质疑》,《妇女研究论丛》第 6 期。

宋少鹏,2014b,《性的政治经济学与资本主义的性别奥秘:从 2014 年"东莞扫黄"引发的论争说起》,《开放时代》第 5 期。

苏珊·桑塔格,2003,《疾病的隐喻》,程巍译,上海:上海译文出版社。

孙立平,2003,《断裂:20 世纪 90 年代以来的中国社会》,北京:社会科学文献出版社。

陶艳兰,2012,《产科医生遇上"怕疼"产妇?——中国女性生产经历的身体政治》,《妇女研究论丛》第 1 期。

汪民安、陈永国编,2003,《后身体:文化、权力和生命政治学》,吉林:吉林人民出版社。

王芳萍,2016,《性工作者去污名的社会过程探究——台湾日日春的另类社会运动个案研究》,博士学位论文,中国人民大学。

王刚,2003,《中国第一位变性人渴望得到真感情》,《广西粮食经济》第 3 期。

王汉生、刘亚秋,2006,《社会记忆及其建构:一项关于知青集体记忆的研究》,《社会》第 3 期。

王丽君,2013,《女性谈色情:年轻女性对色情的理解与日常实践》,硕士学位论文,中国人民大学。

王明珂,2016,《反思史学与史学反思》,上海:上海人民出版社。

王苹,2016,《妇女运动的女性想象》,中国人民大学性社会学研究所主办"性/别理论与运动的台湾经验"论坛主题发言,8 月 27 日。

卫生部,2009,《变性手术技术管理规范(试行)》(卫办医政发〔2009〕185 号)。

魏伟,2015,《酷看中国社会:城市空间,流行文化和社会政策》,南宁:广西师范大学出版社。

文华,2010,《整形美容手术的两难与焦虑的女性身体》,《妇女研究论丛》第 1 期。

文军,2008,《身体意识的觉醒:西方身体社会学理论的发展及其反思》,《华东师范大学》(哲学社会科学版)第 6 期。

翁玲玲,2002,《台湾都会女性的新身体观:以台北市女性为例》,《广西民族学院学报》（哲学社会科学版）第 4 期。

吴存存，2000，《明清社会性爱风气》，北京：人民文学出版社。

吴小英，2013，《更年期话语的建构——从医界、大众文化到女性自身的叙述》，《妇女研究论丛》第 4 期。

希林·克里斯，2011，《文化、技术与社会中的身体》，李康译，北京：北京大学出版社。

夏冰，2015，《"病因"的主体建构：两位老年妇女月子病疾痛叙事》，硕士学位论文，中国人民大学。

项飚，2012，《全球猎身：世界信息产业与印度技术工人》，北京：北京大学出版社。

杨善华，2007，《关注"常态"生活的意义——家庭社会学研究的一个新视角初探》，《江苏社会科学》第 5 期。

于秋怡，2017，《城市女性生产过程的叙述》，硕士学位论文，中国人民大学。

余成普，2011，《器官移植病人的后移植生活：一项身体研究》，《开放时代》第 11 期。

余成普，2014a，《器官捐赠的文化敏感性与中国实践》，《中山大学学报》（社会科学版）第 1 期。

余成普，2014b，《身体、文化与自我：一项关于器官移植者自我认同的研究》，《思想战线》第 4 期。

余成普、袁栩、李鹏，2014，《生命的礼物——器官捐赠中的身体让渡、分配与回馈》，《社会学研究》第 3 期。

袁文莉，2011，《女性艾滋病感染者性生活调查》，载黄盈盈、潘绥铭主编《权利与多元：第三届中国"性"研究》第 32 辑，高雄：万有出版社。

张少春，2014，《"做家"：一个技术移民群体的家庭策略与跨国实践》，《开放时代》第 3 期。

张在舟，2001，《暧昧的历程：中国古代同性恋史》，郑州：中州古籍出版社。

赵刚，2016，《台社是太阳花的尖兵吗？——给台社的一封公开信》，http://

www. cul‑studies. com/index. php? c = index&a = show&catid = 39&id = 1621，最后访问日期：2018年3月6日。

赵骞，2016，《现状、策略、主体意识：中国城市女性的婚姻与性》，硕士学位论文，中国人民大学。

赵文宗主编，2012，《中华性/别，年龄机器》，香港：香港圆桌文化出版社。

郑震，2013，《论身体》，《社会学研究》第1期。

周柯含，2016，《老年女性的身体与性：基于主体建构的理论视角》，硕士学位论文，中国人民大学。

周平、蔡宏政主编，2008，《日常生活的质性研究》，嘉义：华南大学教育社会学研究所。

周与沉，2005，《身体：思想与修行》，北京：中国社会科学出版社。

朱静姝，2016，《不方便抽样：中国大陆"男同骗婚"研究的方法论启示》，《中国青年研究》第10期。

朱雪琴，2016，《治理中的性与性别》，载何春蕤主编《台湾性/别20年》，台北：台湾"中央大学"出版社。

祝璞璞，2016，《中国年轻女性对自慰的理解和实践》，硕士学位论文，中国人民大学。

Aggleton, P. and Parker, R. G. (Eds.) 1999. *Culture, Society and Sexuality: A Reader*. London: UCL Press.

Gottlieb, A. 1982. "Sex, Fertility and Menstruation among the Beng of the Ivory Coast: a Symbolic Analysis," *Journal of the International African Institute* Vol. 52, No. 4, pp. 34–47.

Ashing, Kimlin T., Geraldine Padilla, Judith Tejero, and Marjorie Kagwa‑singer. 2003. "Under standing the Breast Cancer Experience of Asian American Women," *Psycho‑Oncology*, Issue 12: 38–58.

Balneaves, Lynda G. and Bonita Long. 1999. "An Embedded Decisional Model of Stress and Coping: Implications for Exploring Treatment Decision Making by Women with Breast Cancer," *Journal of Advanced Nursing* 30 (6): 1321–1331.

Basch, L., N. G. Schiller, and C. S. Blanc. 1994. *Nations Unbound: Transna-*

tional Projects, *Postcolonial Predicaments and Deterritorialized Nation-states*. London and New York: Routledge. Lunt 2009.

Hausman, B. 1995. "Body, Technology, and Gender in Transsexual Autobiographies", in *Changing Sex: Transsexualism, Technology, and the Idea of Gender*. Durham, NC: Duke University Press, pp. 141 – 174.

Bloch, M. 2008. "Truth and Sight: Generalizing without Universalizing," *Journal of the Royal Anthropological Institute* (N. S.), S22 – S32.

Boellstorff, T. 2011. "But Do not Identify as Gay: A Proleptic Genealogy of the MSM Category," *Cultural Anthropology* 26 (2), pp. 287 – 312.

Brenneis, D. 1999. "Discourse and Discipline at the National Research Council: A Bureaucratic Bildungsroman," *Cultural Anthropology* 9: 23 – 36. 2004.

Brenneis, D. 2009. "Anthropology in and of the Academy: Assessment, and our Field's Future," *Social Anthropology/Anthropologie Sociale* 17 (3): 261 – 275.

Butler, J. 1993. *Body that Matters*. NY and London: Routledge, NY and London.

Caitlin, K. 2009. *Positive Prevention, Serosorting, and a Matrimonial Service for People Living with HIV in Chennai, Indina*. PhD Dissertation. Washington DC: University of John Hopkins.

Cate, M. A., Corbin, D. E. 1992. "Age Differences in Knowledge and Attitudes toward Menopause," *Journal of Women & Aging*. 4 (2): 33 – 46.

Furth C. and Ch'en Shu – yueh. 1992. "Chinese Medicine and the Anthropology of Menstruation in Contemporary Taiwan," *Medical Anthropology Quarterly*, New Series Vol. 6, No. 1, pp. 27 – 48.

Charmaz, K. 1995. "The Body, Identity, and Self: Adapting to Impairment," *The Sociological Quarterly* 36 (4): 657 – 680.

Cohen, L. 1998. *No Aging in India*. California: University of California Press.

Collins, P. Y., H. von Unger, and A. Armbrister. 2008. "Church Ladies, Good Girls, and Locas: Stigma and the Intersection of Gender, Ethnicity, Mental Illness, and Sexuality in Relation to HIV Risk," *Social Science & Medicine* 67 (3): 389 – 397. 2015.

Cook et al. 1999. "Desiring Constructs: Transforming Sex/Gender Orders in Twentieth Century Thailand," in *Genders & Sexualities in Mordern Thailand*, edited by Peter A. Jackson & Nerida M. Cook, Silkworm Books.

Ding, N. 2015. "In the Eye of International Feminism: Cold Sex Wars in Taiwan," *Political Weekly*, Nol. No. 17, April 25.

Douglas, M. 1970. "The Two Bodies", in *Natural Symbols: Explorations in Cosmology*. N. Y. : Pantheon.

Dunn, J. and Suzanne Steginga. 2000. "Young Women's Experience of Breast Cancer: Defining Young and Identifying Concerns," *Psycho-Oncology*. 9: 137-146.

Fan, M. S. , et al. 1995. "Western Influences on Chinese Sexuality: Insights from a Comparison of the Sexual Behavior and Attitudes of Shanghai and Hong Kong Freshmen at Universities," *Journal of Sex Education and Therapy*. 21 (3): 158-166.

Farrer, J. 2002. *Opening Up: Youth Sex Culture and Market Reform in Shanghai*. Chicago: University of Chicago Press.

Gagnon, J. and Simon, W. 1973. *Sexual Conduct: The Social Sources of Human Sexuality*. Chicago: Aldine.

Grewal, I. and C. Kaplan. 2001. "Global Identities: Theorizing Transnational Studies of Sexuality," *GLQ: A Journal of Lesbian and Gay Studies* 7 (4): 663-679.

Hoffman, S. , J. A. et al. 2011. "Contexts of Risk and Networks of Protection: NYC West Indian Immigrants' Perceptions of Migration and Vulnerability to Sexually Transmitted diseases," *Culture, Health & Sexuality*, 13 (5): 513-528.

Horgan, Olga, Chris Holcombe, and Peter Salmon. 2011. "Experiencing Positive Change after a Diagnosis of Breast Cancer: A Grounded Theory Analysis," *Psycho-Oncology* 20 (10): 1116-1125.

Huang Y. Y. & Pan Suiming. 2014. "Government Crackdown of Sex Work in China: Responses from Female Sex Workers and Implications for Their

Health," *Glob Public Health* 9 (9): 1067 – 1079.

Huang Y. Y., Kathryn E. Muessig, Ning Zhang & Suzanne Maman. 2015. "Unpacking the 'Dtructural' in a Dtructural Approach for HIV Prevention among Female Sex Workers: A Case study from China," *Global Public Health: An International Journal for Research, Policy and Practice* 10 (7): 852 – 866.

Huang Y. Y. 2007. Perspective Matters: Moving Towards Affirmative Thinking on 'Xing' in Contemporary China", in *ARROWs for Change*, Vol. 13, No. 2.

Huang Y. Y. 2007. "Emerging Concepts of Sexiness: the Sexual Body and Young Chinese Women", in South and Southeast Asia Consortium on Sexuality, Gender and Sexual Health (eds.), *Sexuality in Southeast Asia and China: Emerging Issues*, pp. 179 – 216.

Huang Y. Y. 2012. "The Rise of Sex and Sexuality Studies in Post – 1978 China", in *The Sexual History of the Global South*, Zed Press.

Huang Y. Y. 2017. "Sexuality Research and Sex Politics in 21st Century of Mainland China: Changes, Trends and Tensions", presented at XI IASSCS CONFERENCE Bangkok, Thailand July, pp. 12 – 15.

Jeffreys, E. 2006. "Introduction: Talking Sex and Sexuality in China," in *Sex and Sexuality in China*. Jeffreys eds., pp. 1 – 20. New York: Routledge.

Hay, J. 1994. "The Body Invisible in Chinese Art", in Zito, A. (Edit), *Body, Subject and Power in China*. Chicago: The University of Chicago Press.

Karkazis, K. 2008. *Fixing Sex: Intersex, Medical Authority and Lived Experience*, Durham: Duke University.

Kenen, Regina, Audrey Ardern – Jones, and Rosalind Eeles. 2004. "Healthy Women from Suspected Hereditary Breast and Ovarian Cancer Families: the Significant others in Their Lives," *European Journal of Cancer Care* 13 (2): 169 – 179.

Landmark, Bjørg T., Margaretha Strandmark, and Astrid Klopstad. 2002. "Breast Cancer and Experiences of Social Support," *Scandinavian Journal of Caring Sciences* 16 (3): 201 – 223.

Lantz, Paula. M. and Karen M. Booth. 1998. "The Social Construction of the Breast Cancer Epidemic," *Social Science & Medicine* 46（7）：907 – 918.

Leder, D. 1990. *The Absent Body*. Chicago：University of Chicago Press.

Lock, M. 1998. "Breast Cancer：Reading the Omens," *Anthropology Today* 14（4）：7 – 16.

Lock, M. & Farquhar, J. （ed.）2007. *Beyond Body Proper：Reading the Material Body*. Durham：Duke University Press.

Lock, M. & Farquhar, J. 2007. *Beyond the Body proper：Reading the Anthropology of Material Life* , Duke University Press.

Lock, M. & Kaufert, P. 2001. "Menopause, Local Biologies, and Cultures of Aging," *American Journal of Human Biology* 13（4）：494 – 504.

Lock, M. 1994. Menopause in Cultural Context, Experimental Gerontology, 29（3 – 4）：307 – 317.

Lock, M. , Scheper – Hughes, N. 1987. "The Mindful Body：A Prolegomenon to Future Work in Medical Anthropology," *Medical Anthropology Quarterly* 1（1）：6 – 41.

Luker, Karen A. , Kinta Beaver, Samuel L. Leinster, and R Glynn Owens. 1996. "Meaning of Illness for Women with Breast Cancer," *Journal of Advanced Nursing* 23（6）：1194 – 1201.

Lunt, N. 2009. "Older People within Transnational Families：The Social Policy Implications," *International Journal of Social Welfare* 18：243 – 251.

Mauss, M. 1973. "Techniques of the Body," *Economy and Society* 2：70 – 88.

Mcphail, G. and Wilson, S. 2000. "Women's Experience of Breast Conserving Treatment for Breast Cancer," *European Journal of Cancer Care* 9：144 – 150.

Medrano, M. 2013. "Sexuality, Migration, and Tourism in the 20th Century U. S. – Mexico Borderlands," *History Compass* 11：235 – 247.

Merleau – Ponty, M. 1962. *The Phenomenology of Perception*, Tr. Colin Smith. London：Routledge and Kegan Paul.

Miles, M. B. and Huberman, A. M. 1984. *Qualitative Data Analysis：A Sourcebook of New Methods*. Hills：Sage.

Moore, H. L. 1994. A Passion for Diflerence, Combridge: Polity Press.

Neugarten B. L., Wood V., Kraines R. J., et al. 1963. "Women's Attitudes toward the Menopause," *Human Development* 6 (3): 140 – 151.

Parker R. G. 2009. "Sexuality, Culture and Society: Shifting Paradigms in Sexuality Research," *Culture, Health & Sexuality* 11 (3): 251 – 266.

Parker, R. G. and Gagnon, J. H. 1995. "*Conceiving Sexuality: Approaches to Sex Research in a Postmodern World,* " Routledge New York and London.

Parker, R. G., Aggleton, P. & Amaya G. Perez – Brumer. 2016. "The Trouble with 'Categories': Rethinking Men Who have Sex with Men, Transgender and Their Equivalents in HIV Prevention and Health Promotion," *Global Public Health* 11: 7 – 8, 819 – 823.

Parrado, E. A., and C. A. Flippen. 2010. "Migration and sexuality: A comparison of Mexicans in Sending and Receiving Communities," *Journal of Social Issues* 66 (1): 175 – 195.

Plummer, K. 1995. *Telling Sexual Stories: Power, Change and Social Worlds*. Routledge London and New York.

Plummer, K. 2015. *Cosmopolitan Sexualities: Hope and the Humanist Imagination*. London: Polity Press.

Rofel, L. 1999. Qualities of Desire: Imagining Gay Identities in China, *GLQ* 5, No. 4: 451 – 474.

Schon, M. 1968. "The Meaning of Death and Sex to Cancer Patients," *The Journal of Sex Research* 4 (4): 288 – 302.

Schover, Leslie, R. 1991. "The Impact of Breast Cancer on Sexuality, Body Image, and Intimate Relationships," *A Cancer Journal for Clinicians* 41 (2): 112 – 120.

Sered, S. and Ephraim Tabory. 1999. "You Are a Number, Not a Human Being: Israeli Breast Cancer Patients' Experiences with the Medical Establishment," *Medical Anthropology Quarterly*. New Series 13 (2): 223 – 252.

Shilling, C. 1993. *The Body and Social Theory*. London \ Thousand Oaks \ new Delhi: SAGE Publications.

Smith, G. 2012. Sexuality, Space and Migration: South Asian Gay Men in Australia, *New Zealand Geographer.* V. 68, Iss. 2: 92 – 100.

Strathern, A. 1996. *Body Thoughts*, The University of Michigan Press.

Tsuda, T. 2012. "Whatever Happened to Simultaneity? Transnational Migration Theory and Dual Engagement in Sending and Receiving Countries," *Journal of Ethnic and Migration Studies* 38 (4): 631 – 649.

Turner, T. 1980. "The Social Skin", in *Not Work Alone: A Cross – cultural View of Activities Superfluous to Survival*, edited by Jeremy Cherfas and Roger Lewin, pp. 112 – 120, 136 – 139. Beverly Hills: Sage.

Vance, C. S., 1984. Introduction, in *Pleasure and Danger: Exploring Female Sexuality.* Boston: Routledge & Kegan Paul.

Vance, C. S. 1991. "Anthropology Rediscovers Sexuality: A Theoretical Comment", in Aggleton, P. and Parker, R. G. eds. *Culture, Society and Sexuality: A Reader* (1999), UCL Press, pp. 39 – 54.

Vasquez, d. A., E. 2014. *Being a Man in a Transnational World: the Masculinity and Sexuality of Migration.* New York: Routledge.

Winterich, J. A., Umberson, D. 1999. "How Women Experience Menopause: the Importance of Social Context," *Journal of Women & Aging* 11 (4): 57 – 73.

World Health Organization Task Force on Psychological Research in Family Planning, Special Programme of Research, Development and Research Training in Human Reproduction, 1981. "A Cross – cultural Study of Menstruation: Implications for Contraceptive Development and Use," *Studies in Family Planning* 12 (1): 3 – 16.

Yau Ching eds. 2010. *As Normal As Possible: Negotiating Sexuality and Gender in Mainland China and Hong Kong.* Hong Kong: Hong Kong University Press.

Zahlis, E. H. and Frances M. Lewis. 2010. "Coming to Grips with Breast Cancer: The Spouse's Experience with His Wife's First Six Months," *Journal of Psychosocial Oncology* (28): 79 – 97.

Zellner, J. A., et al. 2009. "The Interaction of Sexual Identity with Sexual Behavior and its Influence on HIV Risk among Latino Men: Results of a Community Survey in Northern San Diego County, California," *Am J Public Health* 99: 125 – 132.

Zhou, Y. R. 2012. "Changing Behaviours and Continuing Silence: Sex in the Post – Immigration Lives of Mainland Chinese Immigrants in Canada," *Culture, Health & Sexuality* 14 (1): 87 – 110.

Zito, A. , 1994. *Body, Subject and Power in China*. Chicago: The University of Chicago Press.

图书在版编目(CIP)数据

性/别、身体与故事社会学/黄盈盈著.--北京：
社会科学文献出版社，2018.4（2024.9 重印）
 ISBN 978－7－5201－2404－1

Ⅰ.①性… Ⅱ.①黄… Ⅲ.①性社会学－研究－中国
Ⅳ.①C913.14

中国版本图书馆 CIP 数据核字（2018）第 047899 号

性/别、身体与故事社会学

著　　者 / 黄盈盈
出 版 人 / 冀祥德
项目统筹 / 谢蕊芬
责任编辑 / 胡庆英
责任印制 / 王京美
出　　版 / 社会科学文献出版社·群学分社（010）59367002 地址：北京市北三环中路甲 29 号院华龙大厦　邮编：100029 网址：http://www.ssap.com.cn
发　　行 / 社会科学文献出版社（010）59367028
印　　装 / 三河市尚艺印装有限公司
规　　格 / 开 本：787mm×1092mm　1/16 印 张：21.25　字 数：335 千字
版　　次 / 2018 年 4 月第 1 版　2024 年 9 月第 6 次印刷
书　　号 / ISBN 978－7－5201－2404－1
定　　价 / 89.00 元

读者服务电话：4008918866

▲ 版权所有 翻印必究